KB136164

다시, 몰입

황태옥
김현희
임영자
주정은
이경희
이남림
기은혜
정지윤
전시우

다시, 몰입

나로부터 비롯되는
셀프 레볼루션

흔들의자

'몰입 독서'로 자기 혁명을 성취한 사람들의 이야기

우리 생활에 왜 독서가 필요한가? 독서를 하면 무엇이 좋아지는가? 매일 독서를 해야 하는 이유는 무엇인가? 독서를 통해서도 인생이 바뀔 수 있는가? 등은 독서에 관한 수많은 물음이다. 여기에 대한 해답은 인터넷 및 다양한 채널을 통해 얼마든 확인할 수 있다. 다들 한 결 같이 독서의 중요성을 강조하고 있다. 아무리 강조해도 지나치지 않는다. 몸의 근육도 키우는 것처럼 뇌의 근육도 키울 필요가 있다. 규칙적인 운동으로 몸의 근육을 키우듯 뇌 근육 향상과 유지를 위한 정신 운동이 바로 독서이다. 많은 사람들은 자신이 '결정장애'에 걸렸다는 푸념을 늘어놓는다. 나는 그들에게 푸념과 하소연을 늘어놓을 시간에 독서를 한다면 보다 빨리 인생의 온갖 난제들에 대한 해답을 찾을 수 있다고 자신 있게 말한다. 왜냐하면 독서는 내 인생의 수많은 멘토와 스승을 만나는 지름길이었다. 세계사에서 위대한 일을 했던 사람들은 대체로 독서광들이었다. "Leaders are Readers!"

한 연구에 따르면 독서는 마음의 안정과 평온을 가져다주는데 신체적으로 혈압을 낮춰주고 정신적으로는 평정심을 갖게 해준다. 독서는 뇌에 새로운 자극을 주어 뇌를 기분 좋게 만드는 일을 한다. 뇌가 기분 좋을 때 집중력이 향상되며 스트레스를 해소한다. 독서를 습관화하면 뇌 근육을 자극하여 알츠하이머병(치매)을 비롯한 이른바 문명병 또는 현대병이라 불리는 질병의 발생을 예방할 수 있다. 치매는 질병이라기보다 뇌를 사용하지 않아 뇌가 녹슨 것이라 할 수 있다. 그런 면에서 TV, 인터넷, 스마트폰 등 각종 미디어를 너무 많이 보지 않고 활자로 찍힌 책이나 신문을 읽은 사람들은 치매 발병율이 현저하게 낮은 것이 당연하다.

또한 독서는 새로운 지식을 제공하므로 창의적 사고를 가능하게 하며 이로 인해 현실에 안주하지 않고 새로운 일에 도전하는 용기와 아이디어를 제공한다. 아무리 건강한 사람도 밥을 먹지 않으면 약해지듯 정신건강도 정기적인 밥을 먹지 않으면 약해질 수밖에 없다. 정신건강을 위한 밥이 독서다. 동시에 독서는 반추 기능이 탁월해서 자신을 돌아보게 한다. 과거를 거울삼아 스스로의 행동을 자발적으로 고치면 그의 미래는 달라진다. 독서가 주는 가장 큰 혜택은 단연코 문해력(literacy)의 향상이다. 매일 독서를 하다 보면 풍부한 어휘들이 쌓여 유창한 언변의 소유자가 되어 언제 어디서든 자신의 의견을 명확하게 전달할 수 있다. 또한 탁월한 문장력을 갖게 된다. 일반적인 글쓰기는 물론 책을 쓸 수 있는 주제와 소재를 얻을 수 있을 뿐 아니라 기획서를 작성하거나 문서상의 계약을 해야 할 때 유용하게 활용된다. 특히 미래사회로 갈수록 통합적 사고를 가진 인재가 요구되는데 최근 들어 요즘 아이들의 문해력(literacy) 부족은 사회적 문제로 부각되고 있다. 태어나면서부터 스마트폰이 신체의 일부가 된 디지털 세대의 아이들에겐 책이라는 아나로그 요소가 너무 부족하기 때문이다.

'독서를 통한 성장과 변화'라는 분명한 철학을 바탕에 두고 출발한 '포항나비'는 지금까지 7년째 독서 나눔을 이어 오고 있다. 매주 한 번씩 모여 저자들과 대화하고 저자의 이야기에 사색하고 저자의 삶을 그대로 따라 해 보면서 한 주 동안 각자의 삶에 적용해 왔다. 그랬더니 평범한 삶의 수준에서 각자의 삶에 비범한 인생의 주인공으로 바뀌었다. 그들이 말하는 자기 혁명은 다음과 같다.

"저, 인생관이 바뀌었어요.""아침 일찍 일어나는 좋은 습관이 생겼어요.""뚜렷한 목표가 생겼어요.""생활 패턴이 바뀌어 ○○을 새로 시작 했어요.""적극적인 성격으로 바뀌었어요.""자신감으로 충전 되었어요.""나도 할 수 있어요.""책을 읽고 즉시 행동으로 옮겼더니 효과가 바로 나타났어요."

그야말로 독서로부터 비롯되는 변화, 독서를 통한 자기 혁명이었다. 이것은 몰입독서의 확실한 결과물이다. '포항나비' 독서 모임에 참여하는 횟수가 늘어나는 선배들일수록 삶이 바뀌었다. 그들의 그런 변화의 과정을 지켜보는 나로서는 정말 뿌듯하고 행복했다. 이렇게 의미와 보람이 큰일을 하고 있다는 것만으로도 가슴이 벅차고 미소가 피어오른다.

나비의 의미가 '나로부터 비롯되는 변화'이니 참여자들의 삶이 바뀌는 것은 당연하겠지만 가슴 한편엔 이렇게 변화된 모습을 우리들끼리만 기뻐하고 행복하기엔 너무나 아쉬웠다. 또한 욕심이 생겼다. 포항나비 참여자들의 독서 토론 중에 바뀌고 변화된 체험담을 들을 때마다 다른 누군가에게도 꼭 전해야 할 사명감이 생겼고 그로 인해 이 기쁨의 향연에 초대하고 싶어졌다. 더구나 '포항나비'를 통해 변화된 사람들의 체험담이기에 가장 큰 공감을 불러일으킬 것이라는 확신도 생겼다. 이에 이 체험담을 공동 저서로 출간하면 좋겠다는 생각을 했고 나를 포함해 9명의 포항나비 선배들이 의기투합해서 마침내 이 결과물을 얻었다. 이 책을 읽노라면 9명의 생생한 체험담을 직접 듣게 될 것이다.

"이 책은 몰입독서를 통한 자기혁명을 성취한 사람들의 실제 경험담이다."_황태옥

"두려움이 컸지만 쓰다 보니 몰입하게 되고 몰입하다 보니 어느새 결과가 나왔다."_김현희

"평범한 독서가 실천의 몰입독서로 변모할 때 형성되는 에너지는 엄청나다."_임영자

"사는 방식은 다르지만 간절함은 같다. 그 간절함으로 자신에게 몰입해 보라."_주정은

"책을 쓴다는 건 꿈도 꾸지 못했다. 혼자가 아닌 함께여서 가능한 일이었다."_이경희

"가슴 뛰는 삶으로의 도약! 오늘도 주어진 시간에 몰입하며 즐겁게 달려간다."_이남림

"책 읽기를 통해 진짜 나를 찾았다. 앞으로 기대되는 새로운 내 삶에 몰입하며."_기은혜

"높은 가치의 삶을 추구했던 것처럼 귀한 인연의 고리를 독자에게도 전하고 싶다."_정지윤

"글을 쓰면서 글자가 늘어갈 수록 나와 내 주변 사람들이 더 선명하게 다가왔다."_전시우

　　몰입 독서로부터의 얻은 각자의 깨달음은 우리 모두에게 삶의 지혜와 방향을 알려준다. 아홉 명의 저자들은 누구든 예외 없이 몰입독서를 통해 지금 하고 있는 일을 좀 더 잘 할 수 있게 되었다고 목소리를 높인다. 이것은 독서를 통한 자기혁명이다. 특별한 사람만 가능한 것이 아니라 누구든 독서를 시작하면 얻을 수 있는 결과다. 다만, 혼자가 아니라 더불어 할 때 더 큰 시너지(synergy)를 얻을 수 있다. 그래서 '포항나비'의 문은 언제든 활짝 열려 있다.

　　나로부터 비롯되는 '독서혁명 포항나비'의 이념을 실천한 아홉 명의 자기혁명 체험담은 삶의 의미를 잃었거나 인생의 즐거움을 잃어버린 사람들에게 권한다. 또한 뭔가 지금과는 다른 차원의 인생을 살고 싶은 사람들에게 적극 추천한다. 틀림없이 여러분의 열정에 불을 지펴주는 불쏘시개가 될 것이라 믿는다. 아홉 명의 저자는 나로부터 비롯되는, 몰입 독서를 통한 자기혁명의 세계로 여러분을 초청한다.

　　어려운 상황에서도 뜻을 모아준 여덟 명의 저자에게 진심으로 감사를 전한다.

포항나비 대표 황태옥

포항나비

황태옥

'포항나비'는 남녀노소를 막론한 모든 세대의 소통공간이며
시민 누구나 함께 하는 독서모임이다.
나는 매주 토요일 아침마다 모임을 진행해 오면서
참여자들이 성장하고 변화하는 모습을 확인했다.
나비의 이념이 현실화되는 것을 지켜본 증인이 된 셈이다.
특히 여기에 실린 글은 몰입독서를 통한
자기혁명을 성취한 사람들의 실제 경험담이다.
그래서 무엇보다 자신 있게 권할 수 있는 책이며
동시에 자기 변화를 원하는 사람에게 보내는 초청장이다.

지혜가 담긴 독서 **항아리**

나의 기질은 한마디로

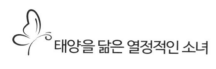
태양을 닮은 열정적인 소녀

　내가 태어난 곳은 조용한 바닷가의 마을이었다. 여름이면 작렬하는 태양을 온몸에 받으며 겉피부가 벗겨지도록 하루 종일 바닷가를 뛰어다녔다. 온 몸이 검게 그을린 나는 여름 태풍이 지나간 황금빛 모래밭에 모래성 쌓기를 하며 놀았다. 얼마나 열심히 놀았던지 배에서 꼬르륵 소리가 천둥을 쳐도 모를 정도였다. 사람들은 긴 여름날에 지치지도 않고 노는 까무잡잡한 여자아이인 나를 '섬 머슴아'라고 불렀다. 겨울 바닷가도 여전히 좋은 놀이터였다. 깡통을 휘 휘 흔들며 쥐불놀이를 하며 모래사장에서 뛰어놀았다. 동네 아이들과 술래잡기도 하고, 동네 곳곳에 몸을 숨기며 "꼭꼭 숨어라. 머리카락 보일라~~", 언니 오빠 할 것 없이 가위 바위 보를 해서 이기면 진 쪽의 등에 올라타는 말 타기도 과격하게 하고, 추운 겨울철에도 백사장을 맨발로 뛰었다. 지금 생각 해 보니 드라마 오징어게임에 나오는 여러 가지 게임들이 어릴 때 나의 놀이들이었다. 그래서인지 초등학교부터 중학교 졸업 할 때까지 육상선수로 발탁되기도 했고, 어린 시절의 바다는 내 체력을 키운 전지 훈련장이었다.

아마 그 덕분에 하루 종일 강의 하고 밤새 공부해도 거뜬한 기본 체력을 가지게 되었다. 기본 체력뿐만 아니라 또래의 친구들보다 더 부지런하고 긍정적이었다. 이것은 누구보다 열정적인 유년시절을 보낸 덕분이다.

거기에 나는 어릴 적부터 새로운 일을 만날 때 당황하거나 놀라지 않는 차분한 성격의 소유자다. 남들은 당황해서 허둥지둥할 상황에도 나는 침착했고 남들은 두려움에 떨며 무기력하게 있을 상황에도 두려워하지 않았다. 그럴 시간에 무언가 대안을 찾아내는 스타일이었다. 정말이지 내가 나를 생각해도 나의 담력은 소중한 자산이다. 지금까지도 어려운 일이 닥쳤을 때마다 '지금 이 시점에서 내가 무엇부터 해야 하지? 어떻게 대처 하지?'를 차분히 스스로에게 물어보곤 했다.

5살 때인가 바다에서 수영을 하다가 바다 한 가운데까지 떠밀려갔던 위험한 일이 몇 번 있었다. 막바지 여름의 바다는 가끔씩 바닷바람이 강해질 때가 있었는데 아이들과 튜브를 타고 놀다 보면 나만 육지에서 한참 떨어진 곳까지 와 있곤 했다. 바다 가운데 덩그러니 혼자 남았고 육지는 까마득히 멀었다. 그래도 무섭지 않았다. 혼자 노래 부르며 두 팔로 노를 저어 육지로 향했다. 육지가 좀처럼 가까워지지 않아도 당황하진 않았다. '보이는 육지니 가다보면 언젠가 닿겠지'라고 생각했던 것 같다. 그렇게 가다 보면 지나던 고깃배가 건져준 적도 있었다. 이런걸 보면 나는 물을 별로 무서워하지 않았던 겁 없는 소녀였다. 아마 대부분의 그 또래의 아이라면 갑작스런 그런 상황에 처하면 무서워 울어버릴 법도 한데, 난 그 때도 울기보다는 어떻게 하면 여기를 벗어날까를 생각했던 것이다. 어떤 일에도 주저함이 없고 실행하는 용기와 열정적인 기질은 흡사 태양을 닮았다. 태양의 담금질로 만들어진 나의 기질은 한 마디로 열정 그 자체였다. 그래서 나는 내 이름 태옥은 태양을 담은 것이라고 자부한다.

이런 기질은 지금도 마찬가지다. 어떤 어려움에 처하더라도 주어진 현실을 냉정하게 분석하고 현실로 받아들인다. 현실을 인정하면 다른 것들을 볼 수 있는 객관적 시각을 갖게 된다. 내가 강의를 통해서 만났던 수많은 사람들을 보면 놀랍게도 그 사람들은 현실을 인정하지 않으려 할 때가 문제였다. 그런 사람들일수록 부정적이고 과거에 집착한다. 그러나 인정하기 시작하면 그 때부터 달라져 곧 새 인생의 주인공이 된다. 따라서 현실에 발붙이고 있으면서 다가올 미래를 준비하는 사람이 현명한 사람이다. 결국 현실을 인정할 때, 긍정적이며 미래 지향적인 사고를 갖게 되는 것이다. 현실을 인정한다는 것은 그래서 더욱 중요한 것 같다.

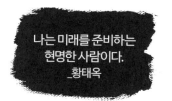

나는 미래를 준비하는
현명한 사람이다.
_황태옥

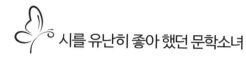

어린 소녀의 마음속에 '깡'이 자리 잡을 수 있었던 것은 어릴 적부터 가족과 주변 사람들로부터 늘 '너는 다르다'라는 칭찬의 말을 들어왔던 덕분일 것이다. 어릴 때부터 진취적이고 열정적이었던 나는 글짓기를 유난히 좋아 했던 문학소녀였다. 나에게 문학소녀의 꿈을 만들어 준 계기가 있었다.

초등학교 5학년 때 포항시에서 주최한 문예 대회에 학교 대표로 출전해서 상을 받은 적이 있었다. 그 당시 문예반을 지도하셨던 김일광 선생님이 나에게 "잘 썼네."라고 해주신 칭찬 덕분이었다. 김일광 선생님은 동화작가로 여러 단체에서 활동을 하고 계시는 분이다. 혹시라도 시를 못 써서 부끄러움에 머뭇거리며 겨우 내민 원고를 받아든 선생님은 칭찬과 격려의 말씀을 해 주셨다. 그런 날엔 얼마나 기분이 좋던지 들뜬 마음에 밤새도록 잠을 못잘 정도였다. "칭찬은 고래도 춤추게 한다."는 말을 나는 진작부터 경험했다. 학교 교사의 말 한마디가 학생들에게 미치는 영향이 얼마나 큰 지 알 수 있었다. 고맙게도 내겐 부정적인 선생님 보다는 격려하고 칭찬해 주는 선생님이 늘 곁에 계셨다. 생각 할수록 그저 고마울 뿐이다. 초등학교 졸업 후에도 김일광 선생님과 편지를 주고받으며 문학소녀의 꿈은 계속 이어갔다. 비록 중학생이 되면서 잠시 작가 지망생에서 선생님으로 바뀐 때도 있었지만, 김일광 선생님은 언제나 나에게 "글 쓰고 있느냐" 물어 보시며 작가의 꿈을 잊지 말라고 당부하셨다.

나는 시인이 되어 세상 아름다운 것들을 시로 노래하고, 사람들과 교류하며 느낀 따뜻한 정을 풀어내어 그 아름다움을 글로 표현 하고 싶었다. 미처 말로 할 수 없는 이야기들을 글을 통해서 표현해내는 것은 정말 신나는 일이다. 어릴 때부터 "너 커서 어떤 사람이 되고 싶니?" 질문을 들으면 어김없이 "문학가요, 시인이요"라고 대답 했다. 어릴 때 막연했던 시인, 문학소녀의 꿈은 현실이 되어가고 있다.

"오랫동안 꿈을 그리는 사람은 마침내 그 꿈을 닮아 간다."(앙드레 말로)고 했던가? 그리고 보면 지금까지 집필한 저서로 '황태옥의 행복콘서트 웃어라(스타리치 북스)'와 시집 '꽃처럼 너를 사랑 한다(꿈공장)', '하루하루 詩作(흔들의자)' 등 공동저서까지 합치면 총 4편의 책이 있다. 문학가의 경지에까지는 이르지 못했으나 어릴 때 문학소녀의 꿈은 이뤄낸 셈이다. **나는 시인이다!**

《좋아하는 이유》

없다

내가 너를 좋아하면
내가 더 행복해지는 이유 외에

_황태옥 시집《꽃처럼 너를 사랑한다》중에서

II

나를 성장시킨 것은 독서

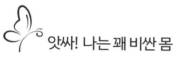
앗싸! 나는 꽤 비싼 몸

철학자 아리스토텔레스는 "모든 인간의 궁극적 목표는 행복한 삶"이라 하였다. 모두가 바라는 것은 행복한 삶이지만 누구나 그 삶을 누리며 살지는 못한다. 평범한 주부에서 스타강사로, 화려함을 너머 이타적인 지성인으로 거듭나는 강사가 되고 싶었다. 아줌마에서 스타강사로 배우며 도전하며 강의한 지 25년. 이제 나를 아줌마라고 부르는 사람은 없다. 뜨거운 태양과 넓고 깊은 바다의 에너지를 온몸으로 발산했던 나의 과거가 검증하듯, 나의 삶의 열정은 지금도 진행형이다. 이제, 2년만 더 지나면 육순(六旬)을 바라보는 중년의 나이가 되었다. 언제 그렇게 세월이 흘렀는지 눈 깜짝할 사이에 여기까지 왔다. **나는 이제 중년이다!**

'이 세상 최고의 투자는 내 몸값을 올리는 것이다.' 나는 나의 가치를 높이기 위해서 부지런히 노력해왔다. 결혼 초기에는 아이들이 어려서 집에서 할 수 있는 주부 리포터, 인터넷 리포터 활동을 통해서 글을 쓰고, 홈페이지를 직접 만들고 카페 대문도 만들고 카페 관리하는 등 인터넷이 처음으로 시민들에게 보급될 때, 난 이미 온라인 활동에 빠른 정보와 남다른 끼를 발휘했다. 중·고등학교 때, 성당 학생부에서 크리스마스 행사 때마다 연극과, 부채춤 등 학생부 행사에 적극적으로 참여했던 경험들이 살아가면서 자신감을 준 것 같다. 그 덕분에 친구소개로부터 우연히 오디션을 보게 됐는데, 그 오디션이 바로 유명한 영화 '밀양'이다. 이창동 감독 앞에서 30분 동안 연기 시연을 하였으며 포항과 부산에서 2번의 오디션을 거쳐서 '깐 여우 주연상'을 받은 '밀양' 영화에 조역으로 출연하게 되었다. 온종일 밀양 영화 세트장에서 주인공 전도연, 영화배우들과 영화를 촬영했다. 출연료를 받으며, 밀양에서 영화를 촬영하다니, 내 인생에서 값진 경험을 한 것 같아 가문의 영광이다. **나는 영화배우다!**

아이들이 어느 정도 성장하면서 여유 있는 오전 시간에 관공서에서 지원하는 문화센터 교육을 받는데, '선착순 0명'이라는 공지가 뜨면 새벽부터 줄을 서서 한순간도 선착순에 뒤처진 적이 없다. 그 덕분에 30대 초반에는 서예, 꽃꽂이, 메이크업, 발 마사지, 기타 연주 등 다양한 분야의 지식과 기술을 습득할 수 있었다. 특히 주부 기타 동아리 활동을 하면서 어르신 봉사활동과 문화예술회관, 축제 행사 등 큰 무대에서 나의 끼를 발견하였고, 음치, 박치였던 내가 노래를 7년 동안 한 주도 빠지지 않고 학습하여 MBC 고고 가요열창에서 최우수상을 받았다. 그 후 MBC 가요열창 TV 프로그램에 두 번이나 출연하였고, 단오 축제 행사에서 노래를 불러서 인기상을 받기도 했다. 그 후 나는 내 지역 가수로 활동하며 주부 노래 교실 등 노래 강사로 활동하는 영광을 가지기도 했다. **나는 노래 강사다!**

우연히 정기 검진을 받기 위해 병원을 갔는데, 갑상선에 이상 조짐이 보여 조직검사를 했는데 암이라고 한다. 하늘에서 구멍이 뚫렸는지 흘러내리는 눈물을 참을 수가 없었다. 왜 나에게 이런 고통을 주는지, 뇌종양 수술, 갑상선

암 수술 등 4년 주기로 자꾸만 내 몸에 이상이 발견되었고, 암울한 나의 삶은 동굴 속으로 들어가 나 올 수 없는 캄캄한 어둠이었다. 벗어나고 싶었지만 어두운 동굴 속을 빠져나올 힘과 용기가 없었다. 우여곡절 끝에 나는 웃음 치료를 배우기 시작했다. 어두웠던 나의 얼굴은 해 맑은 미소로 변했고, 세상의 모든 어둠의 장막이 거둬지기 시작하면서 나는 전국을 누비는 스타 강사가 되었다. 나를 닮아가는 강사 양성을 하면서, 전국이 웃는 그 날까지 함께 웃어보기로 했다. **나는 웃음 치료 강사다!**

《너를 만난 이후 웃었다》

_황태옥

너를 만난 후 웃음이 생겼다
괴로움뿐이었던 삶에 웃음이
따뜻한 눈빛으로 찾아왔다

밝은 얼굴로 만났다
내 생각이 너를 향해 움직였다
긴 터널 속, 어찌할 수 없었던 과거
고독이 사랑으로 다가왔다

나는, 가슴 가득 향기를 담고
전설 같은 사랑을 꿈꾸는
여인이 되었다.

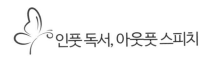
'나의 자기 경영능력은 하루아침에 이루어진 것이 아니었구나' 이 글을 쓰다 보니 새록새록 느껴진다. 내 인생에 아주 색 다른 경험이다. 저서를 출간하고 전국을 다니는 유명 강사가 된 이후에도 나의 공부는 끝없이 이어졌다. 현대인들은 습관처럼 핑계를 댄다. 경제적인 형편이 되지 않아서, 너무 바빠서, 공부할 시간이 없어서 등 이유가 많다. 그러나 바쁜 사람은 시간을 쪼개서 공부한다. 가난한 사람은 공부를 해야 부자가 될 수 있기에 열심히 노력한다. 나는 그동안 끊임없이 자기계발과 **강력한 강의 콘텐츠를 찾았다.**

어떤 사람이 봄(행복, 파랑새)을 찾아 온 산천을 헤매었지만 찾질 못하고 지친 몸으로 집에 돌아 왔는데 집 마당에 매화가 이미 피어 있었다는 이야기가 생각난다. 인간은 행복을 찾기 위해 나그네처럼 일생을 여기 저기 헤맨다. 나도 한때 콘텐츠를 찾아 서울에서 수년을 헤매다가 행복은 바로 내 주위에 있다는 것을 깨닫고 서울 생활을 정리하고 내 고향 포항으로 돌아왔다. **내 나이 지천명 (知天命)에.**

고향으로 내려와서 새롭게 만든 교육 아이템은 감히 혁명적인 도전이라 자부한다. 서울에서 활동하는 KBS, SBS 아나운서 등 유명 스타 강사들을 포항에 직접 초빙해서 진행하는 스피치과정이다. 스피치과정 PCS&L은, 교육 스토리부터 다르다. PCS&L-People Change Speech & Leadership, 7명의 스타강사와 7주 동안 일곱 색깔 무지개 인생을 만들어가는 고품격 리더십 스피치과정이다. 첫 시간 1부는, TV에서나 보아왔던 아나운서와 스타 강사들의 현장감 있는 목소리로 교육생들에게 신선한 충격의 교육현장이라면, 둘째 시간 2부는, 무대에서 직접 발표하고, 피드백과 코칭을 받는 긴장된 순간이다. 매번 미션에 따라 발표해야 하는 긴장감이야말로 변화의 시작이며 성장하고 싶은 간절함의 첫걸음이다. 그렇게 매주 1부와 2부의 교육을 통해 7주가 지나 수료하는 날, 마지막 무대에서의 짜릿함과 성취감은 수료한 분들의 환호성과 훈훈한 이야기에서 느낄 수 있다. **나는 스피치강사다.**

개인 스피치를 지도하고 스피치 원고를 첨삭하면서 새롭게 알게 된 사실은 스피치는 원고의 구성이 중요하다는 것이다. 테크닉이 아무리 좋고 발성과 목소리가 뛰어나도 스피치 원고가 제대로 구성되어 있지 않다면 그 스피치는 죽은 스피치와 마찬가지라는 것을 알았다. '같은 표현도 이렇게 하는구나', 평소에 좋은 책과 칼럼을 많이 읽고 그 매력적인 문장을 표현하는 리더를 보면 감탄할 때가 있다. 독서는 평소에 사용하는 어휘를 풍부하게 할 뿐 아니라 그 사람의 언어 스킬도 남다름을 알 수 있다. 그래서 매력적인 어휘 선택이 참신하고 재미있는 사람에게 더 흥미를 가지고 관심을 가지게 된다. 스피치에 있어서 설득력이 왜 부족한지 감동을 주지 못 하는지 이유가 무엇인지를 깨닫고 고민 끝에 in put(인풋)과 out put(아웃풋)을 위해서 독서의 필요성을 느꼈다. in put(인풋) 독서와 out put(아웃풋) 스피치는 내 어릴 때 온몸으로 받은 뜨거운 태양과 넓고 깊은 바다의 에너지를 뛰어넘어 진정한 가치를 추구하는 나만의 콘텐츠다. 마치 실과 바늘의 조화이듯 독서와 스피치는 떼어내려 하여도 떼어 내지 못하는 멋진 하모니다. 그래서 매력적인 스피치를 위해 지식을 저장하고 표현하는 '포항나비' 독서모임이 탄생하였다. '포항나비' 모임도 벌써 7년째를 맞이한다. **나는 포항나비의 대표다.**

> 미래에 투자한 시간과 돈은
> 소비가 아니라 성공에 대한 엄청난 변화다.
> _황태옥

이토록 독서가 좋은 이유

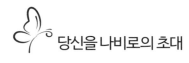

당신을 나비로의 초대

포항나비는 나로부터 비롯되는 목적 있는 책 읽기를 통해 '세상에 선한 영향력'을 미치는 리더들의 모임이다. 목적 있는 책 읽기란 '성장과 변화를 위한 분명한 목적'을 가지고 행하는 독서 모임을 의미한다. 나이 불문, 남녀노소 모든 세대가 소통할 수 있는 공간이요 시민 누구나 함께 할 수 있는 독서모임이다. 목적 있는 독서로 선한 영향력으로 함께 성장 하고 싶다면 언제든지 포항나비에 노크하라. **대환영이다!**

2016년 6월 21일 화요일 20:30, CEO스피치교육과정 중, 서울에서 초빙한 강규형(3P자기경영연구소 대표)의 마지막 Q&A 시간, 그 자리에서 바로 포항나비가 발족되었다. 혼자가 아니라 여러 사람이 더불어 지속적인 독서문화를 만들어 갈 **포항 최초 '나비'가 기적적으로 탄생되었다.**

포항나비는 서로에게 가르치고 배우는 자세 즉 '교학상장(教學相長)'의 정신으로 서로에게 호칭을 '선배님'이라 칭한다. '포항나비'는 책 나눔을 하기 전에 구호를 외치고 시작한다. "독서혁명, 포항나비" 새벽을 여는 우렁찬 구호는 선배님들의 정신과 몸을 활짝 깨운다. 또한 포항나비는 나비만의 특별한 문화가 있다. 발표하는 선배님에게 힘을 싣고 용기를 얻을 수 있도록 이름 삼창을 하는데 처음 참석하는 선배님은 깜짝 놀라서 적응하기 힘들었다고 한다. 그러나 신기하게도 시간이 갈수록 이름 삼창 연호에 용기와 자신감이 생겼고 **은근히 기다려진다고 고백했다.**

  - 서은율! 서은율! 서은율! 힘!

"안녕하세요. 반갑습니다. 저희 유치원에서 선생님들의 택배 내용물이 액세서리에서 책으로 바뀌고 있습니다. 진심으로 감사 인사드립니다. 선생님들의 감사 마음을 담아서 책갈피와 싱싱한 과일을 준비했습니다. 저희 사랑이 가득 담긴 선물을 예쁘게 받아주세요." 하면서 선물꾸러미를 펼친다.

사랑이 담긴 선물을 받는 순간 **모두 감동을 받았다.**

  - 김인영! 김인영! 김인영! 힘!

"오늘 제가 최근 들어서 가장 뿌듯하고 가장 기쁜 날이며 자꾸만 뛰는 가슴을 걷잡을 수가 없습니다. 제 이름을 세 번씩이나 힘차게 불러 주시니 황홀합니다. 매주 토요일 독서모임에 참석한다고 생각하니 마치 소풍 가기 전날 설레는 마음과 같습니다. 포항나비 나오기를 너무 잘 한 오늘입니다."라며 흐르는 눈물을 살포시 훔치며 발표를 이어간다.

또한 서울 양재나비에서 독서 모임 하고 있는 따님이 포항에 계신 아버님께 포항나비를 소개 하여 출석 1등으로 참석 하시는 열정파 선배님, 8살 꼬맹이가 엄마 따라 독서모임에 꼭 오고 싶다며 엄마를 졸라서 새벽에 눈 부비며 책을 보는 광경이 바로 포항나비의 행복한 풍경이다. **세상에 이 보다 더 아름다울 수 있을까?**

나비의 이념인 '나로부터 비롯되는 변화의 기적'은 그 자체로 빛을 발한다. 몇 해 전, 해군사관학교에서 독서 강의 요청이 들어왔는데 강의 후 해사나비 독서모임이 만들어졌다는 기쁜 소식을 받았다. 물론 해사나비 밴드에도 초대되었고 과정을 계속 이어가길 원했지만 지금은 군부대 특성상 조용한 것 같아 아쉬움이 남는다. 해병부대에도 독서특강을 다녀왔는데 국방부신문에 기사가 실려서 영광이었다. 무엇보다 군부대에서도 독서문화가 많이 활성화되고 있는 추세다. 군부대뿐만 아니라 기업, 특히 마을 단위로 작은 도서관이 많이 생기면서 독서의 붐은 일어났지만 코로나로 주춤하고 있어 안타까울 뿐이다. 하지만 포항나비는 현재 소수 인원으로 매주 토요일 아침이면 여전히 이름 삼창과 독서혁명 포항나비 책 박수 구호를 외치고 있다. 물론 시민을 대상으로 누구나 참여할 수 있도록 **포항나비 문은 활짝 열려있다.**

★ 포항나비 독서모임 진행 순서가 궁금해요

시간	내용	비고
06:40 ~ 06:45	체조 & 웃음	아침 깨우기
06:45 ~ 06:50	오프닝 멘트	서로 인사하기
06:50 ~ 07:10	한 주 도서 나눔 및 굿뉴스	한 주 동안 적용사례, 적용 후 경험 사례 : 3분씩
07:10 ~ 08:00	본. 깨. 적 나눔	본 것만 : 3분씩(몇page, 몇째 줄) 깨. 적 : 5분씩(적용, 공개선언)
08:00 ~ 08:15	전체 나눔	발표 : 3분씩
08:15 ~ 08:20	신입나비 인사	첫 인사 : 이름, 하는 일, 각오
08:20 ~ 08:25	마무리	마무리 : 책 나눔 후 느낀 점
08:30 ~ 09:00	공지사항 및 책 박수	책 박수 : 독서혁명, 포항나비

★ 포항나비 독서모임에서는 어떤 책을 읽는지 궁금해요

2016 [포항나비] 도서목록

제1차(7/19, 23)	제2차(7/26, 30)	제3차(8/2, 6)	제4차(8/9, 13)
[대한민국 독서혁명] 강규형 다연	[리딩으로 리드하라] 이지성 문학동네	[실행이 답이다] 이민규 더난출판	[나에게서 구하라] 구본형 김영사
제5차(8/16, 20)	제6차(8/23, 27)	제7차(8/30, 9/3)	제8차(9/6, 10)
[바언더의 힘] 강규형 스타리치북스	[미움받을 용기] 기시미 이치로, 고가 후미타케 인플루엔셜	[여덟단어] 박웅현 북하우스	[그대, 스스로를 고용하라] 구본형 김영사
제9차(9/20, 24)	제10차(9/27, 10/1)	제11차(10/4, 8)	제12차(10/11, 15)
[세계최고의 인재들은…] 도쓰카 다카마사 비즈니스북스	[변방을 찾아서] 신영복 돌베개	[배움력] 민도식 북포스	[관계우선의 법칙] 밥비숍 경영정신
제13차(10/18, 22)	제14차(10/25, 29)	제15차(11/5)	제16차(11/12)
[행복콘서트 웃어라] 황태옥 스타리치북스	[하버드 스타일] 강인선 웅진지식하우스	[빨고굵은 고전읽기] 명로진 비즈니스 북스	[w원들은 무엇으로 성장하는가] 존 맥스웰 비즈니스북스

2017 [포항나비] 도서목록

제55차(8/19)	제56차(8/26)	제57차(9/2)	제58차(9/9)
[그릿] 앤절라 더크워스	[효소 식생활로 장이 살아난다] 츠루미 다카후미	[종이 위의 기적 쓰면 이루어진다] 헨리에드 앤콜라우 저	[생각의 미술관] 박홍순
제59차(9/16)	제60차(9/23)	제61차(9/30)	제62차(10/14)
[자존감 수업] 윤홍균	[라면을 끓이며] 김훈	[지의 최전선] 이어령	[감정수업] 강신주
제63차(10/21)	제64차(10/28)	제65차(11/4)	제66차(11/11)
[나미야 잡화점의 기적] 히가시노 게이고	[영원과 사랑의 대화] 김형석	[4차혁명 앞으로5년] 이경주	[그리스인 조르바] 니코스 카잔차키스
(11/18)	제67차(11/25)	제68차(12/2)	제69차(12/9)
[지진피해로 하루 얼니다]	[고전 독서법] 정민	[7년의 밤] 정유정	[정리의 기술] 생크추어리 퍼블리싱

★ 포항나비 독서모임에서 추천하는 고급정보 있을까요?

책과 친해지는 방법	
1	책은 처음부터 끝까지 완독해야 한다는 생각을 버려라.
2	책을 읽기 전 목차를 먼저 훑어보고 전체 흐름을 파악하라.
3	책속에 중요하다고 생각되는 문장이 보이면 그 페이지를 귀접기 하라.
4	책속에 좋은 문장을 발견하면 메모장에 바로 메모하는 습관을 들여라.
5	책은 밑줄을 그어가면서 책에 바로 바로 형광펜으로 표시 해 두라.
6	책속에 작가의 의도가 무엇인지 관찰하면서 책을 읽어라.
7	책을 읽다가 잠시 멈추고 물음표와 느낌표를 생각하며 읽어라.
8	책속에 또 다른 책이나 저자가 추천 하는 책이 있는지 메모하라.
9	책은 시간을 정해놓고 읽고, 자투리 시간도 활용하라.
10	책의 저자인 작가도 알아보라.

포항나비는 1년에 한 번 '단무지'행사를 한다. 단무지란, 단순 무식하게 지속적으로 하루 종일 책만 읽는 행사로 단무지 제1회는 맑은 산속 '봉좌마을'에서 개최하였다. 제2회는 책으로 가득한 아름다운 카페에서 독서삼매경에 빠져보았다. 행사 때 마다 연인, 부부, 자녀와 함께, 잠시 바쁜 일정을 뒤로 하고 하루 종일 책을 쌓아 두고 책과 사랑에 빠지는 날을 정해서 단무지를 개최하였다. 지금은 코로나로 행사가 중단 되었지만 언택트시대인 만큼 올해는 **새로운 방법의 단무지를 모색 해봐야겠다.**

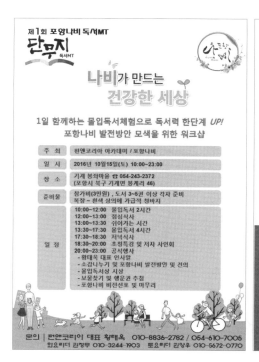

포항나비 제1회 단무지 (2016년 10월 15일 봉좌마을에서)

포항나비 제1회 단무지 (2016년 10월 15일 '봉좌마을'에서)

포항나비 제2회 단무지(2017년 6월 24일. 책이 있는 '건축카페'에서)

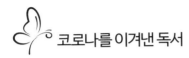
"선생님 저기 있는 많은 책 중에서 어느 책이 가장 인상 깊었나요?" 사무실 양쪽 옆, 나란히 꽂혀있는 책들을 가리키며 초등 4학년 동호의 질문이다. 독서 수업 시간에 갑자기 궁금한 모양이다. "동호야 선생님이 인상 깊게 읽은 책이 왜 궁금한 거지?"라고 동호에게 돼 물어보았다. "네, 집에 가서 우리 엄마에게도 선생님이 읽은 책을 추천하려고요."라는 것이다. 갑자기 받은 질문은 동호의 대답에 생각을 하게 했다. '포항나비' 독서 모임에서 7년 동안 읽은 책이 무려 300권이 넘는다. 사무실에 진열되어 있는 책을 헤아려 보자니 한참이나 둘러보아야 할 정도니까. 그중에 눈에 들어오는 한 권의 책이 있었다. 바로 '그릿'이다.

《그릿》은 빌 게이츠와 버락 오바마 등 세계적인 리더로부터 극찬을 받은 '앤절라 더크워스'의 저서다. '앤절라 더크워스'는 고액 연봉을 받던 맥킨지를 그만두고 박봉의 공립 고등학교의 교사로 학생들에게 수학을 가르쳤다. 여러 학생들의 성장 과정을 지켜보면서 인생의 성공에 있어서 성적이나 재능보다 훨씬 더 중요한 다른 요인이 있다는 사실을 알았다고 한다. 실패와 역경 속에서도 좌절하지 않고 포기하지 않는 힘, 슬럼프를 뛰어넘어 끈질기게 견딜 수 있는 힘이라고 한다. 성공한 사람들의 두 가지 특성은 첫째, 대단히 회복력이 강하고 근면 하며, 둘째, 자신이 원하는 바가 무엇인지 매우 깊이 이해하고 있었다. 그들은 결단력이 있을 뿐 아니라 나아갈 방향도 알고 있었다. 성공한 사람들이 가진 특별한 점은 열정과 결합된 끈기였다' 한마디로 그들에게는 '그릿'이 있었다고 한다. '그릿'은 사전적으로 투지, 끈기, 불굴의 의지를 아우르는 개념이다. 출처:《그릿》

어떤 어려움에 봉착할 경우 힘들고 답답하고 앞이 보이지 않을 때, 무엇을 시작하고자 할 때, 책은 훌륭한 스승의 역할을 한다는 여러 경험자들의 이야기다. 코로나가 갑자기 일상생활을 침범하고 전국을 다니던 강의가 하루아침에 줄어들고 집합 금지로 그동안의 프로그램도 완전히 중단되던 2020년 가을. 무엇을 어떻게 해야 할지 대안이 없을 때 내 손에는 이미 책 '그릿'이 놓여 있었고, 숨죽이며 읽어 내려가고 있었다. "그릿을 길러 주고 싶은 사람이 있는데 내가 해 줄 수 있는 일이 뭐가 있을까요?" 저자는 하루에도 여러 번 질문을 받는다고 제시한다. 그럴 때 마다 '그릿'은 호된 시련 속에서 나타난다고 한다. 즉 죽을 만큼의 시련이 사람을 강하게 만든다고 한다.

'그릿'을 읽은 이후부터 나에게도 질문이 생겼다. "나도 그릿을 길러 주고 싶은 일을 하고 싶은데 그 방법이 뭐가 있을까?" 고민 끝에 그 해답을 찾았다. 시청 옆 골목에서 네 블록을 지나 우회전 후 막다른 길에 위치한 나의 사무실. 20년 동안 그곳에서 울고 웃고 성장하고 변화 한 추억이 가득한 곳이다. 난, 그 물음에 답을 찾았고 그후, 바로 한 행동은 이사였다. 2020년 11월 1일, 20년 동안 정든 곳을 떠나 시청 큰길 대로변으로 이사를 했다. 주위 사람들은 이 시국에 무슨 확장 이전이냐며 만류하였으며 그것도 성인 대상이 아니라 어린이냐며 놀라워했다.

"노력 없이 얻어지는 결실은 없다." 프랭클린의 말처럼 노력하지도 않고 두 손 놓고 안 된다는 생각으로 이 어려움을 극복할 수 있는 방법이 없었다. 우연히 거리 현수막을 보니 어린이 프로그램 홍보 글들이 내 머리를 스쳐 지나갔다. 5년 전, 스피치 수강생 중에 어린이 독서 학원을 운영하는 분이 있었다. 우연한 계기로 그곳을 방문 한 적이 있었는데 아이들에게 아주 좋은 프로그램이라는 것을 인지했다. 그때 그 독서 프로그램이 생각나서 5년 만에 다시 방문하였다. 저서 '그릿'에서 "다시 일어나는 자세 희망을 품어라"라고 했다. 또한 "좋아하는 일을 할 때 목적의식이 생긴다"고 했다. 희망이란 내일은 오늘보다 나을 것이라고 했다. 역경을 낙관적으로 해석하라고 했다. 낙관적인 사고방식은 어떻게든 만들어진다고 했다. 나는 결심했다. 우리 학원으로 오는 아이들에게 책을 통해 그릿을 심어주기로. 그릿을 길러 주는 운동장을 만들기로 결심했다. 그릿의 문화를 만들어서 잠재력을 끌어내어 장기적 목표를 향한 그릿의 이념을 심어주는 일을 구체화하기 시작했다.

놀이터에서 첫 번째 아이를 만났다. 2020년 12월에 만나서 벌써 햇수로 3년째다. 키가 쑥쑥 자란 초등학교 5학년이다. 키 뿐 아니라 글쓰기와 문장을 표현하는 어휘력도 갈수록 쑥쑥이다. 제주도로 가족 여행을 다녀온 후 선물 꾸러미를 내민다. 제주도 '돌하르방'이다. 뒤늦게 안 사실은 엄마도 몰랐다고 한다. 가족 여행지에서 나를 생각했다는 맘이 너무나 짠하다.

나의 놀이터에서 두 번째 학생을 만났다. 친구들에게 왕따를 당해 자존감도 자신감도 없는 쓸쓸한 아이였다. 세상의 모든 불만을 다 가지고 있는 예비 중학생이다. 가끔 자장면을 함께 먹으며 친구 사귀는 방법과 왜 공부를 해야 하는지 등 그릿의 정신을 심어 주었다. 지금은 친구들도 여러 명 사귀었고 표정도 많이 밝아졌다. 세상의 불만을 조금은 떨쳐 버린 것 같아 마음이 뿌듯하다. 무엇보다 공부에 재미를 느끼기 시작했다.

나의 놀이터에서 세 번째 아이를 만났다. 시를 무척 좋아하는 센티한 여학생이다. 마치 초등학교 5학년 때의 나를 보는 것 같은 깜찍한 친구다. 이 친구는 나의 놀이터를 오는 이유가 나와 이야기를 하고 싶어서라고 한다. 그래서 아이들이 없는 시간만 골라서 온다고 고백한다. 수다가 시작되면 하루 있었던 이야기부터 남자친구 이야기까지 속 시원하게 풀어내는 순수한 초등학교 5학년 어린이다.

빼빼로 데이날, 빼빼로 재료로 빼빼로를 직접 만들어서 선물하는 것이 대세라 한다. 나의 놀이터 네 번째 학생이 밤새 만들었다며 예쁘게 포장한 달콤한 빼빼로와 장문의 편지글은 이 세상 어떤 선물과도 바꿀 수가 없다. 정성 가득한 선물에 감동이다.

오늘은 내 생일이다. 독서 수업 후 인사하고 귀가했는데, 몇 분 뒤에 다시 불쑥 나타났다. 쇼핑백 하나를 살짝 밀어주며 "선생님 오늘 생일이죠? 이거 선물 이예요." 하면서 달아난다. 예쁜 마카롱과 커피다. 본인 용돈으로 준비한 생일 선물에 왈칵 감동이 스며든다. 학교도 아니고 부모도 아닌데 학원의 선생인 나의 생일을 어떻게 알고 준비했는지, 그것도 용돈을 아껴가며 말이다. 요즈음 이렇게 행복해도 될까?

나의 선택은 탁월했다. 아이들에게 좋은 책을 읽히고, 진단하고, 생각하게 하고, 쓰고 나누는 독후 활동은 그릿의 힘을 길러 주는 최고의 프로그램이다. "좋은 책을 읽는다는 것은 과거의 가장 훌륭한 사람들과 대화하는 것이다." 라는 데카르트의 명언처럼 지금 내가 하고 있는 일은 잠자는 아이들의 생각을 깨우고 독서를 통해 역경과 실패 앞에서도 좌절하지 않고 끈질기게 견딜 수 있는 마음의 근력을 키우는 중요한 일을 하고 있다. 나는 자부심을 느낀다. 코로나로 힘든 요즘 독서가 나를 성장하게 했다.

독서로 꿈을 디자인 하는 리더
_황태옥

IV

나로부터 비롯되는 사랑

 삶의 의미를 알려 준(사랑, 하나)

선생님 안녕하세요. 저 솔이에요. 선생님은 제 자신을 알아가고 발전시킬 방법과 길을 알려주신 제 삶의 은인입니다. 선생님과 처음 수업을 하던 날 제 이름 세 글자로 삼행시를 만들었던 게 아직도 기억이 나요. 푸른 하늘에 은빛 물결 솔솔 부는 바람과도 같은 사람 김 푸른솔. 이제껏 아무 생각 없이 생각해왔던 제 이름에 선생님께서 엄청난 의미와 정체성을 불어넣어 주셨어요. 저는 그날 이후로 아주 당당하고 힘찬 목소리로 저 자신을 소개해요. 그리고 항상 선생님께서 말씀해 주신 내 모습 그대로 살아가려고 노력하고 있어요. 푸른 하늘도 은빛 물결도 결국엔 늘 그 자리에서 항상 밝게 빛나게 하는 해가 있기에 존재한다고, 해가 없다면 아름다운 자연의 모습은 완성되지 않듯이 선생님은 제 삶에 있어서 해와도 같은 존재이기에 선생님께서 안 계셨다면 저 또한 지금의 저로 존재하지 못했을 거예요.

저는 한 번도 학원이나 교육을 받는 곳에서 딱히 기대하거나 긍정적으로 생각해 본 적이 없었어요. 그런데 선생님과의 수업은 늘 기대가 되고 결석하면 아쉽고 선생님과 있으면 정서적으로 상당히 안정되면서 동시에 기분이 너무 좋아져요. 제가 발을 들일 때마다 선생님께서 항상 밝은 미소와 목소리로 저에게 인사해 주실 때면 세상의 그 어떤 것도 비교가 안 될 정도로 큰 기쁨을 가져다줘요. 선생님과 함께 수업에서 배운 내용과 선생님께서 저에게 가르쳐 주신 삶의 지혜와 지식은 저의 삶에 있어서 정말 유용하게 쓰이고 있어요.

저는 사실 인간관계를 넓게 가지지도 잘 유지하지도 못하는 사람인데 그런데도 선생님께서는 늘 저를 아껴 주시고 대가 없는 사랑을 마치 아낌없이 주는 나무처럼 넘칠 정도로 주셔서 감사해요. 그래서 늘 감사하게 생각하고 있어요. 선생님과 함께 이야기를 나눌 때면 시간 가는 줄도 모를 정도로 너무 재미있고 선생님께 제 고민을 털어놓을 때면 마치 동화에 나오는 고민 항아리처럼 모든 근심이 사라지고 상황에 알맞게 해결이 돼요. 마치 선생님은 저를 위해 나타난 수호 요정 같아요. 그만큼 독서와 스피치로 선생님과 함께하는 모든 시간은 저에게 있어서 너무나 값지고 의미 있고 기뻐요. 선생님께서 저를 너무나 아껴주시고 사랑해 주시는 걸 항상 느끼고 있어요. 너무너무 감사하고 그만큼 저도 보답해 드리기 위해서 주어진 일에 최선을 다하고 있어요. 그리고 만인에게 인정받는 사람이 될게요.

사람들이 저에게 찾아와서 너의 스승은 누구며 어떤 분이냐고 묻는다면 저는 한 치의 망설임도 없이 아주 당당하게 '나의 스승님은 태양보다 빛나고 옥구슬보다 아름다우신 분, 나에게 삶의 의미를 알려주고 사랑을 불어넣어 주신 스승, 황태욱.'이라고 말할 거예요.

2021년은 선생님을 알게 되어 값진 한 해였다면 2022년은 선생님과 더욱더 가까워지고 더 끈끈해질 것이기에 더 값진 한 해가 될 것 같아요. 지난 한 해 동안 저에게 너무 분에 넘치는 사랑과 애정을 주셔서 너무너무 감사하고 이번 한 해도 잘 부탁드려요. 선생님 사랑해요.

삶의 의미를 알려주신 선생님께 _솔이가

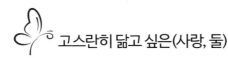

고스란히 닮고 싶은(사랑, 둘)

황태옥 박사와 가까워지기 시작하면서 손익 계산에 빠른 내가 늘 했던 이야기가 있습니다. "박사님, 이렇게 해서 남으세요? 이 공간 운영으로 유지가 되세요? 외부강의 이익으로 메꿔 가는 거죠? 그냥 막 퍼주지 마세요." 그럴 때마다 박사님은 웃으며, "그러게, 안 그래야 하는데…"라며 피식 웃음으로 답하곤 하셨습니다. 그분은 상대가 먼저 돌아서지 않는 한 결코 자신이 먼저 뒤돌아서지 않는 분이십니다.

30대 초반을 벗어날 무렵 '포항나비'라는 독서 모임을 통하여 포항나비 황태옥 박사와 첫 인연을 맺었습니다. 독서 모임 '나비'는 이미 전국적으로 확산된 국내 대표적인 독서 모임 중 하나이기에 보통 타 지역에 가면 그 지역의 '나비모임'을 참여합니다. 그런데 그동안 접해왔던 '나비' 모임들과는 달라서 낯설기도 하였습니다. '포항나비'에서 가장 인상 깊었던 것은 황태옥 박사입니다. 그분은 삼십여 평 되는 공간을 17년 넘게 꾸리며 국내 명강사 1호의 타이틀과 더불어 웃음치료사, 동기부여, 비전특강, 3P바인더, 독서코칭 강사에서 스피치강사로 전국으로 다양한 활동을 하며 아쉬울 게 하나 없는 분이었습니다. 그런 분이 자신의 시간과 공간을 내어 포항나비를 꾸려가며 인구 50만 포항이라는 지방 도시에서, 전국에 이름난 특강 강사들과 유명한 저자들을 초빙하여 행사를 개최하는 열정을 보면 정말 대단하다고 생각했습니다.

나는 그 열정을 배우고 싶었고 전국 강사로서 성장해 온 모습을 고스란히 닮고 싶었습니다. 그래서 박사님이 운영하는 CEO스피치 과정을 신청했습니다. CEO스피치과정은 서울의 그 어느 고가의 교육보다 더욱더 값진 교육의 장이었습니다. 단순히 특강 강사를 초빙하여 일회성 강의로 끝나는 것이 아니라 진정한 교육자의 마인드로 세심하게 코칭 해 주시고 동기부여와 비전 제시에서 한 걸음 더 나아가 개개인의 전공을 함께 고민하며 자신의 것을 만들 수 있도록 나침반 같은 컨설팅을 해 주는 것에 내심 많이 놀랐습니다. CEO스피치과정의 스토리를 듣고 한 번 더 놀라움과 확실한 배움의 장으로 선택했습니다. 교육을 마치고 역시나 선택을 잘 했다는 생각했습니다.

이미 충분히 많은 것들을 채워놓음에도 불구하고 늦은 나이에 경영학 박사학위까지 취득하는 열정적인 모습 또한 너무 보기 좋았고 대단하다는 생각을 지울 수가 없었습니다. 이 모든 배경도 대단하지만 이보다 더 인상 깊었던 이유는 또 다른 것에 있었습니다. 사실 처음으로 박사님과 인연을 맺었을 때는 일의 특성상 매일매일 하루 24시간 드라마틱한 일정을 소화해야 하는 바쁜 일정이었습니다. 그러다 보니 본의 아니게 우선순위로 두었던 스케줄이 뒤로 밀려 약속을 취소하게 되는 경우가 참 많았습니다. 아마 손가락으로 꼽아보면 열 손가락 모두 접힐 정도로 약속을 어긴 것 같습니다. 그런데도 단 한 번도 싫은 내색 없이 늘 반갑게 맞아주셨습니다. 이런 면 때문에 많은 사람들이 박사님 곁에 머문다고 생각했습니다.

일정 금액 수강료만큼 수업해주는 곳은 어느 곳에서 볼 수 있는 세상입니다. 하지만 어린 시절 학교도 아니고 사회에서 만난 교육의 공간에서 본인이 겪은 실패나 실수, 어려웠던 부분들을 다른 분들이 조금이라도 덜 겪기를 바라는 진실한 마음이 묻어나는 이 시대 진정한 교육자가 아닐까요? 마음을 전하는 분을 만나기는 절대 쉽지 않은 일인데 이 또한 너무 행복한 인연에 감사드립니다.

고스란히 닮고 싶은 그 분에게 _김현희

소중한 인연에 깊은 감사 (사랑, 셋)

젊은 시절, 나는 사람 인연에 큰 관심을 두지 않았습니다. 언제부터인지 삶에 대한 무기력감과 우울감이 찾아왔고, 마음이 공허했습니다. 이 사실을 누구에게도 말하고 싶지 않아 혼자 해결하기 위해 노력했습니다. 명상하며 생각을 가다듬으며 마음 컨트롤을 하기 위해 애썼으나 시간이 갈수록 나아지지 않고, 오히려 더 심해졌습니다. 급기야 출근도 하기도 싫고, 사람들과 만남도 싫었습니다. 마음의 고통이 지속하면서 웃음기도 사라지고 있었습니다. 이대로는 안 되겠다 싶어 주위 사람들에게 조심스럽게 고민을 얘기했습니다. 위로해주는 이들도 있었지만, 혹자는 '그래도 일거리가 있지 않냐'며 내게 배부른 소리를 한다고 했습니다. 그래서 고심 끝에 나는 평소 관심이 있었던 스피치를 제대로 배워봐야겠다고 생각했습니다. 스피치 특성상 사람과 마주해야 함에도 나는 정면 돌파로 나의 상황을 해결하고 싶었습니다. 스피치 학원을 알아보던 중 한 지인이 실력 있는 분을 알고 계신다며 만남을 연결해 주었습니다. 이에 나는 곧바로 '좋다'고 말했습니다. 그때까지만 해도 나는 내가 뱉은 '좋다'는 두 마디의 말이 박사님과 소중한 인연을 만들 줄은 예상도 하지 못했습니다.

박사님의 첫인상이 지금도 생생합니다. 왜소하고 작은 체격을 가졌지만 강한 파워와 에너지를 지니신 분임을 직감으로 느꼈습니다. 게다가 직접 대화를 해보니 인자함과 자상함을 겸비하신 분임을 알 수 있었고 그 순간 '내가 참 잘 왔구나!'란 생각이 들었습니다. 그렇게 1:1 맞춤 수업을 통해 스피치의 기본기를 다져나가기 시작했습니다. 더불어 내 마음의 공허함과 스트레스도 조금씩 완화됨을 스스로 느껴가고 있었습니다. 틀에 박힌 일상생활에 조금의 변화를 만드니 삶에 대한 권태감이 사라지는 경험을 하니 신기했습니다. 단순히 삶에 변화가 생겨서가 아니라 좋은 사람과 좋은 에너지를 얻었기 때문에 가능한 일이라고 생각합니다. 스피치 수업시간에 박사님이 나에게 '독서 모임을 해보는 것은 어떨지' 제안하셨습니다. 나는 망설임 없이 "당연히 콜입니다"라고 답했습니다. 사실 난 살면서 독서를 제대로 해 본 적도 없고, 책을 읽어야겠다는 계획을 세워본 적도 없었습니다. 그런데도 박사님이 그냥 좋았고, 계속 좋은 인연을 이어가고 싶었기에 이유를 불문하고 독서 모임에 참석하기로 했습니다. 이렇게 스피치에 이어 포항 나비에게도 소중한 인연이 되었습니다.

그 후 독서 모임 선배님들과 처음 대면하는 날, 나는 신입 회원으로서 긴장감과 설렘을 가득 안고 참석 했습니다. 굿 뉴스 시간을 통해 선배님들 한 분한 분에 대한 이야기를 들었는데, 얘기를 듣고 있으니 '내가 과연 잘 해나갈 수 있을까'란 생각이 들며, 살짝 걱정이 되기 시작했습니다. 또 한편으로는 '누가 되진 않을지' 미안함이 다소 들기까지 했습니다. 처음의 긴장감과 설렘은 걱정과 우려스러움으로 바뀌어 있었습니다. 그러나 그 생각도 잠시 박사님께서 큰소리로 "할 수 있어 힘!"이라고 힘을 북돋우며, 응원해주셨습니다. 내가 하지 않으면 안 될 정도의 큰 응원이었기에 소극적인 마음을 가질 수가 없었습니다. 그냥 무조건 해야 할 것만 같았습니다.

그렇게 나는 박사님과 선배님들의 큰 응원에 용기를 내었고, 이제는 책에 대한 거부감은커녕 오히려 책을 읽을 때 마음이 편안해짐을 느낍니다. 날이 갈수록 변하는 나의 모습을 발견하면서 한 사람과의 인연이 인생을 바꿀 수 있다는 것을 다시 한 번 느껴봅니다.

소중한 인연에 깊은 감사를 표하며_임영자

보기만 해도 가슴 뛰는 (사랑, 넷)

　나는 지금껏 내가 정말 원하는 일을 하며 살고 싶다는 생각만 하고 살았지 그에 따른 적절한 방법을 찾지 못해 서른이 지난 지금까지 어영부영 살아왔습니다. 실직 후 고용센터에서 실업급여를 받긴 했지만 충분하진 않았습니다. 그래도 조급해 하지 말고 내가 정말 하고 싶은 일을 천천히, 제대로 찾아보기로 했습니다. 그러던 어느 날 YWCA에서 웃음지도사 자격증과정이 있다는 것을 알게 되었습니다. 내가 살아오면서 처음 들어보는 생소한 자격증이었습니다. 그런데 웃음이란 단어는 나에게 절실히 필요한 수업이었기 때문에 끌렸습니다. 사실 그때의 나는 회사 사정으로 예기치 않은 갑작스러운 실직을 당했고 엎친 데 덮친 격으로 남자친구와 이별까지 겹쳐 많이 우울했던 시기였습니다.

　무슨 수업이든 YWCA에서 받는 수업은 연령층이 높을 것 같아 신청하고도 고민을 할 수 밖에 없었습니다. 드디어 수업 첫 날, '역시 내 예상이 맞았어. 여기 내가 배울 곳이 아니구나! 집에 갈까?' 후회가 밀려왔습니다. 한참을 고민하다가 그래도 일단은 어떤 수업인지 한번은 들어보기로 했습니다. 또한 웃음지도사 강사님은 어떤 분인지 궁금해지기 시작했습니다. 문을 열고 한 분 한 분 들어오는데, 그 중 유난히 눈에 들어오는 한 분이 있었습니다. 작은 체구에 짧은 헤어스타일과 짧은 스커트, 그리고 색깔 있는 안경을 쓴 분이었습니다. 평범한 외모임에도 풍겨 나오는 카리스마와 밝은 표정이 나의 시선을 사로잡았습니다. 그분이 바로 오늘의 강사님이었습니다. 황태옥 박사님과의 인연은 여기서부터 시작되었습니다.

　매주 한 번씩 수업을 받는데 사람들과 금방 친해지고 수업을 듣고 나면 충전기가 완충된 것처럼 한 주 동안 즐거운 일이 일어날 것 같아 정말 신기했습니다. 처음 호기심으로 시작해서 수강한 수업인데 들으면 들을수록 재미있었습니다. 그리고 나도 저기 앞에 서 계신 강사님처럼 사람들에게 즐거움을 주는 사람이 되고 싶다는 생각까지 들었습니다. 그땐 그저 막연한 꿈이었습니다. 그런데 웃음지도사 2급 자격 과정을 수강하면서 1급 과정까지 더 듣고 싶단 욕심이 생겼습니다. 어릴 때부터 지출에 예민한 터라 1급 과정 등록을 하는데 고민 안 할 수가 없었습니다. 몇 날 며칠을 고민하다 배움에는 돈을 아끼지 않아야겠다고 결심을 했습니다. 그렇게 나는 웃음지도사 1급 과정을 수료하고, 레크리에이션 강사과정, CEO스피치과정, 강의스킬 심화과정까지 쉼 없이 수료하여 황태옥 박사님이 주관하는 강의는 죄다 참여하고 수료하였습니다. 수료증을 헤아려보니 무려 5종이나 됐습니다. 내가 끝까지 배움을 붙잡을 수 있었던 이유는 늘 고민만 하는 나에게 손을 내밀어 주신 박사님 덕분이었습니다.

강사가 되고 싶다는 내 말에 내가 잘되기를 바란다고 입버릇처럼 얘기해주시는 분이셨고. 수업 오시는 분들에게 딸 자랑하시듯 앞으로 성공할 강사라고 나를 소개해 주셨습니다. 때문에 박사님이 내 이름을 불러줄 때마다 가슴이 뛰었습니다. 그럴 때 마다 자신감이 팍팍 생겼습니다. 그리고 학생강의 등 현장 경험까지 만들어주셨고, 그 기회를 통해 강사가 되어야겠다는 확신감이 생겼습니다. 너무나 신기하게도 지금은 강사가 되어, 강사를 가르치는 일을 하고 있습니다. 이 모든 기적은 아직도 계속 진행형입니다.

보기만 해도 가슴 뛰는 작은 거인에게_주정은

암흑에서 신세계로(사랑, 다섯)

　때는 2019년, 과연 내가 언제까지 회사에 다닐 수 있을지, 만약 회사를 나오온다면 무엇을 해야 할지 고민에 빠진 그해는 깊은 소용돌이가 치는 바다였다. 고뇌를 하다 결국 사회복지사에 도전해보기로 마음먹고 공부를 시작하였다. 내 예감은 적중했다. 정말 퇴사를 하게 된 것이다. 나의 자존감은 바닥으로 떨어졌고 여러 가지 복잡 미묘한 생각에 사로잡혀 고민하고 방황하기 시작했다.

　'앞으로 내가 어떻게 해야 할까?', '앞으로 남은 내 인생을 어떻게 꾸미지?' '내가 언제까지 일할 수 있을까?' 끝없는 수렁에 빠져 허우적거리다 내린 결론은 '앞이 보이지 않을 때는 나의 미래를 위해 무엇인가를 시작해야 한다'였다. YWCA로 향했다. 10월의 가을 정취를 느낄 겨를도 없이 또다시 난 딱딱한 교실에 앉아 강의를 들었다. 그곳에서 황태옥 박사님을 만났다. 그분과의 인연이 그렇게 시작되었다.

　박사님께서는 '포항나비'로 찾아오라고 하였다. 난 무조건 그곳을 찾아갔다. 망설일 이유가 없었다. 힘들게 밑바닥까지 와 내 손을 잡아 주신 분인데 무엇을 망설이랴.

　토요일 아침 6시, 신선한 공기를 마시며 포항나비 독서모임에 갔다. 모두 반갑게 맞아주셨다. 그런데 나는 놀라움과 함께 충격을 받았다. 나도 나름대로 열심히 살았다고 아니 열심히 살고 있다고 자부하였는데 포항나비 선배님들의 열정을 보니 나는 그냥 주어진 삶에 충실한 '평범'한 삶이었지 열심히 산 것이 아니었구나 라는 생각을 하게 되었다. 그야말로 신선한 충격이었다.

　박사님과 함께 하는 동안 밑바닥까지 내리친 나의 자존감은 조금씩 회복되었다. 책을 접하고 강의를 듣고 강사 스킬을 키우며 제 3의 인생이 다시 펼쳐

지기 시작했다.

"고개 너무 들고 말하지 마세요."

"웃으며 말하니 말이 제대로 들리지 않아요."

박사님의 말씀은 나를 담금질 했고 나는 그분의 피드백을 그대로 받아들이며 나를 채찍질하였다. 박사님은 더디고 더딘 나를 끊임없이 다독이고 끝까지 포기하지 않고 이끌어 마침내 나의 가슴에 불을 지폈다. 그 덕분에 박사님과 함께 강의도 다니게 되었다.

내 어떤 친구는 나에게 "난, 네가 사람들 앞에서 서서 강의를 한다는 것이 상상이 되질 않아"라고 이야기한다. 내가 역사해설을 처음 시작했을 때도 몇몇 친구에게 이런 말을 들었다. 맞는 말이다. 난 항상 박스를 쳐 놓고 누군가가 내 영역 안으로 들어오는 것도 싫고 내가 나가는 것도 싫어했다. 그런 나에게 이제 그만 밖으로 나오라고, 힘차게 함께 가자고 한없이 망설이고 주저하는 나에게 끝없이 "힘! 힘!"을 외치며 구렁텅이에서 꺼내 가슴 뛰는 삶을 살게 해주신 박사님께 감사드린다.

"감사합니다. 박사님, 가슴 뛰는 삶을 살게 이끌어주셔서 감사합니다. 이제부터 더 열심히 나의 삶을 살며, 나도 박사님처럼 다른 분들에게 선한 영향력을 주는 사람이 되기 위해 열심히 노력하겠습니다. 항상 건강하시고 행복하세요. 고맙습니다."

가슴 뛰는 삶을 살게 이끌어주신 분_이남림

호랑이 굴에 들어간(사랑, 여섯)

    가지고 있는 재능을 여러 사람들한테 아낌없이 베풀어주고 나누어 주는 분. 당신을 위대한 작은 거인이라 부르고 싶습니다. 제가 박사님을 뵌 건 총 3번일 겁니다. 첫 번째 만남은 8년 전, 대학교 노인 복지학과에 재학 중이었습니다. 3학점 교양과목이 있었는데, 그때 수업 오셔서 처음 뵀습니다. 아담한 키에 활짝 웃는 표정이 빛이 났습니다. 8년전 이었기에 어렴풋하게 생각납니다. 그때 웃음교육 과정을 통해 웃는 표정을 배워서인지 그 이후 거울을 볼 때마다 활짝 머금은 나의 미소가 아무리 보아도 예뻐 보입니다.

    두 번째 만남은 해외여행을 갔었는데 우연하게 여행지에서 또 만났지요. 그리고 마지막 세 번째 만남은 지인을 따라 온 이곳 '포항나비'에서였습니다. 그렇게 박사님과 소중한 인연이 되었습니다. 아마도 세 번째 만남은 필연이 아닐까 생각하며 제겐 소중한 인연이 되었습니다.

    제가 옆에서 보아 온 황태옥 박사님은 나비의 기본이념인 '나로부터 비롯되는 변화'를 몸소 실천하는 분입니다. 매주 토요일 '포항나비' 선배님들에게는 아예 조건 없이 나누어주고 학원에 오는 아이들에게는 친자식처럼 모든 걸 다 내어주는 따뜻함. 그리고 늘 돈이 부족한 청년들에게는 맛있는 간식과 식사를 사주며 그들을 격려하는 박사님은 말보다 몸으로 실천하는 행동파가 확실했습니다.

    제가 어떻게 아냐구요? 몇 달 전부터 황태옥 박사님 독서학원에 무작정 매일 출근했지요. 호랑이를 잡으려면 호랑이 굴에 들어가야 한다는 속담처럼 저도 들이대 보았습니다. 요즘 내 인생 중심을 잡을 수가 없어서 고민 하던 차 '포항나비' 한 선배님께서 나 보고 "뭘 그리 고민 하세요? 황태옥 박사님의 정신과 경영의 방법을 배우려면 무대뽀 정신으로 바로 출근하세요."라는 거였습니다. 그 이후 저도 '포항나비' 선배님처럼 많은 것을 배우고 성장 하고 싶어서 출근 하고 있는데 그 모든 에너지와 가르침은 내 인생 멘토가 되어주신 황태옥 박사님의 독서 발자취 덕분입니다. 저도 이제 확실한 길을 알았으니 황태옥 박사님에게 손을 내밀어야겠습니다.

호랑이 굴에 들어간_이경희

《카톡은 우체통이다》

사랑을 담고
웃음을 담고
소식을 담아

그대에게
내 마음 모두 담아
전달 할 수 있으니까

_황태옥. 시집《하루 하루 詩作》중

포항나비

김현희

함께하는 책이 아니었다면
감히 시작조차 하지 못했을 것이다.
마음속으로만 품었던 일이라 설렘보다 두려움이 컸지만
그래도 쓰다 보니 몰입하게 되고 몰입하다 보니
어느새 또 이렇게 결과가 나왔다.
내 인생의 한걸음을 또 내딛었다.
비록 부족하고 소박한 글이지만
그래도 나의 글이 누군가에게 또 한 번 도전의 용기와
몰입할 수 있는 계기가 되길 바란다.

독서와 인연으로 만든 **날개**

I

평범한 독서

 주저앉은 나를 일으켜 세워준 독서

수없이 하늘만 원망했던 시절이 있었다. 또래들보다 더 빛나는 자리에 서 있었던 나였기에 그 원망은 한없이 깊었다. 성공한 자리에서 감사하기 보다는 탐욕을 앞세웠던 시간이었다. 그리고 그 결과는 처참했다. 세상의 가장 밑바닥으로 떨어졌고 그 불행만을 생각하며 삶을 포기하고 싶었다. 밤늦은 시간의 하굣길, 야산으로 끌려가 밤늦게까지 구타를 당해야 했던 폭력과 왕따의 희생자였던 순간은 내 평생의 트라우마로 남았다. 성공의 자리에서 벼랑 끝 낭떠러지로 추락해버린 나였다. 도대체 더 이상 무엇을 어떻게 해야 할지 몰랐다. 왜 나에게만 이런 일들이 일어날까? 왜 나에게만 이런 불행이 계속 오는 걸까? 그런 생각들 속에 매일같이 암흑의 시간을 보냈다. 그러던 그때 만난 책한 권이 있었다. 바로 실업계고등학교 출신으로 골든벨을 울리고 연세대학교에 진학하고 세계적인 리더로 성장한 김수영 저자의 《멈추지 마, 다시 꿈부터써 봐》였다.

저자 김수영은 어린 시절에 나처럼 왕따를 당한 경험이 있다. 어디 그뿐인가? 가난한 어린 시절과 실업계 고등학교를 다니며 서울에 있는 대학은커녕 지방 대학조차 가지 못할 것이라고 이야기했던 선생님도 있었다. 그런 악조건에서도 불구하고 자신의 꿈을 놓지 않았다. 자신의 버킷 리스트를 작성하고 하나씩 이뤄 나갔다. 그리고 세상을 향해 도전한 다양한 이야기들을 책 속에 담았다. 책을 읽으며 가장 먼저 든 생각은 '불행은 나에게만 존재하는 게 아니었다.'라는 것이었다. 학교 폭력과 왕따는 당했지만 그래도 나는 학교 밖에서 다양한 활동을 할 수 있었다. 큰 부자는 아니었지만 지금까지도 열심히 일하고 계신 부모님 덕분에 지독한 가난 속에 살진 않았다. 그렇게 책을 읽다보니 내가 불평했던 불행의 요소들이 과연 불행이었나? 라는 생각을 하게 되었다. 혹여 그게 불행일지언정 결단코 나에게만 존재하는 불행은 아니라는 사실도 깨달았다. 무엇보다 불행이란 걸림돌을 원망만 하기 보다는 그것을 디딤돌로 삼고 더 열심히 내일을 위해 멋진 삶을 살아나가고 있는 사람도 있다는 것은 내겐 큰 도전이 되었다.

책 속의 많은 이야기가 가슴에 와 닿았지만 무엇보다 가장 크게 와 닿은 글이 있었다. "내가 자꾸 남들을 미워하고 세상을 저주하면 할수록 불행과 고통이 되돌아왔다. 당연한 결과이다. 내가 세상을 저주하는데 세상이 내게 축복을 내릴 리가 없지 않은가. 그러나 내 마음이 감사와 겸허로 채워지면서 엉켜있던 실타래가 풀리듯 세상일이 하나둘씩 풀리기 시작했고 전혀 생각지도 못했던 훨씬 더 멋진 삶을 살기 시작했다.(p.268)" 이 글귀는 나를 반성케 하였다. 아직 젊고 건강하며 유능하다고 인정받는 내가 과거보다 훨씬 더 성공하면 되는 것인데 두려움에 사로잡혀 못할 것이 무엇인가? 주어진 것에 감사하며 오늘도 행복하게 열심히 살아가자고 말하는 그 책 속에서 희망을 찾았다. 더 이상 추락으로 인해 발생한 바닥의 불행을 야기한 이들을 원망하지 않기로 했다. 나도 저자처럼 오히려 주어진 하루에 감사하며 그 속에서 할 수 있는 것들을 해 나가기로 마음을 바꾸었다. 그 변화된 마음을 바탕으로 열심히 책을 읽고 열심히 공부했다. 시간이란 자산이 내겐 있었다. 어차피 잃은 돈은 당장에 찾을 수 없었다. 큰 비용을 들이지 않고도 할 수 있는 것이 책 읽기라면 그것만이라도 열심히 하자고 마음먹었다. 그리고 수많은 책을 읽으며 하나씩 메모를 하기 시작했다. 나만의 버킷 리스트를 만들기도 하고 떠오르는 것들을 하나씩 내 인생의 키워드로 적어가기도 하면서 그렇게 비록 세상의 가장 밑바닥으로 떨어졌던 나였지만 드디어 바닥을 치고 올라가기 시작했다.

그것들이 하나둘 쌓이면서 나의 지식이 되고 큰 재산이 되었다. 저자 김수영이 그랬듯이 주어진 불행에 대해 누군가를 원망만 하지 말고 나 자신도 냉정하게 보려고 했다. 미처 깨닫지 못한 나의 잘못에 대해서 인정하고 반성하기로 했다. 꿈을 잃지 않고 느리더라도 하나씩 도전하기 시작했다. 앞으로도 행복한 내일을 위해 오늘을 더욱 열심히 살 것이다.

어릴 적 나에겐
정말 많은 꿈이 있었고,
그 꿈의 대부분은
많은 책을 읽을 기회가 많았기에
가능했다고 생각한다.
_빌 게이츠

'주제별 책읽기'를 통해 네트워커가 되었습니다.

　속독법은 나의 강점 중 하나이다. 그것은 배움에 있어서 강력한 도구가 되어주었다. 나는 책을 통해 새로운 삶의 주인공이 되었다. 책 속에서 새로운 친구를 만났다. 책 속에서 다른 삶에 대한 궁금증도 생겼고 생각도 많아졌다. 왕따나 다름없던 학창 시절에는 쉬는 시간을 재밌게 보낼 수 있는 방편이기도 했다. 때로는 그것이 소설이었고, 교양서였으며, 궁금증을 해결하기 위한 해결서이기도 했다. 특히 예술대학으로의 진학으로 인해 특정분야에 대한 학문만을 접한 채 새로운 사회생활을 시작해야 했던 나에게는 또 다른 사회의 단면을 볼 수 있는 유일한 창구이기도 했다. 수많은 책을 읽어가며 그 안에서 나 홀로 짝사랑하는 저자들이 생기고 마치 선물을 기다리는 아이처럼 그들의 신간을 기다렸다. 그렇게 읽은 책들은 어느새 새로운 경험 뿐 아니라 차곡차곡 쌓인 지식이 되었다.

　하지만 많은 책을 읽다보니 하나의 갈증이 생기기 시작했다. 단순히 흥미를 채우는 것에서 더 나아가서 책을 통해 더 많은 것들을 얻고 싶은 욕심이 생겨났다. 그래서 《독서천재가 된 홍대리(다산북스)》, 《본.깨.적(위즈덤 하우스)》, 《리딩으로 리드하라(차이정원)》 등 독서법에 대한 책을 읽기 시작했다. 그리고 그 끝에 나의 독서습관은 주제별 책 읽기로 바뀌었다. 어떤 관심분야가 생기면 그 분야의 책들을 질릴 때까지 읽는 방법이었다. 그리고 그 변화는 단순한 책읽기로 그치는 것이 아니라 관심 있는 분야에 대한 더 많은 학문적 욕구로 이어졌다. 그래서 보다 전문적인 공부를 하는 것으로 이어져 독학사 제도를 통해 학사 학위를 취득하고 다양한 자격증을 취득하는데 큰 도움이 되었다.

　그리고 그 가운데 가장 큰 수확은 '네트워커'로의 탄생이다. 과거 몇몇 불법적인 사업자들로 인하여 불법이라는 인식이 박혀진 일명 '다단계'가 사실은 합법적이고 정상적인 비즈니스라는 사실을 알 수 있었다. 그리고 《열정은 기적을 낳는다(나무와 숲)》, 《핑크 리더십(씨앗을 뿌리는 씨앗)》이라는 책을 통해 네트워커로서의 삶을 시작했다. 남들의 말만 들었다면 선뜻 시작해지 못했을 삶이었다. 하지만 수많은 네트워크 마케팅에 대한 주제별 책 읽기를 통해 편견을 버릴 수 있었다. 편견을 버리니 더 많은 것들이 눈에 들어오기 시작했다. 그럴수록 관련된 책을 더 많이 읽어나갔다. 그것을 바탕으로 열심히 일하니 좋은 결실도 하나씩 맺어졌다.

아마 주제별 책 읽기를 통해 네트워크 마케팅에 대한 책들을 접하지 못했더라면 나는 여전히 상품을 팔기만 하는 화장품 방문판매 영업사원에 불과했을 것이다. 주제별 책 읽기를 통해 네트워트 마케팅에 대한 편견을 버렸고 네트워크 마케팅 비즈니스를 위한 사업을 시작할 수 있었다. 책의 힘으로 시작된 네트워커로서의 삶은 쉽게 무너지지 않았다. 그리고 10년 넘게 지금도 열심히 사업을 이어가고 있으며 나의 경제에 큰 힘이 되고 있다.

책 읽기가 발전되어 주제별 책읽기로 전환되고 전문적인 공부로 이어지니 더 많은 것들을 꿈꾸고 이뤄낼 수 있는 동기와 동력을 부여해 주었다. 앞으로도 나는 책 읽기를 통해 지금보다 더 탄탄한 삶의 기반을 다지고 더 높이 성장하는 나를 만들어 갈 것이다. 또 더욱 많은 사람들이 나처럼 독서에 묘미를 느끼고 독서를 통해 배움과 성장을 이뤄나갈 수 있기를 진심으로 소망한다.

내가 세계를 알게 되니,
그것은 책에 의해서다.
_사르트르

II

소중한 인연

결과로 증명하고, 열정적으로 일하자

삶을 살아가며 누구나 그 속에서 많은 인연들을 맺는다. 든든한 멘토, 좋은 친구, 시너지를 함께 낼 수 있는 파트너 등등 다양한 이유와 연결고리 속에서 만남들이 이어진다. 그리고 그 만남 중에는 때로는 인연도, 악연도 존재한다.

나는 그동안 입시 과외를 시작으로 메이크업 팀 운영, 쇼핑몰 운영, 화장품 세일즈, 세일즈 강의, 뷰티샵 운영, 화장품 수·출입, 마케팅 대행, 컨설팅 등의 다양한 일을 해왔다. 그 중에서는 성공했던 일도 혹은 실패로 암흑을 겪었던 일도 많았다. 그리고 그 일들을 통해서 많은 선생님, 친구, 파트너 등의 숱한 인연들과 만남을 이어왔다. 물론 내게도 그 중에 정말 감사하고 좋은 인연들도 많았다. 반면 악연으로 끝난 만남도 적지 않았던 것이 사실이다.

많은 일들 가운데 가장 오랫동안 해 왔고 현재도 하고 있는 일 중 하나는 네트워크 마케팅을 기반으로 한 네트워커로서의 사업이다. 똑같은 노력으로 똑같은 매출을 했을 때 결과적으로 일반 화장품의 세일즈보다 더 많은 수익을 갖다 준다는 사실을 경험했기에 지속적으로 해오고 있는 일 중 하나이다. 그 일을 하다 보니 많은 만남으로 연결된 사업의 특성상 수많은 사람들과의 인연도 맺어졌다. 때로는 그 인연들을 동경했다. 하지만 원하고자 하는 목적이 달성되거나 자신이나 상대의 어려움 속에서 돌변하는 모습들로 실망을 품게 되는 경우도 많았다. 그래서 사회생활을 시작하며 가장 많은 시간을 투자했고 또 가장 많은 돈을 벌게 해준 사업이었음에도 불구하고 사업을 접었던 적이 있었다. 그런 시간이 조금 흐른 뒤 만난 한 분이 있다.

어떤 일이 있을 때마다 "사업만 잘하면 됩니다." 라고 하시는 그분의 말을 나는 처음 이해하지 못했다. 처음엔 그냥 돈만 무조건 벌면 된다는 말인가? 라고 오해했다. 어렸을 때부터 마이크를 잡았던 경험 덕에 얻어진 언변, 세일즈를 오랫동안 해오며 익혀진 영업 스킬, 조금만 집중하면 금세 만들어내는 커뮤니티나 블로그의 운영능력을 놓기 싫어하는 말일까? 라고 생각하기도 했다. 아웃풋은 약할지언정 인풋 만큼은 누구보다 뛰어난 사장님이란 판단으로 잡은 손이었다. 그랬기에 여러 가지 생각들이 있어도 그 손을 특별히 놓고 싶지는 않았다. 내가 약한 '인풋'의 강점이 있는 분이니 나는 반대편의 '아웃풋'을 잘하면 된다고 생각했기에 편한 마음이었다. 그렇게 사업을 시작하고 이어가던 어느 날 믿었던 사람으로부터 뒤통수를 맞는 사건이 발생했다. 나의 금전, 시간, 애정을 투자한 사람으로부터의 배신이었기에 분노를 억누를 수가 없었다. 분노를 넘어서 복수심으로 활활 타오르고 있었던 그 때, 그 사장님께서 제게 조심스레 건넨 조언이 아직도 머릿속에 생생하게 남아있다. "쓸 데 없는 분노와 감정싸움으로 에너지를 소모할 필요가 있습니까?" 라는 이야기였다.
"내 자신이 열심히 정직하고 바르게 앞으로 살아가면 내가 복수를 하거나 하지 않더라도 또 남들이 무어라 하든 결국은 알 사람들은 다 알게 될 것입니다. 결국은 진실이 드러날 것인데 그냥 묵묵히 지금의 그 자리에서 나의 일을 성실히 해나가며 더 성공한 모습을 보여주는 것이 결국 이기는 길 아닐까요?" 그 순간 나는 정말 망치로 머리를 한 대 맞은 기분이었다.

그동안 어떤 일과 어떤 상황에도 "괜찮습니다. 사업만 잘하면 됩니다." 라고 했던 말에 담긴 뜻을 그제야 이해할 수 있었기 때문이다.

뒤늦게 그동안 사장님의 말뜻을 이제야 깨달았다고 이야기하는 내게 건넨 한 마디. "파이팅 입니다! 결과로 보여주는 게 증명하는 거고, 이기는 거죠~ 다시 재정비해서 열정적으로 사업 진행하도록 해요~!!". 나는 그 사장님의 그 한마디로 모든 분노와 복수심 그리고 다양한 감정과 행동들을 모두 내려놓고 다시 나의 일과 역할에 집중할 수 있었다.

비록 나랑 네 살 차이 밖에 안 나지만 앤알 커뮤니케이션의 비즈니스에 있어서 멘토가 되어주시는 허찬 사장님은 바로 그런 분이었다. 대단한 마케팅 능력이나 엄청난 세일즈 스킬을 가지고 있지는 않다. 하지만 자신의 자리에서 묵묵히 자신의 역할을 해나가며 한 계단씩 오르며 스타 다이아라는 직급까지 올라가신 멋진 사장님, 자신의 파트너들을 품으며 언제나 변함없는 모습으로 선한 영향력을 전하며 경쟁의 구도에 있는 이들과도 소통의 끈을 놓지 않는 멋진 사장님이다. 때로는 신선했고 때로는 신기했으며 때로는 대단했다. 하지만 힘들었던 순간 내게 건넸던 그 조언을 시작으로 진정으로 그를 존경하게 되었고 앞으로 네트워커로의 삶이 이어지는 한 계속 이 분과 함께하고 싶다.

네트워크 마케팅의 비즈니스에 있어 이제는 과거와 달리 네트워커들이 자신을 후원해줄 스폰서를 골라 선택하며 사업을 시작하는 시대라고 이야기 한다. 나 또한 네트워커로써의 경험과 경력이 쌓이면서 선택을 통해 브랜드를 결정하고 함께 할 스폰서를 결정했다. 처음 선택의 그 순간부터 지금 이 순간까지 단 한 번도 선택을 후회하지 않게 해주신, 그리고 그 어느 어떠한 순간에도 "사업만 잘하면 된다."며 아낌없는 지지와 나의 부족함을 채워주고 계신 앤 알커뮤니케이션 허찬 SSD사장님께 진심으로 감사드리며 그런 사장님이 있기에 앞으로의 미래가 더욱 기대된다.

복수하는 최고의 방법은
네가 잘난 사람이 되는 것이다.
_마르쿠스 아우렐리우스

III

특별한 날개

 어디로 튈지 몰랐던 키 작은 도깨비

나는 다른 친구들이 공부에 충실할 때 다른 것들에 호기심이 더 많은 아이였다. 학교 안 보다 학교 밖의 활동에 더 관심이 많았다. 초등학교 3학년 때부터 시작한 사물놀이는 학창시절 내내 나의 동반자였고 처용문화제에서 여러 번 입상을 하기도 했다. 아직도 장구나 꽹과리가 손에 들려지면 웬만한 장단은 쉽게 소화해낸다. 어릴 때부터 무언가 해보고 싶고 배워보고 싶은 것이 있으면 부모님의 반대에도 불구하고 뭐든지 해 봐야 했고 그 덕에 한정적인 가정경제 안에서 동생 보다 많은 혜택을 받고 자란 것도 사실이다. 다행히 부모님은 보수적인 성향에도 불구하고 자녀에게 애정이 많으셨고, 자신들의 어린 시절 해보지 못한 것, 가져보지 못한 것을 다해주고 싶으셨던 욕심이 크셨다. 해외 먼 나라에 오랜 기간 출장을 나가시고 새벽같이 일어나 일을 하시며 든든한 후원군이 되어주셨던 부모님 덕에 남들보다 더 많은 것들을 배워보고 경험해볼 수도 있었다.

중학생이 되어서 학교 밖에서 당시 유행하던 춤판을 다니는 댄스팀 활동이나 춤을 기반으로 한 오락기인 펌프팀 활동을 하기도 했고, 학교 안에서는 사물놀이를 기반으로 한 동아리활동을 하며 지역의 동아리연합의 중학생 대표를 맡으며 '동동연' 이라고 불리는 지역 동아리연합 축제기획에 참여하기도 했다. 그렇게 동에 번쩍 서에 번쩍 여기저기 다니며 다양한 활동을 하는 나를 보며 주변 친구들은 저에게 '도깨비' 같다며 키 작은 도깨비를 뜻하는 '꼬마깨비'라는 별명을 붙여주기도 했다. 그리고 그 별명은 그때부터 지금까지 온라인에서 내가 사용하는 닉네임이 되었다.

물론, 늘 좋았던 때만 있었던 것은 아니었다. 공부보다는 다양한 활동에 더집중하는 나는 다른 사람의 눈에는 '딴따라' 혹은 '노는 아이' 로 통했다. 다행히도 어린 시절의 우리 집에는 늘 다양한 책이 많이 있었고 글짓기 과외까지 보내셨던 부모님의 열의 덕에 책 읽는 것을 좋아했다. 거기다 중학교 입학전 했던 선행학습이 바탕이 되어 하위권의 성적은 면할 수 있었다. 무조건적인 인문계 고등학교 진학을 희망하셨던 부모님의 고집과 단 한 번의 연합고사시험만으로도 인문계고등학교 진학이 가능했던 당시 고등학교 입시시스템 덕분에 인문계 고등학교에 진학할 수 있었다. 하지만 늘 밖에서 다양한 활동을하기 좋아했던 나는 학교에 쉽사리 적응하지 못했고 공부가 우선인 친구들과잘 어울리지도 못했다. 설상가상으로 고등학교에 입학한 지 얼마 되지 않아하교 길에 중학교 때 같이 놀던 친구들에게 끌려가 폭행을 당하는 피해도 입으면서 왕따와 다름없는 학창시절을 보내기도 했다. 그래도 다행스러웠던 것은 재밌어 보이는 건 일단 하고 보는 성격 때문에 그 와중에도 다양한 활동을하는 것만큼은 빠지지 않았다. 인문계 고교의 특성상 야간자율학습이 의무이다 보니 매일 연습을 나가야하는 학교 밖 댄스팀 활동이 여의치 않아 팬코스프레로 눈을 돌렸다. 주말마다 팬코스프레를 위한 춤추기와 연습을 하러울산에서 부산까지 가는 것도 마다 하지 않았다. 더불어 축제기획과 댄스팀 활동경험을 바탕삼아 공연장을 대관하고, 입장료를 받는 THE FANCOS 라는 팬코스프레 행사를 기획·주관하기도 했다. 뿐만 아니라 당시 큰 지역마다 있던 밀리오레와 같은 대형쇼핑몰이나 놀이공원 같은 곳의 후원을 받은 팬코스프레 대회를 개최하고 행사를 진행하는 등의 활동을 하는 등 다양한 활동을 했다.

그러던 어느 날 고등학교 담임 선생님께서 학교 밖에서 여러 활동을 하고 있는 나를 보며 부모님께 조심스레 울산 YMCA에서 주최하는 레크리에이션 지도자 자격증 과정을 권해주셨다. 사실 그것이 무엇인지 나도 부모님도 잘 알지 못했다. 하지만 학교 담임 선생님이 권해주신 것이었기에 집에서 1시간이나 걸리는 거리임에도 일주일에 한두 번 학교 정규수업을 마치고 야간 자율학습 대신 YMCA로 향했다. 각종 게임을 진행하며 MC를 보는 방법을 배우는 과정은 굉장히 신선하고 재밌었다. 그리고 나는 그때 처음으로 레크리에이션 MC라는 직업이 있다는 사실과 이벤트 기획이라는 직업이 있다는 사실을 알게 되었다. 당시는 레크리에이션 MC 자격증이 흔하지 않았던 시절이었고 1기였기에 대부분의 강사님들이 대구를 비롯한 타 지역에서 와주셨다. 그 덕에 국내 최고의 레크리에이션 MC그룹으로 손꼽히는 리더스의 방우정 선생님, 박동철 선생님을 비롯한 정말 좋은 선생님들로부터 레크리에이션 MC 기법을 제대로 배울 수 있었다. 그 레크리에이션 MC자격증이 바탕이 되어 전국 청소년 MC경연대회에서 상을 받았고 부산 MBC라디오방송 '별이 빛나는 밤에' 도 출연했다. 그리고 무엇보다 폭력의 피해자이자 왕따나 다름없었던 내가 울산대공원에서 열린 첫 울산학생의 날 축제의 대형 메인 무대에서 행사를 진행하는 MC도 할 수 있었다.

어린 시절의 다양한 활동은 정말 내 삶에 있어 큰 바탕이 되고 있다. 다양한 활동을 해본 덕에 어떤 일이든 주어지면 쉽게 설계가 가능한 어른으로 성장했다. 특히 어린 시절 접할 수 있는 책이 많았고 그래서 책읽기가 자연스러웠고 글쓰기 수업을 들었던 것이 바탕이 되어 성인이 되어 뒤늦은 공부도 훨씬 수월하게 할 수 있었고 이렇게 책 쓰기도 대담하게 용기를 낼 수 있다. 그 시절 만났던 멋진 레크리에이션MC 선생님들 중에는 성인이 되어서도 인연을 이어가고 있는 분들도 있다. 또한 MC를 통해 얻어진 언변은 영업적인 일을 하거나 강사의 일을 하는 데 굉장히 큰 메리트가 되었다. 물론 학창시절 폭력의 트라우마와 왕따의 기억은 아직도 큰 상처로 남아있기도 하다. 하지만 그랬기 때문에 주변 사람들과의 관계의 소중함을 느끼고 작은 인연도 쉽게 끊어내기보다는 한 번 더 생각하게 하고 작은 것들도 주변 사람들과 나누고자 하는 마음이 내 안에 만들어진 것도 사실이다. 그리고 그런 마음이 내게 또 다른 소중한 인연들을 하나씩 만들어주고 있음을 좀 더 나이가 들어가며 느끼고 있다.

앞으로도 어린 시절 다소 무모했을 수도 있으나 하고 싶은 것이 있으면 도전하고 끝까지 해냈던 그 용기와 열정을 마음에 새기고 보다 더 다양한 것들을 즐겁게 소화해내며 열심히 살아가는 더욱 성숙된 어른이 될 수 있기를 소망한다.

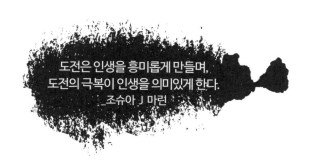

도전은 인생을 흥미롭게 만들며,
도전의 극복이 인생을 의미있게 한다.
_조슈아 J 마린

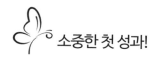

재미있는 놀이로 학습하는 것보다 더 확실하고 정확한 방법이 있을까? 나는 현재 블로그 운영에 있어서는 바이럴 마케팅을 직업으로 하는 분들의 기본적인 정도 수준의 마케팅은 직접 할 수 있다. 또한 3만 명 이상의 회원수를 보유한 네이버 카페를 비롯하여 총 4개의 커뮤니티를 운영하고 있다. 그리고 아직은 작지만 블로그 운영에 관한 기본강의를 하는 강사로도 활동을 하고 있다. 이런 나에게 다들 하나같이 묻는 게 있다. "어떻게 그렇게 블로그를 운영해요?" "어떻게 그런 카페를 운영할 줄 알아요?" 그런 질문을 받을 때마다 나는 어린 시절의 처음을 떠올린다. 지금은 너무도 당연하게 생각되는 포털 사이트 네이버가 우리의 처음일까? 20여 년 전, 우리에게는 네이버가 아닌 '지오피아(지역 채팅방 커뮤니티)'가 있었으며 라이코스(개인 게시판)가 있었고, 세이클럽이 있었으며, 싸이월드(미니홈피)와 엔티카가 있었고 다음(DAUM)카페가 있었다. 어렴풋이 기억을 더듬어 보면 플랫폼의 껍데기가 달라지고 기능이 추가되고 모바일화가 되었을 뿐 그 처음과 지금의 기본적인 맥락은 거의 비슷하다.

어린 시절 다양한 활동들이 가능했고 그를 통해 성장할 수 있었던 바탕에는 다음커뮤니티 활동의 역할도 있었다. 나는 어릴 때 꿈이 '연예인 매니저'였다. 다양한 활동을 했었지만 연예인이 아니라 연예인을 만드는 일을 하고 싶었다. 무대에 서는 것도 재밌었지만 축제를 기획하고 행사를 만들고 주최하는 일이 더욱 재밌었다. 시작은 '오디션 정보를 나누어 보자!' 였다. 당시는 H.O.T로 유명했던 SM엔터테인먼트에서 1년에 2회 SM 베스트 짱 선발대회라는 이름으로 전국을 돌며 대형 오디션 행사를 개최했었다. 그 대회는 고아라, 이연희, 동방신기, 슈퍼주니어 등을 배출해냈을 정도로 당시 굉장히 유명한 오디션이었고 그 정보를 교류하기 위한 연예인 지망생들을 위한 커뮤니티를 DAUM 카페로 만들었다. 다른 친구들이 밤마다 게임을 할 때 나는 커뮤니티에서 채팅을 하고 글을 올리며 서로 답글이나 댓글을 주고받는 일에 매달렸다.

특히 학창시절에 어려움을 겪은 시간에서는 DAUM 카페에 더욱 집중하기 시작했고 매일 밤이면 그 카페 안에서 놀았다. 다양한 활동을 하며 꿈을 키우는 친구들을 그 커뮤니티 안에서 만나며 동경했다. 개인적으로는 연예인 매니져라는 꿈을 바탕으로 마치 그 친구들의 매니저라도 된 것처럼 온라인 검색을 통해서 여러 기획사의 오디션 정보, 대본, 노래나 연기 연습하는 친구들을 위한 자료들도 올리고 했다. 그렇게 만들어진 나의 연예인지망생 커뮤니티는 어느 순간 1만 명을 넘기고, 3만 명을 넘기고, 최대 6만 명의 회원을 갖춘 DAUM 내의 가장 큰 연예인 지망생 커뮤니티로 성장했다. 규모가 커지니 자연스럽게 전체 메일이나 공지글 등으로 아카데미 광고를 해달라는 요청이 들어오기도 했다. 그뿐 아니라 처음에는 'SM 베스트 짱 선발대회'라는 이름으로 하나의 기획사 오디션에 대한 정보만 교류했던 커뮤니티가 '별을 꿈꾸는 아이들'이라는 이름으로 타이틀을 바꾸었다. SM을 비롯한 기획사에서 먼저 카페에서 활동하는 회원들 중에 괜찮은 회원이 없냐며 연락이 오기도 했다. 별아카페와 그 카페주인장인 '꼬마깨비'는 그렇게 그 안에서 무섭게 성장하기 시작했다. 그 성장 속에서 커뮤니티 운영을 자연스럽게 익혔다. 커뮤니티를 통해서 내가 하고자 하는 일에 연결된 첫 인연들도 만날 수 있었다. 방송반도 한번 해보지 않았던 내가 뮤직비디오와 단편영화를 만들어 볼 수 있는 계기도 만들어 주었다. 그리고 이제는 21년의 역사를 자랑하는 2004년도에 진행된 대한민국 청소년 미디어 대전에서 최우수상 및 네티즌 인기상을 시작으로 그 해 거의 모든 청소년 영상제와 영화제에 상을 휩쓸었으며 그 결과 150:1이 넘는 경쟁률을 자랑하는 예술대학 영화과에 입학할 수 있었다.

별아카페는 내 학창시절, 공부만 해야 하는 환경 때문에 막혀오던 숨통을 틔워주는 공간이었다. 친구가 없을 때는 온라인으로 새로운 친구들을 사귀고 함께 노는 놀이터였다. 그 어느 어떤 PC게임보다 재미있는 놀이였다. 그곳을 통해 나는 자연스럽게 커뮤니티의 운영에 대한 기본 원리를 익혔고 그것이 바탕이 되어 블로그나 카페운영을 쉽게 이어갈 수 있었다. 뿐만 아니라 컴퓨터 학원 한번 다녀본 적 없음에도 누구보다 빠른 타자를 자랑하고 포토샵 같은 프로그램을 쉽게 다룰 수 있는 지금의 내가 만들어졌다. 대학생 때는 SM 엔터테이먼트 인턴도 하며 연예인 매니저의 꿈을 이어가긴 했지만 사회에 나와 그 꿈과 다른 생활을 하게 되면서 6만 명이 넘던 별아카페는 아카데미를 운영하는 학원원장님께 당시 기 백만원이란 큰돈으로 팔아 이제는 추억의 한 자락이 되었다. 그래도 그때 그 시절 어린 나이였음에도 불구하고 한 카테고리에서 NO.1의 커뮤니티를 키우고 운영하고 심지어 조선일보에까지 소개되는 값진 첫 성장의 스토리로 내 가슴 한편에 담겨져 있다.

> 연예인을 꿈꾸는 이들은 스스로를 '연예고시생'이라 부른다. 회원수 6만 5000명에 40대 회원까지 있는 연예인 지망생 카페 '별을 꿈꾸는 아이들'(cafe.daum.net/ bestno1zzang)은 '정기모임'을 갖고 자체 오디션을 열 정도로 성행(ㅋ). 운영자 김현희씨는 "오디션 정보를 모아주는 자료 전담자가 있고 오디션에서의 예상질문까지 뽑아 함께 '스터디'까지 하는 등 웬만한 '고시생' 못지않게 준비한다"고 말했다.
>
> 스타 리얼리티 프로그램 '스타메이커'를 기획한 동아TV 이경선 책임프로듀서는 "예쁘고 날씬한 사람보다는 남과 다른 경력이나 이질적인 캐릭터가 요즘 시청자에게 빨리 각인될 수 있는 요소"라며 "그러나 임팩트가 강한 만큼 빨리 식상해 질 수도 있다"고 말했다. 보통 사람들이 꿈을 펼치기에 연예인의 길이 그리 순탄치만은 않다는 얘기다.

〈2006년 3월 20일자, 조선일보 기사 중 발췌〉

**우연은 항상 강력하다. 항상 낚싯바늘을 던져두라.
전혀 기대하지 않은 곳에 물고기가 있을 것이다.**
_오비디우스

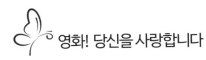 영화! 당신을 사랑합니다

내게는 10년이 지나도 잊히지 않는 노래가 있다. "고잔동에 자리 잡은 서울예 대는~♩~ 학장이 대빵이라~ 교수도 대빵♬, 교수가 대빵이라 학생도 대빵♬, 모두 다~ 대~~빵 ♩ 영광, 영광, 서울예대 ♬ 영광 영광 서울예대 ♩ 영광 영 광, 서울예대♬ 영화과 만만세♩...." 바로 20살이 되던 해, 목청 높여 불렀던 학 교 주제가다. 나는 현재 이름만 대면 알만한 이영자, 신동엽, 황정민, 김건모, 유 영석, 송은이, 차태현, 김하늘, 손예진, 한혜진, 정유미 등 200명이 넘는 연예인 동문이 있으며, 방송, 영화 현장에 가장 많은 우수한 인력을 양성해온 서울예술 대학 영화과를 다녔다. 누구나 대학의 첫 합격의 순간은 즐거움과 기쁨의 추억 한 가닥으로 남아있겠지만 나에게 이 대학의 입학은 조금 더 특별했다.

다양한 활동을 했음에도 불구하고 공부하는 학교에서 '딴따라 짓'을 하는 별 난 아이로 통했던 나였다. 그러던 어느 날 우연히 보게 된 일본 여중생이 만든 뮤직비디오 한 편을 보고 받은 충격으로 시작된 영화작업, 그것이 나의 딴따 라 생활을 누구에게나 인정받는 성과로 바꾸어주기 시작했다. 내가 가진 장점 중 한 가지는 빠른 실행력으로 "해 볼까?" 라고 생각하면 어느 순간 그것을 시 작하고 있다는 것이다. 물론 그것이 성공할 때도 있고 그러지 못할 때도 있지만 그 시작만으로도 많은 것을 배우고 깨닫기에 값진 경험을 얻는다고 생각한다.

당시 생긴 지 얼마 되지 않은 연기학원에서 함께 영상을 만들 친구들과 도움을 주실 원장님과 선생님을 만나고, 서울에 올라가 짧은 세미나를 듣고 큰 영상 장비를 무턱대고 빌려왔다. 그리고 애국가를 바탕으로 첫 영상작업 을 시작했다. 서툴렀던 촬영, 편집할 줄 몰라 촬영을 해놓고도 바로 완성하지 못하고 인터넷을 통해 서울에 영상을 편집할 줄 아는 친구를 찾아 새벽차를 타고 서울에 가서 오프라인으로 처음 만난 친구에게 영상 편집을 부탁하며 그렇게 완성된 애국가 뮤직비디오! 그리고 아무 욕심 없이 출품했던 청소년 영화제들. 놀랍게도 3년 내내 영상만 만들어오며 매년 대회에 출품하고 참여한 예술고, 영화고, 애니메이션고 친구들을 뒤로하고 현재에도 21년의 전통을 자랑하는 국내 가장 큰 청소년 영상제 중 하나인 KYMF 대한민국 청소년 미디어 대전에서 2004년 뮤직비디오 부문 최우수상 및 네티즌 인기상으로 2관왕을 비롯해 그해 청소년 영상제의 상들을 휩쓸어 담기 시작했다. 유명한 대학의 영상제 상장들이 학교로 날라 오기 시작하고, 상금들이 들어오기 시작하며, 입학 시 장학금을 주겠다는 장학증서가 날아들기 시작하면서 주변의 시선도 바뀌기 시작했다.

그리고 그것들이 서울의 주요 대학의 2차 수시 특별전형의 대상이 되고 합격자가 되면서 학교 선생님을 비롯한 주변의 태도 또한 바뀌었다. 더 이상 '딴따라'가 아니라 '재능이 있는 아이', '무언가 해 낼 아이'로 바뀌었다. 그리고 긴장되었던 서울예대의 수시 현장! 서류 전형에는 합격했지만 실기시험과 면접전형을 치루고 나왔을 때 영화제에서 만난 친구들의 당당함과 달리 처음 보는 영상에 당황했고 면접에서 제시된 용어들을 알지 못해 제대로 답변하지 못했기에 합격을 기대하지 못했던 게 사실이었다. 그러나... 수시합격자 발표 날. 평균 150:1의 경쟁률을 뚫고 합격한 건, 그 친구들이 아닌 바로 나였다.

입학 이후 연기전공도 아니었음에도 불구하고 각종 영화와 방송에 단역, 엑스트라, 조연 등으로 출연하기도 했고 내가 우연히 출연한 영화 "생날선생"의 출연 장면이 전국 TV에 예고편으로 나가 고향에서는 난리 아닌 난리가 나기도 했었다. 물론, 현재 대학전공과 관련된

일을 하고 있지는 않다. 하지만 군대 문화식의 선후배 관계와 물론 끊임없는 경쟁을 해야 하는 구도 속에 과제와 작품을 하는 과정들이 힘들기도 했지만, 나는 그 안에서 목표가 분명한 친구들이 얼마나 큰 노력을 하며 성장하고 있는지, 천부적인 재능만으로 만족하지 않고 그 재능을 더욱 발휘하기 위해서 얼마나 많은 것들을 포기하고 자신의 꿈만을 위해 달려가는지를 곁에서 보았고 느꼈다. 그 덕에 목표달성을 위해서는 정말 큰 노력과 투자가 필요하다는 것을 배웠다. 더불어 끊임없는 경쟁체계 속에서 있었기에 경쟁하는 법을 배웠고, 실무와 다름없었던 제작 수업의 프로세스를 어디에서나 적용함으로써 어떤 일이든 보다 빠른 설계와 완성이 가능하다는 사실도 사회생활을 하면서 깨달았다.

물론 한번 스스로 얻어낸 성과가 계속되지 못할 수도 있다. 하지만 그 경험은 내 안에 남아 또 다른 성공을 만들어내는 데 나침반과 이정표가 된다. 뿐만 아니라 추락하여 바닥에 부딪쳐도 다시 일어서게 해주는 내면의 스프링이 되어준다. 그래서 나는 지금 비록 그 일을 하고 있지 않지만 한때는 영화의 외적인 일에서는 토익이나 다른 취업을 위한 프로그램조차 없는 예대의 진학을 후회했던 철없던 적도 있었지만 어느 정도의 사회 경험이 쌓인 지금은 그때 이룬 그 대학 입학의 성과가 내 삶에서 많은 역할을 해주고 있음을 느끼며 감사하고 있다. 수없이 외쳤던 영화과 구호. 간만에 불러본다.
"영화, 당신을 사랑합니다."

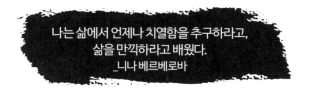

나는 삶에서 언제나 치열함을 추구하라고,
삶을 만끽하라고 배웠다.
_니나 베르베로바

IV

더 높게 비상하다

 제대로 된 돌 쌓기, 커리어컨설턴트가 되다

　어릴 때부터 해 온 다양한 경험, 독서를 시작으로 얻어진 학력과 자격증들, 나는 그 모든 것들을 하나로 아우를 수 있는 것이 무엇일까 고민했다. 마음 같아서는 이것도 하고 싶고 저것도 하고 싶었기에 그 모든 것을 다 충족시킬 수 있는 일이 무엇일까에 대한 욕심 많은 고민이었다.

　나는 미용, 한식, 제빵을 비롯한 여러 국가기술 관련 자격증과, 경영지도사, 직업상담사 등의 국가자격증, 레크리에이션 MC지도사, 독서지도사, 세일즈마케터자격증, 소통 퍼실리테이터 자격증, 아로마테라피 국제자격증과 같은 민간자격증에 이르기 까지 다양한 자격을 가지고 있다. 법학사/경영학사/심리학사를 비롯한 여러 학사 학위도 가지고 있다. 20살 성인이 되자마자 시작했던 국가청소년위원회 임원활동을 시작으로 30대 중반에 들어서면서는 특정정당 차세대여성위원, 청년부 대변인으로 활동하고 있다. 늘 호기심이 많고 관심분야가 많다는 이유와 이런저런 목적에 의해서 시작한 사회단체에서의 활동도 많았다. 짧은 시간이었지만 유명한 회사에서 근무, 입시과외, 네트워커로의 삶, 세일즈를 해왔던 시간, 개인적인 사업을 해 본 경험, 다양한 책들을 보았던 것들이 더해져 있다. 하지만 중요한 것은 중구난방이라 어느 순간이 많은 것들을 어떻게 정리하고 다듬어야 모두 내 안에서 활용되고 나의 것으로 오랫동안 남을 수 있을지에 대한 고민이 늘 있었다. 정말 그 모든 것들을 어떻게 버무려 하나의 성과로 만들 수 있을까?란 고민은 시간이 흐를수록 더욱 깊어져만 갔다.

많은 시간과 돈을 투자하여 힘들고 어렵게 배운 것들을 하나도 놓치고 싶지 않은 욕심이 한몫을 하기도 했다. 그리고 깊은 고민과 욕심의 끝에 나는 창업 컨설팅을 시작으로 '커리어 컨설턴트' 라는 직종을 선택하고 그 안에서의 성장을 시작했다.

다양한 것들을 해보았던 나의 경험은 '커리어 컨설턴트'라는 직업에, 그리고 '컨설팅'이라는 일에 큰 바탕이 되었다. 다양한 커뮤니티 활동과 SNS 활동을 해본 경험은 온라인 마케팅에 많은 역할을 할 수 있게 해 주었다. 여러 기능자격증은 관련된 창업을 하시는 분들에게 기술적인 면에서 조언해 줄 수 있었고 기술적인 대화를 하는데 보다 편안한 소통이 가능하게 해주었다. 무엇보다 가장 컸던 부분은 여러 학사학위 취득과 많은 자격증을 취득한 것으로써 학업에 대한 고민을 하는 사람들에게 어떻게 공부하고, 해당 직업군에 어떤 학위나 자격증들이 있으면 좋은지에 대해서 쉽게 안내해줄 수 있게 되었다. 그것은 실질적인 경험과 지식을 바탕으로 한 나만의 특별한 컨설팅이 되었고 코칭이 되었으며 강의로도 이어졌다.

아직은 시작한 시간이 오래되지 않아 서툰 부분도 분명히 많은 게 사실이다. 하지만 다양한 경험이 바탕이 되어 그리고 목표를 이루기 위해서 무엇을 해야 하는지, 그리고 그 무엇을 하기 위해서는 어떤 방식이 가장 빠른지에 대해서 머릿속에 그려진다. 그리고 그것들을 전하다 보면 어떤 꿈은 가졌지만 막상 그 꿈을 실행하지 못하고 있는 사람들에게 하나의 지도를 만들어주고 그것을 통해 '꿈만 꾸기'에서 '진짜 실행하기'로 변화하는 것을 보면서 많은 보람을 느끼고 있다.

요즘은 다양한 교육이나 배움의 창들이 많이 열려 있다. 특히 코로나19 시대가 오면서 온라인을 통해서 더욱더 쉽게 다양한 배움을 얻을 기회가 많아지기도 했다. 그런데 무조건 배우기만 하면 좋을까? 그것은 분명 생각해보아야 할 부분이다. 연결고리 없이 무작정 많은 것들을 배우려만 하다보면 폭 넓긴 하나 얇은 지식이 되어 정작 내가 해야 할 것과 하고 싶은 것, 할 수 있는 것들을 제대로 실행할 기회를 놓치게 된다. 나 또한 지금은 다행히 '커리어 컨설턴트'라는 '직업'으로 연결되기는 했지만 처음에는 정리되지 않은 약력들로 인해서 해놓은 것은 많지만 그것들로 무엇을 해야 할지 갈피를 잡지 못해 고민해야 했었다. 그 고민으로 인하여 허비해야했던 시간과 에너지도 사실 굉장히 많았다. 그래서 우선 리스트부터 작성해 보았다. 내가 할 수 있는 일, 내가 하고 싶은 일, 내가 해야 하는 일들을 적어나가다 보니 그 세 가지의 중간에 모여진 교차점을 찾을 수 있었고 그 안에서 지금의 직업을 선택할 수 있었다. 물론 배움에 대한 투자보다 더 위대한 투자는 없다. 무엇이든 배워두면 언젠가는 분명 어디에서든 도움이 되는 것 또한 사실일 것이다. 하지만 지금 당장 내가 해야 할 것들에 대한 도움이 되는 것들부터 하나씩 쌓아나가는 것이 더 중요하지 않을까? 그를 통해서 나만의 전문분야를 충분히 구축한 후에 다른 것들로의 확장을 한다면 현재는 물론 미래를 위한 준비도 함께 해 나갈 수 있는 길이 되는 것이라 생각한다.

무언가 꿈을 꾸고 있고 하고 싶은 일이 있다면 일단 한번 하고자 하는 일들에 대한 리스트를 적어보시길 바란다. 그것을 통해서 진짜 해야 할 일들을 먼저 찾고 그것에 맞는 배움과 투자를 쌓았으면 좋겠다. 그렇게 진짜 자신에게 힘이 되는 커리어를 쌓아나갈 수 있으시길 진심으로 바란다. 그리고 그렇게 쌓인 커리어를 바탕으로 세상에 선한 영향력을 발휘하는 각 분야의 멋진 리더들이 많이 탄생하고 나 또한 그런 리더로 성장해나갈 수 있길 소망해본다.

성장은 그 자체로,
행복의 싹을 품고 있다.
_펄벅

오늘도 꿈을 향해 달리고 있습니다

　나는 비혼주의자이다. 물론 한 때는 하나의 가정을 꾸려 그 안에서의 안정된 삶을 꿈꾸었던 시간도 있었다. 하지만 여러 일들을 하고 그 속에서 성장을 해오며 나의 생각과 꿈은 그것에서 점점 멀어졌다. 개인적인 상처나 과거에 대한 후회들은 오롯이 나의 몫인데 결혼을 해 함께 하는 배우자에게 전해지는 건 바라는 바 아니다. 물론 그것이 비혼주의자를 선택한 가장 큰 이유는 아니다. 어떤 틀에 박히지 않는 자유로운 영혼으로 살아가고 싶은 마음이 더 크다는 것이 가장 큰 이유이다. 물론 삶이란 것이 내가 계획하고 생각한 대로만 이뤄지는 것은 아니니까 미래에는 생각이나 환경이 얼마든지 변할 수 있기는 하다.

　비혼주의자이긴 하지만 나는 아이들을 굉장히 사랑한다. 그냥 아이들을 바라보기만 해도 그저 행복하다. 아이들의 웃음소리보다 더 아름다운 음악은 없는 것 같고, 아이들이 천진난만하게 즐거워하는 모습보다 더 아름다운 광경은 없는 것 같다. 아이들의 에너지 속에서 절로 생기는 기쁨은 더할 나위 없이 행복감을 안겨준다. 물론 양육 과정의 힘겨움은 겪어보지 못했기 때문에 그로 인한 고뇌나 노력은 사실 내가 감히 상상할 수 있는 영역이 되지는 못한다고 생각한다. 하지만 그래도 나는 비혼주의자임에도 불구하고 아이들과 함께 하는 삶을 보내고 싶다는 생각을 어느 순간부터 늘 해왔다.

　그래서 나의 버킷리스트 중 한 가지는 55세까지는 즐겁고 신나게 그리고 할 수 있는 한 많은 돈을 버는 것이다. 그 이후에는 소박하지만 행복이 가득한 보육원을 설립해서 운영하는 것이 꿈이다. 여러 가지 사정에 의하여 아기 때부터 가정의 품에서 숨 쉬지 못하고 세상 밖으로 던져진 아이들이 우리나라에도 매우 많은데 보통 어느 정도의 나이가 되면 사실상 입양 자체도 어려워지고 그래서 시설에서 유년기와 청소년기까지 보내게 되는 경우가 많다고 한다. 나는 그런 아이들의 엄마이거나 할머니가 되는 것이 노년의 꿈이다. 비혼주의자이다 보니 결혼이나 출산을 통한 가정을 개인적으로 꾸리는 것은 생각해보지 않았다. 대신 나처럼 자의에 의해서건 타의에 의해서건 가정이라는 울타리 안에서 가족을 만들지 못한 아이들과 하나의 가족을 만들면 어떨까? 하는 생각에서 꾸기 시작한 꿈이다. 그래서 작게나마 재테크도 하고 있고 연금보험도 만들었다. 부지런히 돈도 조금씩 벌면서 사회복지사 취득을 위한 학점도 조금씩 취득해나가며 그 꿈을 위한 투자들을 해나가고 있다.

80세가 되면 무엇보다 건강했으면 좋겠다. 신체의 건강도 중요하지만 마음의 건강과 풍요로움은 더욱 중요할 것 같다. 그 건강함 속에서 세상의 꽃이 될 아이들과 조금은 다를지 모르지만 그래도 어느 곳 보다 따뜻한 가정을 꾸렸으면 좋겠다. '좋은 할머니'로 불리며 마음으로 맺어진 새 가족인 아이들과 여생을 함께할 수 있다면 더할 나위 없이 좋을 것 같다. 세상에 무언가를 남겨야 한다면 특정 누군가에게 대단하게 물려줄 재산을 만들거나 내 이름 석 자를 남기기 위한 대단한 업적을 가지기 보다는 내가 많은 분의 선한 영향력으로 성장했고 그를 바탕으로 돈벌이를 했다면 그것을 바탕으로 나 또한 사회에 선한 영향력을 베풀 수 있는 사람으로 남았으면 좋겠다고 생각한다.

일이 많거나 이런저런 사정으로 힘들고 지칠 때면 조용히 눈을 감아본다. 작은 2층집 마당에 편백향 가득 풍기는 흔들 그네가 있다. 따스한 햇살 아래 흔들 그네에 앉은 나는 백발 머리에 빨간 테 안경을 쓰고 조용한 목소리로 조곤조곤 동화책을 읽는다. 주변에는 대여섯 명의 아이들이 잔디밭에 동그랗게 옹기종기 모여 앉아 나의 책 이야기를 재미나게 듣는다. 때로는 그 의자에 앉아 아이들이 집 마당 잔디밭에서 신나게 뛰노는 모습을 바라보며 따뜻한 햇살 아래서 차 한 잔을 즐긴다. 이보다 행복한 일상이 있을까? 이런 상상을 하며 그 상상의 내일이 나의 내일이 될 것이라 믿으며 오늘도 다시 한 번 힘을 내어 해야 할 일들을 묵묵히 해나간다. 오늘 하루도 화이팅! 을 외치며 말이다.

크고 대단하고 많은 아이를 거느리고 하는 그런 복지사업 같은 보육원을 원하는 게 아니다. 그저 내 품을 찾아온 아이들과 가족이 되길 원하며 진짜 '우리 집'으로, 노년에는 그 'Our House'에서 아이들과 함께 즐거운 하루하루를 보내는 것을 원한다. 그곳에서 아이들의 성장과정을 지켜보고 때로는 아이들의 상처도 따뜻하게 보듬어줄 수 있는 그런 행복한 할머니가 되어 있을 80세의 김현희를 한 번 더 그려본다.

그리고 그 꿈이 있기에, 때로는 힘들고, 때로는 넘어지더라도 주저 앉지 않고 또 한번 일어나 다시 한번 열심히 달리는 일을 멈추지 않을 수 있는 것 같다.

평범한 독서로 성장을 시작했고 그 성장 속에 좋은 인연들을 만났다. 그리고 그것들이 하나가 되며 특별한 날개를 만들어나가기 시작했다. 아직은 서투고 더딜지 모르지만, 언젠가는 그 특별한 날개를 가지고 푸른 하늘 위를 훨훨 날아다닐 수 있는 그런 나비가 될 수 있길 꿈꿔본다.

세상 모든 일은,
여러분이 무엇을
생각하느냐에 따라
일어납니다.
_오프라윈프리

포항나비

임영자

평범한 독서가 실천의 몰입독서로 변모할 때
형성되는 에너지는 대단히 크다.
오랜 기간 안고 살았던 헛헛했던 마음을 독서로 채웠다.
지난 세월을 회고하며 앞으로의
삶의 방향에 대해 고민하는 시간을 가졌고
나를 발전시키고자 하는 욕구를 되찾았다.
아울러 글쓰기를 통해
그간 정처 없이 유랑했던 내 삶에
비로소 진정한 안식을 가지고 올 수 있었다.

인생이 내게 준 선물

인생의 선물을 찾다

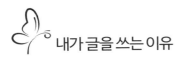
내가 글을 쓰는 이유

나는 매일 아침 사무실에 출근하면 가장 먼저 커피를 한 잔 마신다. 모닝커피는 역시 믹스 커피인 '양촌리 커피'가 최고의 맛이다. 커피 한 모금을 머금고, 컴퓨터 앞에 앉는다. 서류 더미를 정리하면서 당일 챙겨 봐야 할 서류들을 분류하고, 덩달아 책상 정리와 사무실 청소도 한다. 청소, 정리가 끝나면 나는 스스로에게 주문을 외운다. "오늘도 열심히 해 보자! 열심히 하는 만큼, 그에 따른 대가는 자동으로 따라올 것이다." 이 과정은 내가 사무실에 출근하면 반복하는 일종의 나의 의식(Ritual)이다. 거의 매일 '출근-커피-정리-긍정의 주문'을 반복한다. 때때로 기분이 좋지 않을 때는 긍정의 주문은 생략하거나 나도 모르게 부정의 말로 변질시킬 때도 있지만 그래도 의식은 진행한다. 퇴근할 즈음이면 '오늘도 어제와 같은 일상이구나. 다른 사람들의 하루도 나와 같을까?'란 생각과 함께 '오늘 하루를 최선을 다해서 살았는가?'란 질문을 던진다. 다람쥐 쳇바퀴 도는 것 같은 삶이지만 세월은 지속하여 흐르고 있다. 나에게는 퇴근 때가 되면 또 반복적으로 행하는 패턴이 있다. 가수

서유석의 〈가는 세월〉이란 노래의 가사 '가는 세월 그 누가 잡을 수가 있나요'를 흥얼거리며 일과를 마친다.

매년 이맘때면 떨어진 낙엽을 보며, '아~ 올가을도 다 가는구나.' 하고 허탈한 마음에 쓴웃음만 지었던 내가 언젠가부터 변하기 시작했다. 아침잠이 많은 나지만 토요일은 예외다. 아침 7시면 어김없이 일어나서 바쁘게 움직인다. 평생 책 한 권 제대로 읽지 않았던 내가 책을 가방에 넣고, '포항나비' 독서 모임에 달려간다.

토요일 이른 아침, 차창 밖으로 내리쬐는 햇빛이 유난히 눈부시다. 햇살의 따스함이 차 속의 찬 공기를 이내 데워준다. 독서 모임을 마치고 나올 때면 항상 이런 느낌이 좋다. 책을 읽고 글을 쓰기 시작하면서 일상이 갑자기 뒤바뀐 기분이다. 평소 눈에 보이지 않던 자연 풍경도 보이기 시작했고, 그에 따른 감상평도 중얼거리고, 그것들을 소재로 글을 쓰기도 한다. '내 감성이 이렇게 풍요로웠었나?' 하고 자못 놀란다. 되살아난 나의 감성은 나의 심심했던 삶을 다채롭게 채워주고 있다.

글을 쓰는 과정을 통해 나를 관찰하고 살펴보는 시간은 나에게 너무나 소중한 시간이다. 그간 마음에 난 상처가 상처인지도 몰랐었지만 나에게 상처가 된 것들이 무엇인지 알게 되면서 나 자신을 치료해 주는 방법을 조금씩 알아가고 있다. 이렇게 나는 너무나도 오랫동안 얼어붙어 있었던 내 마음을 조금씩 녹여가고 있다.

늘 똑같았던 내 삶의 패턴인 '출근-커피-정리-긍정의 주문'의 과정에 이제는 글쓰기가 추가되었다. 오늘도 나는 '양촌리 커피' 한 잔을 마신 후, 책상 위에서 펜을 들었다. 글을 쓴다는 것은 대단한 용기를 필요로 한다. 작문 자체의 어려움도 있고, 혹시라도 내 글을 본 사람들의 시선이 어떨까 부끄럽기도 하다. 어지간한 결심이 아니고선 시작하기가 어렵다. 대신 과거에 경험해보지 못한 일을 해보는 것은 시도만으로도 박수받을 만하다. 그리고 모처럼 찾아온 특별한 기회를 쉽게 단념하는 것 또한 그다지 쉬운 일이 아니다.

나는 글을 써보기로 결심했다. 다만, 이 도전이 나에게 큰 의미가 있을 것이라는 표면적인 생각이 내가 빠른 결심을 내릴 수 있었던 온전한 이유는 아니었다. 결심을 내린 이후였지만 나는 진정한 이유를 찾기 위해 곰곰이 생각을 더듬으며 정리해 보았다. 처음엔 '혹시 나에게 잠재되어 꿈틀거리고 있던 기예가 있었던 것일까?' 라는 생각이 들기도 했다. 그러다가도 '나의 무모한 객기일까'라며 체념하고픈 마음이 들기도 했다. 장고(長考)끝에 나는 '어느덧 50대가 된 나에게 자신에게만 온전히 집중할 수 있는 시간을 선물하고 싶었음'을 알 수 있었다.

아무리 매일 같은 일상생활을 할지라도 자기 자신에게 집중하는 시간을 갖는 것이 중요하다. 그러나 실천은 좀처럼 쉽지가 않다. 나는 지금부터라도 이를 실천하고자 한다. 나는 나의 이야기를 책에 담기로 결심했다. 앞으로 더욱 당당하고, 멋진 내가 되기 위해.

나는 내가 모르는 것들을
결코 두려워하거나
피하지 않을 것이다.
_소크라테스

독서는 나의 미래

'부'보다 중요한 것은 나의 마음가짐

2년 전 코로나19 팬데믹이 터지고, 경제적 충격이 겹치면서 집값 폭등 등 부동산 악재가 지속적인 이슈로 다뤄지고 요즘, 세상을 어찌 살아야 할지 고민이 되고 걱정된다. 늘 그렇듯 미래에 대한 걱정은 항상 경제적 관점과 남은 생애를 살아갈 방법과 관련한 측면에서 바라보기 마련인데, 최근에 당장 오늘의 삶에 대한 막연하고 초조한 불안을 조금이나마 달래줄 책 한 권을 만났다.

《The Having》이라는 책이다. 이 책은 'Having(가지고 있음)'에 집중하는 감정 컨트롤을 통해 부와 행운을 끌어당기는 비법을 소개하고 있다. 책 저자는 '사람에 따라 타고난 부의 그릇이 다르지만, 대부분이 기본적으로 300만 달러~700만 달러의 재산을 가질 그릇을 가지고 있으며, 그 그릇의 4분의 3만 채워도 누구나 풍요와 만족을 느낄 수 있다'는 통계적 연구 결과를 제시했다. 그리고 이어서 '해빙을 실천함으로써 돈에 대한 내 주변의 기운과 운의 흐름을 긍정적으로 바꾸고, 부를 끌어당기는 에너지를 생성시킬 수 있다'고 말하고 있다.

 '해빙 실천'에 대해 간략히 요약하면, 지갑에 단돈 1,000원이 있을지라도 그 돈이 '있음'에 집중하고, 그것으로 현재 소비할 수 '있음'에 초점을 맞추는 것이다. 즉, '없음'에 대한 불안감을 느끼는 것이 아니라 '있음'에 대한 '편안함'과 '충만함', '감사함'을 가지는 것이 포인트였다. 아울러 저자는 불편하고 불안한 감정을 내포한 소비를 분별하여 낭비나 과시적인 소비를 막으라고 안내했다. 계속하여 편안한 마음 상태를 강조하고 있었다.

 또한, 이와 결을 같이 하는 또 다른 눈에 띈 내용이 있었다. "간절히 원하면 이루어지지 않는다."라는 문장이었다. 이는 일반적으로 성공한 사람들로부터 듣는 말과 다르고, 평소에 사람들이 흔히 고정관념처럼 가지고 있는 생각과도 대비되는 대목이다. 저자는 "해빙을 할 때 빠지기 쉬운 함정이 있어요. 그건 바로 간절히 원하는 것이에요."라고 말하며, "부자가 되는 것을 간절히 원할 때 마음이 편안하던가요?"라는 질문을 던졌다. 간절함은 결핍과 같은 부족함에 집중하기 때문에 오히려 원하는 것으로부터 멀어지는 것과 같다고 말하고 있었다. 이에 담긴 의미가 흥미진진하게 여겨졌다. 생각을 전환시켜 기존의 시각을 달리하게 되는 대목이었다.

 독서를 시작할 즈음에는 자칫 '주술이나 마법을 부려 다 같이 부자가 되어 보자'라는 제안을 하는 책이 아닐지에 대한 거부감이 살짝 들었지만, 읽을수록 그와는 거리감이 있다는 것을 알 수 있었다.

 사실 그간 '부'란 소수의 사람만이 향유할 수 있는 것을 기정사실화하고, 그에 대한 무기력한 박탈감을 가지고 살아왔다. 그런데 이 책을 읽고 생각을 달리하게 됐다. 어설프지만 일말의 희망을 품었다. 다만, '부자'가 될 수 있을 것에 대한 원대한 꿈도 아니고, 그동안 가져온 돈에 대한 무기력함이 작아진 것도 아니다. 단지, 앞으로 내 삶을 보다 주체적으로, 그리고 긍정적으로 살아가리라는 다짐이 '인생의 중요한 변곡점을 만들 수 있지 않을까' 하는 기대를 해 본다.

거의 모든 사람들이 부자가 되고 싶고, 부를 누리며 잘 살고 싶은 마음을 지닌 것처럼 나 역시도 그렇다. 나는 평소에 '어떻게 하면 돈을 많이 벌어 부자가 될 수 있을까'라는 고민과 생각을 습관처럼 달고 살았다. 상상의 나래를 펼칠 때는 하룻밤 사이에 건물이나 집 등을 12채씩을 짓고 부수어 버리고, 곧장 또 짓고를 반복하기도 했다. 그럴 때마다 내 마음은 한없이 공허하고, 성급해지며 돈을 빨리 벌어야 한다는 생각들이 뭉개 뭉개 자라 내 머릿속을 가득 메웠었다.

이제부터는 '돈'과 '부'에 대한 생각을 달리하기로 다짐했다. '얼마의 돈을 가지고 있는지, 그리고 가질 수 있을지'가 아니라 돈 그 자체를 가지고 있음을 느끼며, 편안한 마음 상태를 유지하겠다는 생각이다. 비단 돈뿐만이 아니라 무엇이든 내가 가지고 있는 것에 집중하고, 고마운 마음을 품으며 살면 적어도 이전보다는 평안한 삶을 살아갈 수 있을 것이라 생각한다. 삶의 주인은 바로 '나'이다. 내가 바꿀 수 있는 것은 나 자신뿐이다. 긍정적 마인드만을 가지고 살기에도 인생이 그리 길지가 않다. 앞으로는 세상을 조금 더 관대하게 바라볼 생각이다.

책 내용이 간결하고, 심플했고, 저자 자신이 하고 싶은 말을 일관성 있게 확실하게 전달하고 있어서 그간의 나의 삶에 대한 자세와 태도에 대해 다시금 생각해보는 데에 도움이 되었다. 나를 되돌아보는 좋은 계기를 만들었다.

나는 그간 현재보다 과거나 미래에 대한 걱정만 가득 안고 살았던 날들과 타인의 시선을 의식하고 신경을 쓰며, 수동적인 삶을 살아왔던 날들이 많았다. 그러나 오늘부터 어제의 나와는 '안녕(Bye)' 하려고 한다. 남은 인생은 여유롭고 편안한 마음을 지니며, 지혜롭게 살아보리.

자신을 믿어라. 자신의 능력을 신뢰하라.
겸손하지만 합리적인 자신감 없이는 성공할 수도 행복할 수도 없다.
_노먼 빈센트 필

과거를 회상하며

 가물가물 어린 시절 내 모습

가물가물한 어린 시절 내 모습을 떠올릴 때면, 단번에 생각나는 것은 짧은 단발 상고머리에 항상 깔끔한 용모를 하고 있는 모습이다. 뒤이어 또 다른 모습도 떠오른다. 나는 점퍼 오른쪽 팔목 옷소매에 항상 노란 빛으로 번질거리는 자국을 묻히고 다녔다. 콧물로 인한 것이었다. 어렸을 때부터 비염이 심했던 탓에 옷소매로 코를 자주 닦았는데 그 콧물이 굳어 있다가 노란색을 띤 촛농처럼 변해있었다.

나는 7남매 중 6번째로 태어났고, 여자 형제 중에선 막내였다. 당시엔 몰랐지만 지금 와 생각해보니 부모님께서 나를 유달리 예뻐하셨던 것 같다. 나는 부모님 말씀도 곧잘 들었고, 식성이 좋았던 만큼 튼튼하고 통통하게 자랐다. 이와 관련하여 나중에 커서들은 얘기가 있다. 그 시절 텔레비전의 한 프로그램 중 우량아 선발대회가 있었는데 어렸을 때 내가 워낙 통통하기도 하고 귀엽고 예쁘게 생겨서 부모님과 동네 어른들께서 우량아 선발대회에 내보내려고 했다고 한다. 그런데 사람들 손을 탈까봐 부모님께서 대회를 포기하셨다고 했다. 그때 나를 대회에 내보냈더라면 '지금쯤은 방송 쪽 일을 하고 있지 않았을까?'하는 아쉬움이 있다.

그런데 나는 부모님 말씀을 잘 듣고 잘 따르는 것과 별개로 온순하지만은 않았다. 언니, 오빠보다 귀하게 자라서 그런지 대단한 성질도 있었다. 성깔이라고 해야 더 적절한 표현일지도 모르겠다. 무엇 때문인지는 모르겠지만 내 비위가 뒤틀리면 몇 시간 동안 울었고, 울다 지치면 쉬었다가 또 울었다. 내 뜻대로 되지 않으면 바닥에 온몸을 비비고 뒹굴고, 비 온 뒤 물이 고인 웅덩이에 주저앉아 머리카락을 쥐어 잡고 뜯었던 적도 있다. 내가 하고 싶은 일은 내 입맛대로 되길 강하게 원했고, 꽤 유난스럽고 막무가내 몸부림으로 내 뜻을 관철시키려 했다. 나는 욕심이 많고 고집불통이었다. 우리 가족 구성원 중 내 고집을 꺾을 수 있는 이는 아무도 없었다. 본인 성격을 스스로 이기지 못해 분이 풀릴 때까지 뒹굴며 울었는데, 이를 누가 말릴 수 있었을까 싶다.

난 개성이 강한 아이였을까? 아니면, 그저 고집과 아집이 센 아이였을까? 미취학기 시절을 이런 모습으로 줄곧 보내다, 어느 날 초등학교 입학 통지서를 받았다. 때는 매서운 추위가 가시지 않은 2월경이었다. 초등학교 입학을 위해 왼쪽 가슴에 흰 손수건을 대고 그 위에 명찰을 달아야 하는 등 몇 가지 준비를 해야 했었는데, 나는 나 혼자 준비해서 입학식에 갔다. 부모님과는 함께 동행 하지 못했다. 그 이유는 생각이 잘 나지 않는다.

혼자 씩씩하게 학교 교실 문을 열고 들어갔다. 문을 열자, 교실에 먼저 도착해 있던 다른 친구들의 학부모님들이 나를 향해 일제히 고개를 돌렸다. 부모님 없이 어린아이 혼자 들어가니, '혼자왔네'라며, 수군대는 소리가 들렸다. 그럼에도 개의치 않고 맨 앞자리에 앉았다. 담임선생님께서 교과서와 함께 3월부터 시작하는 학교 정규 수업 시간표를 나눠주시며, 시간표대로 책을 챙겨

오라고 하셨다. 혼자서 그렇게 입학식을 마치고, 집으로 돌아와 책 표지를 달력으로 포장을 하고, 그 위에 과목 이름을 정갈하게 '국어', '산수', '도덕' 등 꾹꾹 눌러 썼다. 그렇게 나는 8살에 사회를 향한 첫 발을 당차게 내딛었다.

하루는 학교에 갔다가 일찍 집에 돌아왔는데 어머니께서는 잠깐 시장에 가셔서 집에 아무도 없었던 적이 있었다. 혼자서 집 청소를 하고 있었는데, 나의 바로 위의 언니가 하교 후 나를 보더니 안방으로 들어오라고 했다. 그러더니 내게 시계 보는 법을 가르쳐 주겠다고 했다. 사회생활에 대한 첫걸음마로 시계 보는 법은 알아야 한다고 생각했는지도 모르겠다.

언니는 벽 높은 곳에 달아 놓은 커다란 시계를 손으로 가까이 가리키기 위해 의자에 올라갔다. 우리 집의 시계는 태엽을 감아주어야 가는 시계인 괘종시계였다. 그 당시 우린 시계추를 붕알종이 라고 불렀었다. 정시가 되면 숫자만큼 '땡! 땡! 땡!' 울렸고 초침은 '찰칵, 찰칵' 선명하고 큰 소리를 내며 돌았다. 언니는 나를 붙잡고 설명하기 시작했다. 그런데 나는 배울 마음이 없었다. 나는 원초적으로 누군가가 나를 가르치거나 지적하는 것을 싫어했다. 어린 나이에 '나는 나다'라는 막가파식 좌우명을 가진 아이였다.

언니는 한참을 시계 보는 법을 설명했지만 내 귀에 들어오지 않았다. 그래도 내 언니니까 억지로라도 듣는 척했었다. 시계는 왼쪽에서 오른쪽 방향으로 둥글게 움직이고, 작은 숫자에서 큰 숫자로 움직이고 큰 시침과 작은 분침이 나뉘어 움직인다는 설명 정도는 들었다. 우리 언니는 그 당시 공부도 어느 정도 했고, 운동 신경도 꽤나 있던 언니였다. 카리스마도 있었다. 이런 언니였기에 그래도 조금은 언니 말을 따랐었던 것 같다.

그럼에도 언니의 가르침이 길어지자 숫자 공부를 하는 것으로 여겨지기 시작했고, 내 머릿속은 하얗게 백지가 되었다. 다른 곳으로 피할 곳도 SOS를 칠 곳도 없었다. 듣는 시늉만이 살길이었다. 언니는 나보고 시계를 못 본다고 한 시간 정도를 구박하며 다그쳤다. 그렇게 서로 티격태격하다 결국 나는 마당을 쓰는 대빗자루로 언니에게 맞았다. 얼마나 맞았는지 모른다. 말려 줄 엄마도 없었다. 서러웠다. '나를 감히 때리다니. 나이 차이도 얼마 나지 않으면서'란 생각을 했고, 그때부터 언니는 나의 원수가 되었다. 태어나서 부모님께 맞아본 적 없었기에 반항심이 더욱 크게 일었고, 서럽고 슬프고 짜증이 났었다.

이제는 이런 기억들이 즐겁고, 재미있는 추억들로 내 마음속에 자리 잡아 있다. 그 시절 원수 같았던 언니는 지금 7남매 중 나와 제일 친하다. 언니는 해마다 빼놓지 않고 김장철이 되면 손수 김치를 담근 후 사과 두 박스에 담아 택배로 보내 주기까지 한다.

내 어린 시절을 조금 더 회상해보면, 나는 초등학교 때 이사를 세 번이나 했었다. 이에 자연스레 전학도 세 번 했다. 그래서 친하게 지냈던 초등학교 친구가 없었다. 친구들과 교류가 깊어질 때쯤이면 이사를 했기 때문이다. 그래서인지 나는 친구들에게 정을 주지 않으려 했고, 항상 혼자라는 생각에 독립적으로 지낸 편이었다. 그 속마음에는 '외로움이 자리를 잡고 있지 않았을까'라는 생각을 한다. 그래서 중학교를 다니는 동안만은 3년간 이사와 전학을 가지 않고 학교생활을 꾸준히 하며, 친구들을 꼭 많이 만들고 싶었다. 그렇게 나는 중학교 입학을 혼자 하며, '친구를 많이 사귀어보겠다'라는 다짐을 굳게 했고, 기대를 잔뜩 안은 채 중학교 생활을 시작했다.

당시 내가 다닌 중학교 1학년은 5반까지 있었고 한 반에 56명 정도의 학생이 있었다. 1반과 2반은 남학생반, 4반과 5반은 여학생 반이었다. 3반은 남녀 혼성반이었다. 나는 3반이었다. 그 당시 친구들은 친구들을 골고루 사귈 수 있으니 3반을 다들 부러워했다. 중학교 2학년, 3학년 때도 나는 3반이었다.

난 학교에 입학함과 동시에 오락부장과 응원단장으로 뽑혔고, 이를 시작으로 누구보다 적극적으로 학교생활을 했다. 운동도 곧잘 한데다 운동회 때는 반 친구들을 이끌고 목이 터져라 응원도 했다. 학교 수업도 빠지지 않고 잘 들었다. 그렇게 나는 만족스러운 중학생 시절을 보냈다. 다만, 나의 학교생활이 아주 잠깐이지만 삐걱거린 적이 있긴 했다. 3학년 1학기 전교생이 함께 봄 소풍을 가는 날이었다. 나는 전교생을 대표해 다른 반 남학생과 함께 봄 소풍 행사 사회자로 뽑혔었는데, 나의 담임선생님께서는 사회자로 뽑힌 나를 축하해주시기보다는 '네가 어떻게 사회를 봐!'라는 말씀을 하셨다. 난 담임선생님 발언에 기분이 굉장히 상했었다. 선생님의 말씀에서 '나는 공부를 잘하는 학생도 아닌데 어떻게 그런 역할을 맡을 수 있냐'는 뉘앙스가 풍겼었다. 그럼에도 불구하고 나는 그에 크게 개의치 않았다. 더욱 보란 듯이 마이크를 쥐고 사회자로서 진행을 멋지게 했다. 후배와 친구들 사이에서 '저 언니 되게 멋지다. 사회를 진짜 잘 봐'라는 말이 오가는 것을 듣기도 했다. 나는 그 말에 우쭐거리며, 속상했던 기분을 털었었다. 당시에 나를 누가 사회자로서 추천을 했는지 잘 모르겠지만 추측해보면 '아마 학생회에서 평소 내 모습을 보고, 추천하지 않았을까' 싶다.

중학교 3학년의 마지막 봄 소풍을 끝으로 남은 학기는 공부에 전념해야 하는 시기였다. 공부해야 하는 학생 신분으로 돌아오니 갑갑하고 재미가 없었다. 그리고 공부를 얼마나 열심히 했는지와 상관없이, 또한 공부에 대한 흥미 정도와 관계없이 시험은 누구라도 어김없이 치러야 하는 사실이 내키지도 않았다. 시험을 모두 치르고 나면 교실 뒷벽에 학생들의 시험 점수와 함께 등수표를 붙여 놓았었는데, 왜 꼭 등수까지 표기해 두었는지 어린 나이에 자존심이 상하기도 했었다. 나는 공부 외엔 완벽한데 공부 앞에서만 약해지고 작아

졌었다.

그 당시 우리 반에서 1, 2등을 다투는 공부만 잘하는 모범생이 있었다. 그 아이는 나에게 관심이 있던 남학생이었는데, 어느 날 그 친구는 내 시험 점수와 등수를 보고는 실망했다는 말을 내게 했던 적이 있었다. 그 아이는 내가 공부까지 잘하는 '엄친딸'이었는지 알았나 보다. 당시에는 국가, 사회적으로 예체능은 비주류였고 공부가 주류였기 때문에 나의 담임선생님과 그 남학생은 한동안 나의 마음을 무겁게 만들었다. 이에 나는 공부가 체질에 맞지 않는다는 단정을 섣불리 내리지 않기로 하고, 공부를 해보기 위한 노력을 한 적이 있었다. 그러나 이는 잠시, 나는 다른 아이들에게 공부를 양보하고 나의 원래 페이스(pace)를 되찾았다.

그렇게 난 3년 내리 한 학교를 다니며, 많은 친구들을 사귀겠다는 나의 가장 큰 바람이자 원 목표를 이루며 중학교 생활을 잘 마무리했다. 친구들 사이에 이름도 날리기도 했고, 근면 성실함의 증거인 3년 개근상도 받으며 졸업까지 했다. '이 정도면 꽤 멋진 학교생활을 하지 않았는가?!'

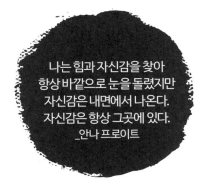

나는 힘과 자신감을 찾아
항상 바깥으로 눈을 돌렸지만
자신감은 내면에서 나온다.
자신감은 항상 그곳에 있다.
_안나 프로이트

내 평생 여한 없이 공부했었다

　내 아이들이 청소년 시기 막바지를 달릴 무렵, 더 이상 내 손이 크게 필요하지 않다고 느끼던 시점이었다. 그 사실이 섭섭하기도 했지만 한편으로는 여유로움을 얻는다는 것에 대한 설렘도 있었다. 그러다 '무엇을 한 번 해볼까'라는 생각을 했다. 그런데 마땅히 해야 할 것이 떠오르지 않았다. 그간 오로지 가정주부로만 살아와서 그런 것이었을까? 가진 기술도 딱히 없었고, 그렇다고 직장 생활을 할 나이도 상황도 아니었다. 잠깐 새로운 일에 대한 도전을 해볼까란 생각을 품기도 했지만 이내 포기했다. 그렇게 1년여 정도를 흘려보냈다. 그러다 다시 '이렇게 시간만 보낼 수는 없다'라는 생각에 고개를 들었다. 어느 날 한 지인이 했던 말이 갑자기 생각났다. '모 씨가 공인중개사 업으로 굉장히 큰돈을 벌었고, 또 업계의 큰손이다'라는 말이었다. 난 눈과 귀가 번쩍거림을 느꼈고, '그래 바로 이거다!'란 생각을 했다. '정년퇴직이 따로 있지도 않고, 내가 열심히만 하면 생계는 문제없겠다' 싶었다. '부동산이라는 것은 사라지지도 않을 테니까'란 생각에 도전해보겠다는 다짐을 했다.

　이후 아침마다 생활정보지 〈교차로〉의 구인 광고를 열심히 들여다보며 나름 괜찮아 보이는 부동산 사무실마다 전화를 걸기 시작했다. "여보세요. 혹시 거기 직원 필요한가요?"라는 말을 건네면 항상 돌아오는 말은 똑같았다. "공인중개사 자격증 보유자이신가요?"였다. 물론 모든 부동산에서 그랬던 것은 아니었다. 또한, 소수였지만 일부 공인중개사 사무실에서는 바로 면접을 보러 오라고 했다. 사실 면접을 보고 나니 공인중개사 자격증 없이는 일하기 힘들겠다는 생각이 강하게 들었다. 단기가 아닌 장기적 관점에서 내 커리어를 생각해 볼 때도 '전문 자격증을 취득할 필요가 있겠다'라는 생각을 했다. 그럼에도 선뜻 결정을 내릴 수 있었던 것은 아니었다.

고민 끝에 우리 아이들과 대화를 나누어보기로 했다. 아이들에게 "엄마가 이제 일을 시작할까 싶은데, 이 일은 자격증이 필요할 것 같아. 자격증을 준비하면 앞으로 예전만큼은 신경을 못 써줄 수도 있어. 가끔은 집안일도 도와줘야 해"라고 말했다. 그러자 첫째와 둘째 모두 하나 같이 "당연히 돕겠습니다."라고 답했다. 이어서 "우리 엄마 최고!"라며 용기까지 주었다. 역시 자식은 영원한 내 편이다. 뿌듯하기도 하고 참 대견스러웠다.

이후 공인중개사 자격증 학원을 알아보았고, 전화로 간단한 상담을 받았다. 학원마다 학원비 차이가 천차만별이었고, 어떤 학원은 집과 거리가 있었다. 고민 끝에 집과 가까우며 정상적인 학원비로 판단되는 학원에 등록하기로 했다. 학원 등록하는 날 큰 아이와 함께 학원에 방문했다. 남들은 얘들 학원 갈 때 부모님이 함께 따라 간다는데 나는 그 반대였다. 학원 등록을 위한 상담을 한참 한 후 등록하기로 했다. 학원비와 교재비 등 꽤 많은 비용이 들었다. 교육과정은 1년이고 시험도 1년에 한 번 있다는 것을 알고는 '쉬운 싸움은 아니다'란 생각이 들었다. 첫째 아이는 '부동산학개론', '공법', '민법' 등 어려운 과목 이름을 가진 두꺼운 책을 보고는 눈이 휘둥그레지며, 내 얼굴을 보고는 나에게 "엄마 이 공부하겠어요?"라고 말했다. 그날 내 아이와 함께 오지 않았다면, 나는 "다시 생각해보고 오겠습니다."라고 말했을지도 모른다. 그러나 우리 아이에게 엄마가 한다면 하는 모습을 보여주고 싶었고, 내 결심을 번복하고 싶지 않은 생각이 강했다. '마음을 먹었으니 나를 믿고 한 번 해보자! 내 인생의 제2막을 열기 위해 열심히 해보자!'란 다짐을 굳게 했다. 다소 늦은 나이이기도 하고, 공부와는 평생 담을 쌓고 살아온 데다가 생전 처음 보는 '법'이라는 이름이 들어간 과목을 공부한다는 것 그 자체가 참 의아하고 신기하고 나 스스로가 대단한 것 같기도 했다. 어려운 결심을 해서인지 우쭐한 느낌이 들며 어깨에 힘이 들어가기도 했다.

학원에 가려면 아침 9시경엔 집을 나서야 했다. 9시 30분쯤이면 학원 앞에 도착했다. 주차난이 벌어지는 시간대였다. 학원 전용 주차장이 따로 없어서 가끔은 주차 전쟁을 치러야 했다. 운 좋은 날은 학원 근처의 길거리나 식당 앞에 차를 맬 수 있었지만 그렇지 않은 날엔 길 건너편 멀리 주차를 하고 학원까지 걸어갔다. 지정석이 따로 없어서 학원에 일찍 가야 내가 원하는 자리에 앉을 수 있었기에 아침마다 발걸음을 재촉해야 했었다.

하루에 3, 4과목씩 오전 10시부터 오후 1~2시까지 수업을 들었다. 생각보다 더 어려웠다. 모든 과목이 법과 관련되어 있어 생소했다. 매일 예습과 복습을 게을리 할 수 없었다. 수업도 빠지지 않고 들었다. 그런데도 도대체 알아들을 수 없는 용어들에 캄캄했고 가슴이 답답했다. 그래도 한 3개월 정도 지나니 조금씩 귀가 열리는 것 같았다. 다만, 어려운 용어나 의미들에 담긴 단어 자체에 익숙해질 뿐이었다. 이해하기보다는 무작정 외우는 방법을 선택하는 편이 마음이 편했다. 낮에는 강의를 듣고 저녁에는 독서실에 다녔다. 어떤 날은 공부에 지쳐 쓰러지기 일보 직전인 순간을 경험하기도 했다.

그런데도 그 나름의 재미가 있었다. 학원에 가면 매일 보는 학원생들과 수다를 떨기도 하고 수업이 끝나고 늦은 점심 식사를 함께하며, 각각의 개인사도 나누면서 약 1년 동안 학원을 학교 다니듯 다녔다. 서로를 위로하며 챙겨주기도 했다. 모두가 같은 목표를 가진 동지이자, 서로를 동병상련의 처지로 여겼던 듯하다. 어쩌면 시험이 절대 평가이다 보니 더 돈독하게 동지애를 가질 수 있었는지도 모른다. 시험일로부터 100일 앞두고는 학원생 모두가 모여 저녁 식사와 함께 100일 주(酒)를 마시며 각오를 다지기도 했다.

이처럼 가끔 즐겁게 지내기도 했지만, 시험 직전 연도 12월부터 시험이 있는 연도 10월까지 그 외의 시간은 공부하는 데에 시간을 쏟았다. 내 평생 이렇게 하루하루를 공부로 가득 채우기는 처음이었다. 또 이번이 마지막이길 바라며 죽자 살자 했었다. 시험을 앞두고는 하루에 거의 기본 10시간은 공부했었다. 특강이 있는 날도 빼놓지 않고 학원에 부지런히 가서 들었다. 누군가가 나에게 공부하라고 강요한 사람도 없었고 공부를 안 한다고 해서 나를 꾸짖을 사람도 없었다. 단지 내 선택에 책임을 질 뿐이었다. 오히려 나 스스로가 나에게 더 혹독한 선생님이었다. 앞으로의 내 미래를 위해 매일 매일 최선을 다해 살았다.

하루는 신기하고도 진귀한 경험을 했다. 책을 하도 보니 머리에서 '아!' 하고 소리를 내는 것 같은 느낌이 들었다. '아!'는 바보 머리 터지는 소리라는 말이 있듯이 정말로 내 머리가 터지는 기분이 들었다. 그 정도로 정말 열심히 공부했고 집안일도 새벽부터 부지런히 일어나 완벽하게 끝내고 학원에 다녔다. 평일 저녁의 밤이나 주말에 독서실에서 공부할 때는 아예 밖으로 나가지 않기 위해 커피믹스와 종이컵, 컵라면을 한 박스씩 미리 사다 놓고 공부했었다. 어둡고 컴컴한 곳에 스탠드 불빛 하나에 의지하며 책만 바라보았다.

학원 수업을 들어도 이해가 안 된 부분들은 CD 강의로 보충했다. 이해된 부분도 100% 숙지하기 위해 CD 강의 전체를 반복해서 들었다. 한 과목당 CD는 4장이었고, 다 듣는 데 걸리는 시간은 16시간 정도였다. 이어폰으로 들어야 했으니 너무 오래 들으면 귀의 피로도가 어마어마해서 따갑고 아프기까지 했었다. 누군가가 옆에서 조금만 큰 소리로 이야기해도 귀가 아플 정도로 예민했던 적도 있었다. 내가 무얼 하는지 모르는 사람들은 그 당시 나를 보면 사법고시 준비하는 것으로 알 정도로 열심히 했었다. 추석 명절이 있는 10월은 시험을 코앞에 둔 달이었던 만큼, 명절 연휴에도 독서실에 있었다. 내 평생 정말 여한 없이 공부를 했었던 시기였다.

3개월 내지는 6개월 만에 쉽게 합격하는 사람들도 있지만 난 정말 열심히 최선을 다해야 합격할 수 있다는 것을 알고 있었기에 공부를 게을리할 수 있는 처지가 아니었다. 시험을 본 첫해에 최종합격을 한 것은 아니었지만 난 끝내 결국 최종합격을 했다. 합격 발표 날, 가슴이 두근두근 뛰었고, 긴장감에 얼굴빛은 창백하기까지 했었다. 최종 합격자 명단에 내 이름과 수험번호를 확인하던 그 순간, 짜릿한 전율이 흘렀고 나도 모르게 감격의 눈물이 터져 나왔다. 최종합격을 했다는 것도 기뻤지만 내가 끝까지 포기하지 않고 목표를 이뤘다는 것이 더 뿌듯하고 스스로가 대견했다. 합격을 하기까지 나는 공부와 관련된 것 외에 간단히 나열할 수 없는 많은 힘든 일들을 겪었었다. 쉽지 않았던 환경 속에서 역경을 극복한 내가 대단하다는 생각이 새삼스럽게 다시 든다.

시련의 시간을 잘 견디고 극복할 수 있었던 것에는 내 아이들의 존재가 큰 몫을 차지했다. 항상 옆에서 "엄마 멋져요. 대단해요"라며 긍정 에너지를 주며 "우리 엄마는 최고!"라고 응원해주는 아이들이 있었기에 값진 결과를 얻을 수 있었다. 지치고 너무 힘이 드는 날에는 '꼭 이걸 해야 하나?'라는 회의감이 들기도 했지만 이내 정신을 차렸다. 그런 내가 참 기특했다. 또 인생이 참 아이러니하다는 생각도 들었다. 학창 시절엔 공부하고는 담을 쌓았고, 놀기만 좋아했던 내가 공부를 통한 '합격'이라는 두 글자를 마주하는 경험을 하다니 말이다. 시험 합격은 힘들었던 나의 여정을 눈 녹이듯 한순간에 기쁨으로 보답해주었고, 이에 더해 '한 가지에 집중하고, 그에 최선을 다하면 이루어진다는 것'을 일깨워 주기도 했다.

> 어떤 종류의 성공이든 인내보다 더 필수적인 자질은 없다.
> 인내는 거의 모든 것, 심지어 천성까지 극복한다.
> _존 D. 록펠러

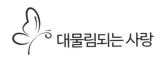

대물림되는 사랑

　나는 서울에 갈 때면 언제나 새벽 5시 30분발 첫 KTX를 탄다. 첫 기차를 타려면 새벽 4시에 일어나야 한다. 여행용 가방에 산나물, 멸치, 오징어, 햅쌀 등 여러 가지를 한가득 챙겨 넣는다. 사실, 이 여행용 가방은 몇 년 전 딸과 대만 여행을 가기 위해 마련했었는데 언젠가부터 나의 든든한 식자재 배달 가방이 되었다. 빨간색 여행용 가방에 이것저것 한가득 넣다 보면 어느새 집을 나서야 할 시간이 된다. 정작 나는 화장도 제대로 못 하고 역으로 향한다.

　새벽 공기와 함께 하루를 여는 느낌은 언제나 상쾌하다. 게다가 우리 아이들을 보러 가는 길이라 발걸음도 빨라진다. 이른 새벽임에도 역에는 사람들이 많다. 다들 어디로 가는 걸까? KTX에 올라 내 자리를 찾아 앉으면 잠시 창밖을 바라볼 여유가 생긴다. 창가 좌석의 묘미는 창밖의 넓은 들판과 고개 숙여 영글어가는 노란 벼들이 햇빛에 물들어있는 장관을 감상할 수 있다는 점이다. 멋진 광경을 놓칠세라 감기는 눈에 힘을 주어본다. 펼쳐진 풍경을 보고 있노라면 어느새 대구에 도착했다는 방송이 나온다. 시간이 금방 지나간 것 같기도 하지만 아직 서울까지는 한참을 더 가야 한다.

　또다시 출발 안내 방송을 배경 음악으로 삼아 창밖의 산과 들을 보고 있노라니 지난 일들이 생각난다. 나에게는 잊지 못할 에피소드가 하나 있다. 시어머니께서는 시골에 혼자 살고 계셔서 우리 가족은 주말마다 어머님을 찾아뵙던 때가 있었다.

　어머님 댁에 도착할 즈음이면, 어머님은 마당 앞에 나와 기다리고 계셨다가 웃으시면서 "야야~ 왔나~"라고 하시며 다정하게 반겨주셨다. 시어머님은 허리가 굽어 있으셨고, 머리는 펌을 한 백발을 하고 계셨다. 그럼에도 어디에서 그런 힘이 나는 지 우리 아이들만 가면 아이들을 업어 주시며 환하게 웃으시는 내 어머님이셨다. 용돈을 내가 드려야 함에도 오히려 어머니께서 주셨다. 만 원짜리 지폐는 언제나 바지 안주머니에서 나왔다. 그 돈은 면사무소에서 시행하는 비닐 줍기, 빈병 줍기를 통해 번 하루 일당이었다. 우리가 집으로 돌아갈 때면 어머님은 매번 쌀, 김치, 된장, 간장, 참기름 등을 바리바리 싸주시기까지 하셨다. 단 한 번이라도 빈손으로 돌려보내는 법이 없었다. 당신께서 애써 농사지었던 곡식들을 아낌없이 내어주신 내 어머님이셨다. 참 마음이 넓고, 자상하신 분이셨다.

어느 해인가 어머님 생신 당일에 사정이 있어 직접 찾아뵙고 축하드리지 못하고 일주일이 지나서야 찾아뵌 적이 있었다. 여느 때와 같이 "야야~ 왔나~"라고 말씀하시며 환한 웃음과 함께 우리 가족을 반겨 주셨다. 그러시고는 우리 얘들에게 "배고프지?"라고 말씀하신 후, 부엌으로 들어가 초록색 싱크대 안에서 무엇인가를 꺼내 오셨다. 시골에선 보기 힘든 케이크였다. 케이크 박스를 보니 처음 받으셨던 그대로 보관해 놓으신 모양이었다. 꺼내 보니 곰팡이가 파랗게 서려 있었다. 그 순간 갑자기 코끝이 찡하고 시야가 흐려졌다. 죄송하고 감사하고 속상한 마음이 동시에 들었다. '손주들 챙겨 주고 싶은 마음이 얼마나 깊었으면 어머님 당신 생신이신데도 한 입 드시지도 않으시고, 그대로 보관하면서 기다리셨을까?'란 생각이 들었다. 그리고 생신날 외롭게 보내셨을 것을 생각하니 가슴이 짠해지며 아팠다.

요즘 들어 한동안 잊고 지냈던 지난날들이 떠오른다. 항상 어머님께선 내 곁에 가까이 계셨음을 회상하면서 눈물을 살짝 훔쳤다. 나는 따뜻하고 너그러운 성품을 가지신 시어머니를 참으로 좋아했고, 그만큼 닮고 싶었다.

창에 비친 내 얼굴과 바깥 풍경을 번갈아 보며 예전 일을 회상하다 보니 어느새 서울역 도착 안내 방송이 들린다. 서울이다. 나는 서울에 올라올 때면 가방의 무게는 아랑곳하지 않고 가방 문이 안 잠길 정도로 이것저것 가득 담는다. '나도 내 어머니를 닮아가는구나' 싶어 웃음이 피식 나온다. 얼른 빨간색 가방을 챙겨 우리 아이들 보러 발걸음을 재촉해야겠다.

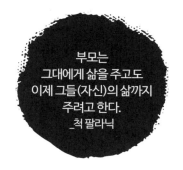

부모는
그대에게 삶을 주고도
이제 그들(자신)의 삶까지
주려고 한다.
_척 팔라닉

IV

재단할 수 없는 인생길

인생지사 새옹지마

　나는 여태껏 삶 속에서 무엇을 해야 할지 진지하게 고민하며 깊이 생각해 본 적이 없었다. 인생의 작은 변화라도 가져올 만한 동기 부여를 가져 본 적도 없다. 나에겐 벤치마킹하고 싶은 롤 모델도, 딱히 존경하는 위인도 없었다. 스스로 생각해 봐도 특별한 재주를 갖지도 않았다. 결혼 후 평범한 가정주부로 사느라 아이들에게만 집중하면서 살았다. 하루하루 청소 및 정리와 삼시 세끼 식사 준비, 아이들 등하교시키기는 것이 나의 일상이었다. 그렇게 난 그저 내 아이들을 건강하고 밝게 키우고 싶은 마음만 가질 뿐이었고, 다른 생각을 해 본 적이 없었던 것 같다.

　그러던 중 어느 날 아침, 작은 아이 학원생 엄마가 아이를 학원 차에 태워 보내고 바쁘게 어딜 가야 한다면서 황급히 달려가는 모습을 보았다. 이후로도 학원생 엄마는 어김없이 아침마다 아이만 훌쩍 학원 차에 태워 보내고 휑하니 어디론가 달려가는 것이었다. 그 후 잠깐 대화를 나눌 타이밍을 포착하고, 학원생 엄마에게 어디를 매일 바삐 가시느냐고 물어봤다. 그 엄마는 운전면허증을 따기 위해 자동차 학원에 다닌다며, 서둘러 자신의 행선지로 향해 갔다. 그 모습을 보고 나는 곧바로 '좋아! 나도 그럼 한 번 해보자!'라고 결심했다. 그녀의 모습이 내 눈에는 단지 주부로서의 삶만이 아니라 자기 자신의 모습으로 사는 모습으로 비쳤었다. 그렇게 나는 운전면허를 따기로 마음먹고 자동차 학원에 등록했다.

자동차 학원 등록 다음 날 아침부터 나는 바쁘게 움직였다. 아이들 학원 보내고 난 후, 나 또한 학원을 가야 하기에 더 정신이 없고 바빴지만, 꽤 즐거웠다. 하루는 학원에서 필기시험 공부를 하는데 어린 시절 학교 다닐 때 공부의 '공'자만 들어도 질색했던 내가 지금 공부라고 보기 어렵지만, 그럼에도 공부를 하고 있다는 게 신기했다. 꽤 집중이 잘 되었는데 나에게 이런 면이 있었다는 게 신기하고 놀라웠다.

자동차 학원에 다닌 지 한 달 채 안 되어 자동차 운전면허 1종을 취득했다. 남들 보기엔 별 것 아닐 것 같은 작은 성취였지만 그 목표를 달성하고 나서 나름의 큰 성취감을 느꼈고, 앞으로 무엇이든 할 수 있을 것 같은 자신감도 얻었다. 내 인생에서 처음 딴 국가 자격증이었다. 작은 성취감이었지만 이는 나에게 '앞으로 무엇을 또 시작해볼까'란 호기심과 도전의식을 만들어 주었고, 삶에 생동감을 더해주었다.

운전면허를 취득한 그해 어느 주말이었다. 그날은 우리 가족과 나의 둘째 언니네 가족이 함께 동물원에 놀러 가기로 했던 날이었다. 아이들과 동물원에 가서 솜사탕도 사 먹고, 호랑이, 코끼리, 원숭이, 공작새 등 여러 동물도 보고, 염소에게 풀도 먹여주며 즐거운 시간을 함께 보냈다.

동물원을 둘러보고 점심엔 아침 일찍 정성스레 싸 온 김밥도 먹었다. 배가 고팠는지 평소보다 곱절은 더 먹는 아이들이었다. 잘 먹는 아이들이 무척이나 이뻤다. 점심 식사를 마친 후 소화도 시킬 겸 오전에 보지 못한 동물들을 보기 위해 2차 행진에 나섰다. 오후가 되니 아이들 얼굴에 지친 기색이 보였다. 그런데도 집에 갈 때까지 짜증 한 번 내지 않고 마냥 밝은 미소를 띠고 있는 아이들이 기특하고 대견했다. 그새 아이들 얼굴은 온종일 맞은 햇살로 인해 빨갛게 탔는데 그 모습이 귀엽고 사랑스러웠다. 2차 행진을 마치고, 아이들과 다음에 또 오자는 약속을 하고 저녁을 먹기 위해 둘째 언니네로 향했다. 저녁 식사를 마치고 그날 하루를 알차고 뿌듯하게 보낸 것 같은 생각에 풍족한 마음을 안고 집으로 출발을 했다.

그런데 이게 웬일인가? 인간사 '새옹지마(塞翁之馬)'라고 인생의 길흉화복을 어떻게 예측하랴? 집에 가는 길에 차 사고가 났다. 차는 폐차를 해야 할 정도로 큰 사고였다. 누군가 신고를 해주었는지 119구급차까지 도착했다. 사고를 직접 겪고 보니 사고라는 것이 정말 한순간에 일어난다는 것을 새삼 알 수 있었다. 다가오는 상대방 차의 전조등 불빛이 잠깐 보였을 뿐이었는데, 눈을 떠보니 사고를 당한 사람이 되어 있었다. 정신을 가다듬고 주위를 둘러보니 남편과 아이들은 깨진 유리 파편에 의한 상처를 입은 것으로 보였다. 정말 다행히도 크게 다친 것은 아니라는 생각에 안도의 숨을 내쉬었다. 그럴 땐 나도 모르게 천운이라는 것을 믿게 되고 감사했다.

그런데 사실 더 큰 문제는 나에게 있었다. 나는 조수석 의자와 문짝 사이에 끼여 빠져나올 수 없는 상태였다. 그때는 내가 얼마나 다쳤는지도 몰랐다. 정신이 너무 없었고, 어떻게든 빨리 차 밖으로 나가야 한다는 생각뿐이었다. 한참 후에야 119 소방대원들이 문짝의 강판을 그라인더와 가위로 잘라내며, 나를 빼내기 위한 시도를 했다. 기계의 굉음이 무척 무서웠다. 얼마간의 시간이 흐른 후, 소방대원 두 분은 나를 차 속에서 빼내어 앰뷸런스에 태워 병원으로 이송조치를 했다.

병원에 도착해서 내가 입은 상처를 살펴보니 장난이 아니었다. 이렇게 심하게 다친 줄도 몰랐고, 경미한 사고겠지 정도로 생각했는데 심각했다. 나는 자정이 다 되어 병원에 도착했다. 도착하자마자 이것저것 간단한 서류를 작성했다. 간호사들이 내가 입은 티와 바지 심지어 속옷까지 가위로 잘랐다. 그때 입었던 티셔츠는 좀 비싼 옷이라 좀 아깝다는 생각이 들었다. 그런 상황에서도 비싼 티셔츠가 가위로 잘리는 게 아깝다고 생각하고 있는 내가 우스웠다. 그 후 피검사, 엑스레이, MRI, CT를 비롯한 온갖 검사들을 하기 시작했다. 다음 날 오후 3시까지 검사가 지속되었고 머리에서는 피가 계속 흘러 수혈까지 받으며 간신히 버티고 있었다. 목숨까지 위협받고 있는 그 와중에도 수혈을 받는다는 것이 너무 싫었고 그 자체에 대한 거부감도 컸다. 그래도 어쩔 수 없는 상황 속에 수혈은 진행되고 있었고, 피가 몸에 퍼지면서 생기는 증상인지 너무 춥고 가려워 내 몸이 내 몸 같지 않은 이상한 느낌이 들었다. 그 당시 내 모습을 회상해보면 그런 상황에서 수혈의 여부가 목숨과 직결되는데도 수혈을 받고 싶지 않다는 생각을 하고 있었다는 게 내가 생각해도 나란 인간은 참 이상하다.

당시 난 머리와 눈썹 사이의 이마가 10cm 정도 찢어졌고 앞니는 반절 이상이 깨진 상태에 오른쪽 눈동자에 상처가 나 있고 팔과 손, 허벅지에는 유리 파편이 수없이 박혀있었다. 오른쪽 팔은 12cm가량 찢어져 있었다. 한숨이 나왔다. 우선 눈에 보이는 것이 이 정도였는데 몸이 상한 내용을 들으니 더 기가막혔다. 등 쪽 갈비뼈, 골반, 넓적뼈 모두 다 금이 갔고 심지어 꼬리뼈는 아예 부러져 있었다.
참담했다. 말로 형용할 수 없는 일이 벌어졌다. 나에게 아니 내 가족에게 상상할 수 없는 일이 일어났다. 9시 뉴스에서 보도되던 사건이 나와 내 가족에게 일어난 것이다. 너무나 참담하고 기가 찼다. 세상에 이런 일이 나에게도 생길 수 있을까? 아무리 생각해도 억울하고 눈물만 나올 뿐이었다. 허리와 골반을 다쳤으니 서 있을 수도 앉아 있을 수도 없었다. 3개월 동안 병원 신세를 졌다. 24시간 내내 누워 천장만 바라봐야 하고 대소변은 물론 식사까지 누워서 해결해야 했다. 기가 찰 노릇이었다. 온 가족이 한 병원에 입원해 있었다.

사고 소식을 들은 친정과 시댁 식구들 모두 병문안을 오셨다. 양가 부모님들은 놀란 기색과 함께 창백해진 얼굴로 누워있는 나를 조용히 바라보셨다. 그분들의 눈빛 속에 속상함, 슬픔, 가엾음 등 많은 감정들이 담겨있었다. 앞으로의 내 삶을 가장 걱정하시는 모습이었다. 부모님과 친척들의 방문에 나의 감정은 감사함과 죄송함이 혼재하고 있었다. 부모님들께 큰 충격과 걱정을 안겨드렸으니 이 또한 불효가 아닌가 싶었다. 동시에 나는 나에게 큰일이 닥쳤음을 새삼 다시 느꼈다. 어두운 동굴 속에 갇힌 느낌이었다.

하루 이틀 시간이 지나 아이들이 먼저 퇴원을 했다. 아이들을 돌봐줄 사람이 없어 얘들은 한동안 친정에서 생활하게 되었다. 아이들이 너무 보고 싶었고 상황이 참으로 안타깝고 속상했다. 한편으론 혼자 남겨진 것 같은 생각도 들었다. 정말 '한순간이 모든 걸 앗아 갈 수 있다'라고 하더니 이런 것을 두고 하는 말이었을까? 매일매일 눈물을 흘렸다.

그렇게 3개월이란 시간이 흘렀고, 퇴원을 목전에 두고 있었다. 그러나 병원에서는 두 달은 더 누워있어야 일어날 수 있다고 했다. 다만, 약 복용 등 별다른 치료는 없고 단지 골반에 복대를 두 개 싸고 누워있어야 한다는 것이었다. 그래서 상의 끝에 퇴원을 결정했다. 친정어머니께 아이들을 계속 맡기는 것도 죄송하기도 하고 하루빨리 우리 아이들을 보고 싶어 그런 결정을 내렸다.

퇴원 후 드디어 집에서 생활을 시작했다. 친정어머니 댁에서 돌아온 아이들을 보니 못 본 지 불과 2개월 반 남짓 됐는데, 그새 키가 조금 더 자랐고, 볼에 살도 붙어있었다. 친정어머니께서 놀란 아이들 몸보신을 위해 염소 고기를 먹이셨다고 했다. 어머니께 감사하고 죄송했다.

집에서도 계속 누워있었다. 집안일을 하지 못해 집이 엉망이었지만, 간간이 아이들의 고사리 같은 손으로 한 청소에 의지했다. 아이들은 내 병간호도 도맡아 해주었다. 미안하고 안쓰러웠다. 아이들과 함께 있는 것 자체로서는 마음이 편안하고 평화로웠지만, 한편으론 엄마로서 책임감에 마음의 큰 짐을 견디기가 힘들었다. 온종일 누워서만 두 달을 보낼 수 없다는 생각이 들어 틈이 날 때마다 수시로 일어나는 연습을 했다. 그러나 쉽지 않았다. 온몸에 진땀이 났고 메스꺼움과 함께 속이 뒤집히기도 했다. 걷는 것은 엄두도 내지 못했다. 그럼에도 연습을 거듭 반복했다. 그러다 겨우 걸음의 시도를 할 수 있는 자세를 취할 수 있었다. 힘겹게 일어나 한 발을 떼어보려 했는데, 발이 움직이지 않았다. 몸의 운동 신경과 감각이 무뎌지고 걷는 방법을 잊어버린 것 같았다. '아기가 태어나 처음 걸음마 시작할 때처럼 한 걸음 한 걸음 떼듯이 모든 걸 새로 시작해야 하는 건가'라는 생각이 들었다. 힘들고 어지러웠지만 계속 연습을 해나갔다. '오늘은 1분 서 있기, 내일은 5분, 모레는 10분' 이렇게 조금씩 연습 시간을 늘려나갔다. 그러다 보니 어느새 예전의 내 모습을 찾았다. 연습하면서도 약간은 반신반의했었는데 참으로 다행이었다.

사고가 난 이후 한참 후에 나의 둘째 언니와 넷째 언니가 들려준 이야기가 있다. 친정어머니와 언니가 모 철학관에 갔는데, '막내딸이 앞으로 일어나지 못하고 불구가 된다'라는 말을 했다고 했다. 그 말을 들은 뒤 친정어머니께서는 내가 걸을 수 있다는 소식을 듣기 전까지 날마다 가슴이 너무 아파 우셨다고 한다.

그랬다. 나에게는 엄청나게 큰일이 일어났었다. 그때를 회상해보니 지금도 아찔하다. 상상조차 하기 싫다. 그 당시 사고 난 차를 본 사람들은 '분명 누구 한 명은 죽었을 것이다'라는 말을 했을 테고 우리 어머니께서는 비록 사실이 아닐지라도 '막내딸이 불구가 될 것이다'라는 말을 귀담아들으셨을 정도로 나는 암흑 속에 갇힌 경험을 했다. 어쩌면 이승과 저승을 오간 심각한 경험일 수도 있겠다. 그럼에도 나는 가족이라는 큰 기둥이 있어 잘 버텨냈고, 빠르게 회복할 수 있었다. 지금과 같은 보통의 삶을 평범하게 살아갈 수 있다는 사실이 참으로 감사하다.

우리 모두 삶에 잠재된 수많은 변수들로부터 자유롭지 않다. 그러니 '하고 싶은 일은 미루지 말고 바로 하자!' 나 또한 죽을 고비를 넘겼던 교통사고 경험을 잠시 잊어버리고 산 것 같다. 사람은 망각의 동물이라 오늘, 내일뿐만 아니라 영원한 삶을 살 것으로 착각하며 사는 것 같다. '지금 바로 도전하고 실천하자!' 인생은 그리 길지 않다. 글을 쓰며 다시 한 번 내 발자취를 짚어보는 기회에 고마움을 느낀다.

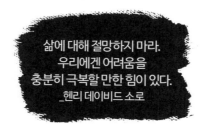

삶에 대해 절망하지 마라.
우리에겐 어려움을
충분히 극복할 만한 힘이 있다.
_헨리 데이비드 소로

포항나비

주정은

내 글을 읽어보면 공감하는 사람도 있겠지만
고개를 갸우뚱할 사람도 있을 것이다.
나 또한 다른 작가들의 글을 읽고
공감하며 긍정보다는 부정적인 생각을 많이 했었다.
'성공했으니깐 저런 말도 할 수 있는 거지' 그러나 내가 글을 써 보니
나도 할 수 있다는 것을 새삼 느낄 수 있었다.
내 글을 읽는 독자들도 '나도 할 수 있겠다'는 마음을 다잡을 수 있기 바란다.
사는 방식은 다르지만 간절함은 같다. 그 간절함으로 자신에게 몰입해 보라.
그리고 자신의 이야기를 천천히 써 보기를 추천한다.

내가 원하는 삶을 사는 **기적**

독서와 함께하는 기적

 내가 원하는 삶을 사는 기적

책을 내야겠다고 생각하기까지 38년이라는 많은 시간이 걸렸다. 그래도 다행이다. 더 늦기 전에 책을 낼 수 있어서 말이다. 웃음치료사 수업을 받지 않아 아무런 인연을 만나지 못했다면 나는 지금 어떤 삶을 살고 있었을까? 존재감 없이 단순한 삶을 반복하면서 무료하게 살고 있었을지도 모른다. 책을 써야겠다고 결심을 하면서도 처음에는 쓸 수 있는 내용이 있을까 많이 고민하였지만 쓰면 쓸수록 내 과거를 다시 한 번 생각하게 되고 글로 쓰고 나니 지나간 일이 후회가 아니라 하나의 아름다운 추억으로 남는 것을 느꼈다. 지금도 생계를 위한 일만 한다면 지나간 과거를 후회하며 지루하고 단순한 하루하루를 살고 있을지 모른다. 그런데 지금은 내가 하고 싶은 것을 하나씩 하고 있기 때문에 지나간 일은 후회보다는 추억이 되고 앞으로의 일은 기대와 희망으로 차오른다.

나는 어릴 때부터 사람을 좋아했다. 주변 어른들로부터 인사 잘한다고 칭찬도 많이 받았고 친구들에겐 늘 내가 먼저 다가가서 말을 걸며 사귈 정도로 사교성도 좋았다. 내가 하고자 하는 일이 있으면 잠을 줄여서라도 끝내 완벽하게 마무리하는 성격이었다. 그런데 그렇게 늘 밝았던 내 모습이 점점 시간이 갈수록 은연중에 잃어가고 있었다. 나는 그 사실도 모른 채 생활하고 있었고 그 반복으로 인한 내 인상 또한 어두워져 있었다. 하루하루의 삶이 즐겁지 않아 웃을 일이 없었고 그저 TV 프로그램이나 주변 사람들을 통해 억지웃음이라도 만들며 살아가고 있었다. 그래서 퇴근하면 으레 술 마시는 것이 일상이 되었다. 그렇게 매일 보는 친구들이라도 즐겁게 이야기 나누려고 애썼다.

불면증까지 있어 어떨 때는 잠을 한숨 자지 못한 채 출근을 한 적도 여러 번 있었다. 20대는 무엇이든 한창 배우고 싶고 하고 싶은 게 많을 나이라는데 나는 그저 하루하루를 의미 없이 보내고 있었다. 그런 생활이 지칠 때면 그저 안정적인 회사에 다니면서 결혼을 하고 한 남자의 아내와 아이들의 엄마로 살아가고 싶다는 생각을 했었다. 나에게 사랑하는 사람이 구세주처럼 나타난다면 행복하게 살 수도 있을 것 같았다.

그런데 삼십대가 되면서 고맙게도 처음 해보는 것에 대한 호기심과 도전 의식이 다시 생기기 시작했다. 그전엔 실패에 대한 두려움이 커서 그 무엇에 시도조차 못했던 나였다. 나에게 호기심과 도전 의식을 일깨워준 것은 웃음지도사 과정이었다. 웃음을 시작으로 실패하더라도 일단 도전해봐야겠다는 생각이 들었고 어릴 때 어른 되면 하나씩 해봐야지라고 생각한 것들을 실제로 하나씩 해보고 싶었다. 지금은 그 모든 것들을 다 하고 있는 게 신기할 따름이다.

그 첫 번째가 봉사 생활이다. 학창시절엔 학교에서 봉사활동을 많이 해야 상급 학교 진학할 때 좋은 점수를 얻을 수 있다고 하기에 억지로 봉사활동을 했다. 하지만 나는 넉넉한 가정환경이 아니었기에 돈이 부족했다. 그렇다면 다른 것으로라도 돕고 싶었다. 길거리를 걸어가다 무거운 물건을 들고 있는 어르신을 보면 대신 들어드렸고 길을 모르는 사람이 있으면 내가 아는 곳까지 친절히 안내를 해드렸고 버스에선 어르신들께 자리를 양보하였다. 그런 봉사라면 얼마든지 할 수 있었다. 세월이 흘러 어른이 된 시점에서 내가 할 수 있는 한 봉사를 계속하면서 살고 싶다는 생각을 했었는데 마침 웃음치료사 수업을 들으면서 같이 친해진 분들끼리 단체 봉사단을 만들었다. 안타깝게도 지금은 코로나로 인해서 봉사활동을 못하는 상황이지만 예전에는 일주일에 한 번씩은 봉사활동을 나갔다. 양로원이나 병원에 가서 어르신들을 즐겁게 해주는 봉사였다. 노래도 부르고 레크리에이션도 하고 춤도 추었다. 어르신들이 즐거울 수만 있다면 그 웃음이 영원할 수만 있다면 내 이미지는 망가져도 행복하였다. 내가 배운 웃음을 이렇게 봉사에서 쓸 수 있다는 것 또한 나에겐 너무 행복이었다. 나는 프리랜서라 일하는 시간을 조절해서 봉사활동에 참여하였다. 봉사활동이 끝나고 나면 힘은 들지만 오히려 내가 힐링 받고 돌아왔다.

두 번째가 새로운 직업에 대한 도전이다. 어릴 때부터 사람들 앞에 나서는 걸 좋아했지만 내가 사람들 앞에서 말하는 직업을 가질 거라는 생각을 해본 적이 없다. 내가 말을 잘 한다고 생각해 본적도 없고 사람들이 내 얘기를 들어준다고 생각해본 적도 없다. 그런데 스피치 수업을 들으면서 강사라는 또 다른 꿈을 꾸게 되었고 박사님이 주신 기회로 잠시나마 아이들을 가르치는 방과 후 선생님을 할 수가 있었다. 처음 해보는 일이라 많이 어설프고 집중시키는 것 또 한 어려웠지만 아이들을 좋아하는 나였기에 잘 참고 견뎌내면서 조금씩 향상되기 시작하였다. 같이 일하는 선생님들 또한 너무 좋은 분들이셨다. 일은 힘들어도 주변 사람들이 좋아서 버텨가면서 끝까지 해나갈 수 있었다. 이 또한 코로나로 인해 그만 두게 되었지만 경험을 토대로 더 좋은 강사가 될 수 있는 발판이 되었다. 그래서 지금은 회사에서 교육 강사로 활동하고 있다. 아직 시작이지만 계속해서 배우고 연습해서 더 좋은 강사가 되려고 노력중이다.

세 번째는 대학생활이다. 어릴 때 모델과가 아니라면 대학 생활은 하고 싶지 않았다. 내가 졸업할 때 IMF로 인해 상황이 좋지 않았고 부모님이 내가 모델 되는 것을 반대 하기도 했지만 내가 먼저 포기했었다. 그 후 직장 생활만 하면서 대학은 생각도 하지 않았다. 사실 친구들끼리 모이면 나 빼고 다들 대학 생활 중이라서 대화가 안 될 때도 있었다. 그럴 때면 대학 생활이 궁금해서 한 번씩 가보고 싶다가도 현실을 생각하며 금방 포기하였다. 나는 대학은 갈 수 없다고 생각하며 지내다가 전문 강사가 되기 위해선 대학을 졸업해야겠다는 생각을 가지게 되었다. 수업을 들으려면 주중에 학교를 가야 하는데 직장인이라 그것이 불가능하니 사이버대학을 추천받았다. 등록금이 부담이 되어 고민하고 있던 끝에 국가 장학금으로 대학을 다닐 수 있다는 학교를 찾았고 다행히 수혜자가 되어 지금까지 3년째 재학 중이다. 실제 대학 생활처럼 강의실에서 수업을 받고 O.T를 하고 M.T를 가는 생활은 아니지만 나에게는 대학을 갈 수 있다는 것만으로도 몹시 행복하다. 과제와 시험 때문에 가끔씩 스트레스를 받지만 그 또한 행복한 고민이다. 내년이면 4학년이라 졸업을 앞두고 있지만 끝이 아니다. 조금 어렵고 시간이 걸리겠지만 대학원에 진학해 석사와 박사학위까지 취득할 생각을 가지고 있다. 운동과 공부는 끝이 없다고 생각한다. 지금 할 수 있을 때 마음껏 즐길 것이다.

네 번째, 모델이라는 꿈을 다시 가진 것이다. 어릴 때 부모님을 비롯한 주변 사람들의 반대로 포기했지만 도전에는 나이 제한이 없다고 생각한다. 준비 없이 도전하는 건 무모할지 몰라도 준비하면서 도전하면 반드시 실상이 될 것이다. 처음에는 어릴 때만 할 수 있고 지금은 많이 늦었다고 생각했었는데 모델들을 보면 세대별로 다 있다. 풋풋한 모습을 담는 모델이 될 수는 없지만 그래도 내가 할 수 있는 일을 한다는 것에 나는 행복감을 느낄 것이다.

그리고 마지막은 책을 쓰는 작가이다. 정말 내가 작가가 된다는 것은 생각해본 적도 없는 일이다. 어릴 때 글 쓰는걸 좋아해서 시 쓰기도 하고 소설도 써본 적은 있지만 그건 그냥 내가 쓴 것에만 그쳤지 책을 내봐야겠다고 생각해본 적이 없다. 글을 쓰기까지 많은 시간이 걸렸지만 어쨌든 결론은 이렇게 책을 출판하기 위해 글을 써 내려가고 있는 나를 발견한 것이다. 책이 잘 판매되면 좋겠지만 그 욕심으로 글을 쓰는 것이 아니다. 내가 지나간 추억 중 하나는 사진이고 하나는 글이 아닐까 생각이 든다. 내가 겪었던 혹은 하고 싶은 일이나 말들을 사진이나 글로 적지 않으면 그 시간은 그냥 지나가 버리게 된다. 하지만 사진이나 글로 남겨놓게 된다면 시간이 지나도 지워지지 않고 오랫동안 기억에 남아 있을 것이다. 처음이라 많이 어설프고 두서없는 글일지도 모른다. 잘 쓰고 못 쓰고의 중요성을 떠나 독자들이 이 글을 읽고 한 가지 이상의 메시지를 가져갔으면 한다. 그리고 또한 나를 곧 TV나 기사에서 만나보게 될 것이다. 난 그렇게 확신을 한다. 처음에는 한낱 꿈에 그쳤던 일들이 내가 바라고 생각하고 실천하게 되면 비로소 이루어진다는 것을. 그래서 또 외친다. 나는 반드시 성공할 여자라는 것을... 같이 한번 외쳐보자. 그 꿈이 이루어질 수 있게 '나는 반드시 성공한다' 이글을 읽는 모든 독자들이 성공한 삶을 살기를 매일 나는 응원한다.

세상에서 보고 싶은 변화가 있다면
직접 그 변화가 되어라.
_마하트마 간디

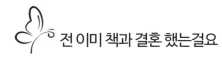

전 이미 책과 결혼 했는걸요

나는 어릴 때부터 공부보다는 친구들과 밖에서 뛰어놀기를 좋아하는 아이였다. 학교에 가는 이유는 친구들과 함께 어울리기 위해서였지 공부가 목적이 아니었다. 친구가 없었다면 나는 아마 등교 자체를 거부했을 것이다. 그래도 필기하는 것은 무척 좋아했다. 처음엔 글씨 쓰는 것을 좋아하지 않았는데 선생님께서 "글씨 참 예쁘게 잘 쓴다."라고 칭찬해주신 이후로 글씨 쓰는 것을 참 좋아하게 되었다. 그래도 공부는 싫었다. 원래부터 공부하는 것을 좋아하는 편은 아니었다. 그러니 책 또한 그다지 좋아하지 않았다. 다행히 집에서도 책을 읽으라고 강요하지 않으셨다. 그래도 유일하게 읽는 책이 있었다. 그림이 많이 있는 만화책이다. 언니도 만화책을 좋아해서 항상 일주일에 한번 씩은 용돈을 모아 만화책을 빌려보곤 했다. 만화책이 좋은 이유는 읽을 글자는 적어도 재미있는 그림이 많이 있어 지루하지 않아서였다. 그렇게 계속 살아오면서 책이랑은 거리를 두고 있었다.

그러던 어느 날 스피치 수업을 받으면서 황태옥 박사님께서 포항에 나비독서모임을 아침마다 하신다고 하셨다. 책이랑 관심 없는 나는 그냥 흘려들었다. 또 아침잠이 많은 나에게는 너무 힘든 일이였다. 독서모임은 나랑 전혀 상관없다고 여겼다. 그러던 어느 날 문득 '내가 언제까지 늦잠만 잘까? 만약 그러면 내 인생은 어떤 발전도 없이 늘 똑같은 인생이겠지' 라는 생각이 들었다. 아침형 인간이 되고자 독서모임에 참석 해보고자 했다. 처음부터 잘 될 리가 없었다. 사실 독서모임을 간다고 말을 해놓고 아침에 알람 소리에 눈만 뜨면 '괜히 말했어. 오늘은 핑계되고 가지 말까?' 일주일 한번 있는 독서모임인데도 너무 가기 싫고 후회만 계속 해서 밀려왔다. 늦게 갈 때도 있고 핑계되고 빠질 때도 있고 그렇게 반복하면서 독서모임에 가게 되었다. 또 가기 싫은 이유는 나는 책을 별로 좋아하지 않는다는 것이었다. 내 주변에 돈 주고 책을 구매하는 것을 보면 무척 아깝다고 생각하는 사람이었다. 그래서 공동 도서를 구입한다고 할 때면 돈이 아깝다는 생각이 들어 처음에는 도서관에서 빌리거나 아예 책 없이 참석한 적도 있었다.

그런데 이렇게 불량한 나의 태도에도 불구하고 누구나 나무라는 사람이 없었다. 오히려 이렇게라도 모임에 참석했다는 것만으로도 대단하다며 칭찬해 주었다. 나는 모임에 늦거나 책이 없거나 책을 읽지 않고 참석을 하면 사람들의 표정이 일그러지고 질책 할 줄 알았다. 그런데 오히려 앞으로는 그냥 나와도 되니깐 꼭 좋은 자리 참석하라고 다독여 주었다. 점점 사람들이 좋아지기 시작했다. 나는 천성이 관계지향성이라 회사를 다녀도 일이 어려운 건 참고 다니지만 사람들이 싫으면 오래 버티기 힘들다. 그만큼 나는 어딜 가도 사람들을 보고 내 움직임이 좌지우지 된다. 처음 시작은 아침형 인간이 되기 위함이었지만 점점 사람들이 좋아서 독서모임에 참석했다. 아침형 인간은 하루아침에 되는 것이 아니기에 조금 늦기는 하지만 핑계되면서 빠지는 횟수는 줄어들었다. 아니 어느새 있던 약속을 취소하면서까지 아침 독서모임만큼은 반드시 참여하였다.

그렇게 사람들이 좋아서 책을 읽지 않아도 되는 모임을 나가기 시작하면서 나도 사람들과 대화를 하고 싶고 책 내용을 공유하고 싶어져서 어느새 나도 모르게 책을 구매하고 있었다. 처음에는 잘 몰라서 공동 도서만 구입하기 시작하다가 나중에는 책에 대해선 잘 모르지만 그냥 제목을 보고 읽고 싶은 충동에 책을 사 모으기 시작했다. 그렇게 잘 모르지만 책을 읽기 시작하였고 처음에 박사님께서 책을 읽으면서 깨닫고 자신에게 적용할 점을 찾아 보라고 했을 때는 그 말이 무슨 뜻인지도 몰랐다. 책을 많이 읽어 성공한 사람들의 사례도 이해하지 못했다. '책을 읽는데 왜 성공을 해? 책에서 뭘 깨닫고 뭘 적용해?' 그렇게 이해되지 않는 부분들이 모임도 계속 나오고 여러 가지 책도 읽다 보니까 점점 깨달음도 찾게 되고 내가 적용하고 싶거나 적용해야 되는 부분도 찾게 되었다.

그 첫 번째가 종이 위의 기적, "쓰면 이루어진다."이다. 각각 사례에서 종이에 썼을 때 신기하게도 이루어졌다는 내용들이었다. 처음에 읽었을 때는 솔직히 말도 안 된다고 생각하였다. 그런데 읽으면 읽을수록 나도 한번 해보고 싶다는 생각이 들었다. 그 사례들은 다 하나같이 간절함이 있는 사람들이었기 때문이다. 나 또한 간절하다. 어떤 일을 하든 이루고 싶은 마음이 간절하다. 그전에는 그냥 바람이나 꿈 정도에서 그쳤다면 이 책을 읽은 순간은 간절함이었다. 책을 읽고 노트 하나를 만들었다. 노트 제일 앞표지에 쓰면 이루어진다고 적었다. 그리고 매일 이루어졌음 하는 일들을 쓰기 시작했다. 10년 뒤와 20년 뒤를 바라보는 희망이 아니라 당장에 해야 할 일에 대한 간절함을 담았다. 그리고 쓰면서 항상 함께 해야 하는 것들이 노력이다. 쓰고 그냥 이루어지기만을 바라는 것이 아니라 거기에 맞게 내가 계획하고 노력해야한다. 독서를 하면서 3p바인더 교육도 받고 쓰기 시작했다. 처음엔 그것 또한 어떻게 써야 할지 몰라 매번 비워두었지만 내가 점점 목표가 있고 계획이 생기면서 공백이 모자랄 만큼 바인더가 채워지기 시작했다. 3p바인더에도 내 목표를 적고 노트에도 간절함을 담아 계속 적어 나가기 시작했다.

그렇게 꾸준히 노력하고 간절함을 담아서 적으면서 이루어 낸 것들이 있다. 늦은 나이에 태권도를 배웠지만 처음엔 2~3달 하다가 그만 두려 생각했는데 배우다 보니 단을 따고 싶다는 생각이 들고 1단을 취득하였고 또 운동을 좋아해서 벨리댄스를 배우는데 우연한 기회에 벨리대회 나가서 단체 1등상을 받았다. 그밖에 많은 것들이 쓰면 이루어졌다. 책만 읽을 때는 믿지 않지만 내가 직접 적용을 해보니 신기하게 이루어졌다. 대신 간절함을 담아서 적고 노력을 해야 이루어진다는 것도 체험했다. 그렇게 책을 읽고 적용점을 찾아서 성공하고 나니 다른 책을 읽고 적용점을 찾는 재미에 빠지게 되었다.

그 다음으로 나를 변화시킨 책이 쓰보다 사토루 저자의 《적게 자도 괜찮습니다》라는 책이다. 이 책 또한 아침형 인간이 되기 위한 책이다. 그전에 다른 아침형 인간이 되기 위한 책을 많이 읽었지만 마음으로는 이해가 되고 깨달음이 생기긴 했지만 적용점을 찾기 힘들고 찾았다 하더라도 실천이 잘 되지 않았다. 그런데 이 책을 읽으면서 바로바로 깨닫고 적용점을 찾기 시작하였다.

먼저 잠들기 전에 베개를 두들기면서 몇 시에 일어날 거라고 외침을 하라는 것이었다. 처음엔 잘 되다가도 시간이 지나면서 다시 일어나는 게 힘들었다. 그다음이 잠자는 곳엔 아무것도 두지 말라는 것이었다. 습관적으로 휴대폰을 가지고 들어가게 되고 결국 폰을 보다보면 11시에 누워있어도 잠드는 것은 새벽 1시를 금방 넘겨버리곤 한다. 이렇게 적용하는 것에 우여곡절이 많아 불면증이 생기기도 하고 어쩔 때는 아예 못 일어날 정도로 푹 자버린 적도 있다. 그렇게 하나씩 다 적용해보면서 나에게 딱 맞는 적용점을 찾게 되었다.

처음부터 새벽 5시에 일어나면 첫날은 괜찮아도 다음날부터는 결국 또 패턴이 깨지기 쉬우니 지킬 수 있는 시간을 정해서 조금씩 시간을 당기기로 했다. 예를 들면 아침 7시에 일어나기를 약속하고 15일까지 지키고 나면 그 뒤부터는 5분에서 10분을 더 일찍 깨어나는 것이다. 그렇게 조금씩 기상시간을 앞당기기 시작하면서 마침내 새벽 5시 기상이 이루어졌다. 잠이 오지 않을 때는 책에 나와 있는 명상을 하기도 하고 잘 지키게 되었을 땐 나에게 작지만 상을 주기도 하였다. 그렇게 시작하면서 챌린지를 시작하게 되었다.

처음엔 혼자 시작했지만 돈을 걸게 되고 다른 사람들과 같이 하게 되면 지켜지지 않을까 해서 어플리케이션을 통해 챌린지를 하기 시작하였다. 작은 돈이지만 그래도 그냥 하는 것보다는 더 잘 지켜졌다. 그래서 스스로 혼자 좌우명 '완전한 브레이크는 없어'라는 글귀로 챌린지까지 만들어 지켜나가고 있다. 이렇게 책을 통해서 적용점을 찾는 것에 재미를 붙이기 시작하였다. 이젠 아침에 일어나자마자 책부터 읽는다. 습관처럼 책을 30분 읽고 나서 그 내용 중에 생각나는 문장을 노트에 적어서 깨달음이나 적용점을 정리해 나간다. 그렇게 책을 읽으면서 적용하게 된 게 감사일기, 쓰면 이루어진다, 나에게 하는 질문, 일기, 등등 하루에 쓰는 노트만 5개가 된다. 처음에는 매일 해야 된다는 강박감에 의한 부담이 있었지만 지금은 매일이 아니라 생각날 때마다 써야겠다는 생각을 하니 의무가 아니라 자발적 행위가 되었다.

책을 통해서 또 얻은 것이 있다. 뒤늦게 대학을 다니면서 상담심리 공부를 하는데 상담심리학과에서도 책을 읽으라고 교수님께서 권하신다. 독서나비를 만나기 전에 책을 누군가 읽으라고 권하였다면 아마 무척 싫고 짜증나고 하기 싫었을 텐데 지금은 내가 다른 사람들에게 책을 읽으라고 권하고 선물해줄 만큼 책 읽는 게 즐거워졌다. 농담처럼 사람들이 "결혼은 언제해요?" 라고 물어보면 "전 이미 책과 결혼 했는걸요." 라고 넘겨 버릴 정도로 책과 사랑에 빠져 버렸다. 책은 빌려보는 것이고 잠 올 때 베개로만 썼던 내가 이젠 읽던 책을 안고 잠들만큼 빠져버렸다. 그래서 지금 책과 더 가까이 하기 위해 내 스스로가 직접 책을 쓰고 있는 중이다. 이 글을 읽고 있는 독자들도 그냥 겉도는 사랑이 아니라 마음으로 사랑할 수 있게 책을 쓰기 시작해 보자. 그럼 진짜 내가 어느새 책과 사랑에 빠져있을 것이다. 웃으면서 글을 쓰고 있는 나처럼 말이다.

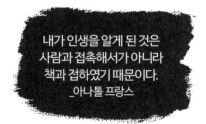

내가 인생을 알게 된 것은
사람과 접촉해서가 아니라
책과 접하였기 때문이다.
_아나톨 프랑스

새로운 인연

 좋은 사람들에겐 좋은 인연이 찾아온다

  나는 어릴 때부터 혼자보다는 누군가와 늘 함께 하는 것을 좋아했다. 유치원이나 학교에서도 친구들과 어울리는 것을 좋아했다. 학창 시절엔 아마 한 번쯤은 모두 이런 추억이 있을 것이다. 친구들과 함께라면 무서울 게 없어 학교 야간 자율학습 시간에 몰래 나와 친구와 놀러 간 기억이 한 번쯤은 있을 것이다. 혼자 하면 부끄러운 일들도 친구와 함께하면 용기가 나서 할 수 있었다. 예를 들면 길거리에서 노래를 부른다든지 춤을 춘다든지 하는 일 말이다. 친구들 사이에서도 나서는 것을 좋아하고 지시하는 것이 아니라 함께 하였기에 그 우정을 지금까지도 함께 할 수 있었다. 이렇게 나는 사람들을 참 좋아한다. 낯선 사람과도 친해지고 싶으면 내가 먼저 다가가서 말을 먼저 건넨다. 그렇게 해서 실제로 지금까지 잘 지내는 지인들도 있다.

  성인이 되어서도 사람들을 좋아하는 것은 마찬가지이다. 직장 생활이나 사회생활에서 힘이 들어도 내가 좋아하는 사람들과 함께라면 뭐든 헤쳐 나갈 수 있었다. 그만큼 나에게는 사람이 재산이고 보물이다. 아무리 내가 가진 게 많다고 하더라도 주변에 사람들이 없으면 아무것도 가지지 못한 빈털터리나 마찬가지다. 또한 혼자 힘으로 할 수 있는 것은 많지 않다. 시작은 혼자 하더라도 옆에서 할 수 있게 이끌어주고 함께 하기에 그 또한 포기하지 않고 가능한 것이다. 지금도 마찬가지이다. 내가 여기까지 와서 책을 쓰겠다고 생각한 것도 나 혼자였다면 아무것도 이뤄질 수 없었을 것이다. 함께 책을 쓰는 사람들이 있기에 나 또한 포기하지 않고 끝까지 글을 쓸 수가 있었다.

포항나비와의 인연으로 나는 많은 사람을 만났다. 보통 나보다 경험이 많고 더 많은 인생을 사신 분들이다. 사교성이 좋은 나였지만 그래도 아직은 나이가 더 많으신 분들을 대하기는 무척 조심스러웠다. 그래서 독서 모임 참석을 잠시 망설인 적도 있었다. 호칭을 어떻게 해야 할지 어떻게 다가가야 할지가 너무 어려웠다. 그런데 황태옥 박사님께서 "여기 모인 분들은 교학상장의 정신으로 가르치고 배우면서 서로 성장한다는 뜻으로 한 분 한 분 다들 배울 게 있는 분들입니다. 그래서 호칭은 나이에 상관없이 선배님이라고 부릅니다."라고 얘기해주셔서 그때부터 다들 서로 간에 선배님이라는 호칭을 쓰면서 조금은 조심스럽지만 천천히 다가갈 수가 있었다. 또한 선배님이라는 호칭 때문인지 어리다고 무시하거나 내가 더 어른이라며 대장 노릇을 하는 분이 한 분도 계시지 않았다. 아마 선배님이라는 호칭이 없어도 다들 처음부터 그렇게 겸손하셨을 것이다. 나 또한 친구들과 어울릴 때와 다르게 여기서는 겸손함을 배우게 되었다.

독서 모임에서는 책을 통해 의견을 나누며 공유를 하는 것도 있지만 그 시간뿐 아니라 처음 시작할 때 각자 자기 자신의 이야기를 하는 시간이 나에게도 배워갈 수 있는 소중한 시간이었다. 서로 다른 환경에서 자랐고 다른 직업을 가지고 있으며 다르게 살아가고 있기에 내가 아직 경험해 보지 못한 일들에 대해 간접적으로 배워 갈 수 있는 시간이 되었다. 내가 실제로 경험했던 일이여도 또 다른 상황에서 경험한 이야기를 들으며 조언을 들을 수 있었다. 처음부터 책에 관해서만 이야기하는 모임이었다면 평소 독서에 관심 없는 나로서는 금방 싫증이 났을지도 모른다. 하지만 맛있는 다과를 먹으며 서로의 인생 이야기를 공유하는 것으로 시작되는 모임은 점점 나에게는 토요일 일상 중 제일 순위를 차지할 만큼 소중하게 자리 잡고 있다. 처음의 서먹함이 조금씩 깨지면서 서로에게 더 빨리 가깝게 다가가고 있었다. 그렇게 다가가게 된 한 분과는 정말 특별한 시간을 보냈다. 아침형 인간이 되기 어려웠던 나에게는 또 다른 인생 선배님이셨다. 매일 새벽 4시에 기상을 하며 일과를 시작한다는 얘기를 듣고 정말 놀라지 않을 수가 없었다. 그렇다고 매일 밤 일찍 주무시는 것도 아니다. 대부분 사람이 평범하게 살고 있을 그 나이에 새벽부터 일과를 시작하면서 잠이 드는 그 순간까지도 바쁜 하루를 보내고 계셨다. 그뿐 아니라 다양하게 여럿 일을 하면서도 배움을 놓지 않고 계셨다. 그분과 함께 하는 시간이라면 하나라도 더 배울 것이 있을 것 같아 아침형 인간부터 되기로 하였다.

매일은 어렵지만, 시간이 되면 아침 일찍 공원에서 만나 늘 함께 걸으면서도 계속해서 대화를 이어 나갔고 그렇게 지내면서 더 많이 알게 되고 가까워지게 되었다. 그분 또한 살면서 고충이 없으신 것도 아닌데 늘 보면 밝은 표정으로 살고 계신다. 그런 것을 보면서 별일 아닌 것으로 짜증내고 싫증내는 나의 모습을 보면서 스스로 반성을 하게 되었다. 그것뿐 아니라 이분과 함께 다니면서 어르신 실버 체조 수업도 같이 따라다니게 되었다. 비록 봉사로 다니는 것이었지만 경험이 없는 나로선 좋은 기회였고 계속해서 그 수업을 하면서 또 다른 경험을 계속 쌓게 되었다. 지금은 각자 좋은 자리에서 서로들 바쁘게 살아가고 있는 중이다. 그전처럼 같이 운동을 하고 봉사를 다니진 못하지만 서로 늘 잘되기를 바라면서 항상 응원해주고 있다. 그분 또한 같이 글을 쓰게 되어 너무 기분이 좋다. 내가 좋아하는 사람과 함께 쓸 수 있다는 것은 정말 행복한 일이다.

이 인연을 만들어 준 곳이 바로 여기 포항나비이다. 여기 있으면서 정말 많은 인연들이 스쳐 지나갔다. 잠시 뿐이었지만 그래도 다들 나에게는 소중한 사람들이었고 지금 또한 그 소중한 인연들을 이어 나가는 사람들도 있다. 그래서 난 늘 이 소중한 인연을 만들어 주신 황태옥 박사님께 감사드린다. 이분을 처음 뵀을 때는 오랜 인연이 될 거라고는 생각을 하지 못 하였다. 아니 감히 내가 저 강사님과 인연이 될 수 있을까란 생각을 했다는 게 맞을 것이다. 내가 강사가 하고 싶다는 생각이 들었을 때 그저 하고 싶은 사람 중에 한 명이구나라는 생각으로 관심 가져주지 않았다면 나는 지금 이 자리에 없을지도 모른다. 그렇게 시작은 내가 할 수 있지만 누군가 계속 이끌어주고 함께 해주지 않는다면 아무것도 이룰 수 없다는 뜻이다. 내가 무엇을 하든 항상 응원해 주시고 조언도 아끼지 않으시고 도전을 할 수 있게 강의 수업도 만들어 주셨다. 때론 내가 박사님 수업에 함께 가면 그저 뒤에서 지켜보는 것만으로 배울 수 있음에 감사드린다. 하지만 잠깐의 시간이지만 나에게도 기회를 주신다. 그렇게 조금씩 주신 기회에서 용기를 얻어 꼭 강사가 되어야겠다는 마음을 다잡게 되고 힘들거나 포기하고 싶다가도 그렇게 옆에서 응원해주는 분을 생각하면 다시 또 용기를 얻는다. 그렇게 강사료를 받는 강의를 할 수 있는 경험도 하게 해 주셨고 아이들 앞에서 수업을 해 보는 기회 또한 가지게 되었다. 거기서 또 한 번 좋은 사람들을 만나 지금까지도 인연을 이어 나가게 되었다.

　그리고 글 쓰는 지금도 박사님의 관심이 나에게 많은 도움이 되었다. 사실 이 글을 쓰기 전 시집을 먼저 낼 수도 있었다. 이 글을 다 완성하고 나면 다음으로 아마 시집을 완성하지 않을까 싶다. 이렇게 좋은 사람 곁에는 계속 좋은 인연들이 모여드는 게 아닐까? 지금 내 주변에는 해가 되는 사람들이 없다. 처음에는 사람이 좋아 어떤 사람이든 다 곁에 두려 하고 두고 싶어 하였지만 지금은 나에게 도움이 되지 않고 오히려 부정적이고 해가 되는 사람은 멀리하려고 한다. 앞만 보고 걷고 있는 나에게 발목을 잡는 사람은 나에게 아무런 도움이 안 되기 때문이다. 나 또한 그런 사람이고 싶다. 사람들에게 해가 아니라 좋은 사람으로 남아있고 싶다. 나로 인해 웃을 수 있고 나로 인해 행복할 수 있는 그런 사람으로 말이다. 그것 또한 사람을 만나면서 배우기도 하였지만 책을 통해서도 좋은 인연 좋은 사람이 되는 법을 배웠다. 그렇게 독서를 가까이하면 좋은 사람들도 곁에 생기게 된다.

지금 주변을 둘러보자 혹시 내 주변에 나에게 해가 되는 사람이 많은가? 좋은 사람이 많은가? 내 주변에 해가 되는 사람이 많다면 바로 독서를 시작해보자. 그러면 아마 해가 되는 사람은 멀어질 것이고 좋은 기운을 줄 수 있는 사람만 곁에 남아있을 것이다. 그렇게 되기까지는 나 또한 그런 사람이 되기 위해 노력해야 할 것이다.

보지 않는 곳에서
나를 좋게 말하는 사람은
진정한 친구이다.
_토마스 플러

Ⅲ

도전하는 나

무대는 무대뽀로 도전하자

　1남 2녀의 둘째로 태어난 나는 언니와 남동생 사이에서 살아남기 위한 몸부림을 쳐야 했다. 덕분에 나는 돌파구를 찾았다. 가족들 간 경쟁 대신 밖으로 방향을 전환한 것이다. 나는 밝은 성격으로 친구들을 잘 사귀고 나서기를 좋아하여 친구들 사이에서 리드를 잘 하는 사람으로 통했다. 남녀 할 것 없이 잘 어울렸다. 우리 동네는 남자 아이들이 더 많아 남자친구들과 공차기도 하고 달리기도 하며 같이 어울렸고 학교에서는 여자 친구들과 공기놀이와 고무줄을 하며 놀았다.

　그런 내가 유일하게 조용하고 차분할 때가 있다. 글쓰기였다. 나는 어릴 때부터 글쓰기를 좋아하여 수업시간에 공부하는 건 좋아하진 않았지만 필기하는 것은 무척 좋아하였다. 또한 나는 맺고 끊음이 확실한 편이라 무엇이든 끝장을 봐야 속이 시원했고 동시에 호기심이 많아 하고 싶은 건 뭐든 직접 해 봐야 직성이 풀렸다. 학교에서 열리는 학예회에서 주인공을 맡아 연극도 해보고 친구들을 모아서 춤을 가르치며 교실에서 함께 춤도 추며 대부분 친구들을 리드하였다.

이런 나를 모르는 유일한 사람들은 우리 가족들이다. 어릴 때부터 언니나 남동생은 하고 싶은 것 배우고 싶은 게 있으면 대부분 배우고 할 수 있었지만 나는 아니었다. 배우고 싶은 게 있어도 선뜻 말하지 못하고 하고 싶은 게 있어도 안 된다고 하실까봐 얘기할 시도조차 하지 않았다. 한 번씩 부모님께서 다리 밑에서 주워왔다는 농담을 하실 때마다 '진짜 부모님이 따로 계신 건 아닐까?'라는 생각이 들 정도로 내가 부모님으로부터 느낀 차별과 서운함은 커져만 갔다.

그러던 어느 날 내가 마음의 문을 닫고 부정적으로 바뀌게 된 계기가 있었다. 나는 어릴 때부터 또래에 비해 키와 체격이 컸고 시간이 지나면서 점점 더 차이가 났다. 12살일 때 이미 165cm의 큰 키에 마른 몸을 가졌다. 그래서 나는 항상 줄을 설 때도 제일 뒤에 서 있었고 체육시간에도 남학생들과 같이 뛸 만큼 남학생들과도 체격과 체력에서 차이가 나지 않았다. 그런 큰 키 때문인지 마른체형 때문인지 알 수는 없지만 주변에서 모델을 해보란 소리를 많이 들었다. 처음에는 관심도 없었고 자신감 또한 없었다. '세상에 키 크고 예쁜 애들이 많은데 내 주제에 무슨 모델을 하겠어? 모델 하겠다고 나서면 망신만 당할 게 뻔해.' 나의 부정적인 생각에도 불구하고 주변 사람들의 권유와 관심은 끊이질 않았다. 그러던 중 TV에서 모델이 나오는 패션쇼를 보게 되었고 나도 모델이라는 직업에 관심을 가져 알아보게 되었다. 알면 알수록 평소 패션에 관심이 많고 남들 앞에 나서기를 좋아하는 나에겐 딱 맞는 직업이었다. 친구뿐 아니라 처음 보는 어른들도 "키도 크고 날씬하네. 모델 한 번 해보지"라며 응원을 해주셨다. 많은 분들이 응원해주셔서 '진짜 한번 해 볼까?'라는 욕심도 생기기 시작했다. 욕심이 용기를 가져왔고 부모님께 떨리는 목소리로 말씀드렸다. "나 모델이 하고 싶어요." 이 말 한마디만 했을 뿐인데 부모님의 반응은 너무 냉정했다. "니가 모델을 하겠다고? 모델 되는 게 쉬운 줄 아니? 너보다 훨씬 키 크고 날씬하고 예쁜 애들이 많을 텐데 누가 널 뽑아주겠냐? 그냥 공부나

해서 대학이나 가!"

한순간 꿈이 무너졌다. 가장 가까운 부모님으로부터 그런 얘길 들으니 아무 희망도 보이지 않았다. 사실 허락만 해주면 결과가 어떻든 대회에 참가해 볼 생각이었다. 그 이후 어떤 시도조차 하지 않았다. 대신 중학생 시절엔 또 다른 취미인 글쓰기에 집중하였다. 학교에서 하는 글쓰기 동호회에서도 글짓기로 상을 받은 기억이 있고 혼자 상상속의 인물을 만들어 소설을 써보고 친구들에게 보여주기도 하였다.

그 일 이후 나는 어릴 적의 밝은 성격에서 내성적인 사람으로 변했다. 내성적인 성격 탓에 중학교 시절은 나에게 힘든 시간이었다. 친구도 많이 사귀지 못하고 친구의 오해로 잠깐이었지만 따돌림을 당했던 적도 있고 매번 거절을 못해 돈이나 학용품을 빌려주면 되돌려 받지 못한 적도 많았다. 학교 가는 게 너무 싫었고 이렇게 고등학생 시절 또한 보낼 수 없었기에 쉽진 않았지만 차츰 조금씩 예전의 밝은 나를 찾고 싶었다. 그래서 고등학교 시절 어렵다는 연극부에 들어가게 되었고 다시 나서기를 좋아하는 내 모습을 차츰 찾게 되었다.

그렇게 10대와 20대를 보내고 30대의 어느 날이었다. 그날은 평범한 하루였지만 나를 모델이라는 꿈을 다시 일깨워준 특별한 날이었다. 아는 동생으로부터 전화가 와서 "언니 혹시 주말 시간 있으세요? 아는 지인이 모델을 찾는데 언니가 생각나서요." 라고 하였다. 순간 어떤 모델인지, 얼마나 주는지, 시간은 언제인지 그 어떤 것도 궁금하지 않았다. 나의 대답은 100% 긍정이었다. 나는 반사적으로 "응 무조건 할 게."라고 답했다. 이번을 기회로 모델을 다시 준비할 수 있지 않을까란 희망 또한 생겼다.

주말 아침 일찍 대구로 향했다. 내가 설 무대는 바로 대구 동성로에서 하는 축제 중 네일아트 모델이었다. 네일아트를 배우는 학생들이 모여서 만든 작품을 보여주는 것인데, 선정한 모델에게 의상을 입히고 장식을 씌워 대중들에게 선보이는 것이다. 약속 장소에 도착해서 나는 하는 거 없이 온종일 기다리기만 했다. 기다리는 몇 시간도 나는 온통 설렘으로 가득했다. 점심을 먹고 잠시 리허설을 했다. TV에서 모델들이 무대 서기 전 하는 리허설을 지금 내가 한다니…. 그 순간만큼은 전문 모델이 된 것 같았다. 시간이 흐르고 의상이 완성이 되어가고 있었다. 모든 준비를 마치고 무대를 향했다. 코로나 전이고 축제 기간이라 많은 사람들이 있었다. 무대까지 가는 그 시간 내내 사람들의 시선이 집중되었고 스타가 된 것처럼 사진을 찍어가는 사람들도 있었고 같이 사진을 찍고 싶어 하는 사람들도 있었다. 이 순간 단 몇 분이지만 나는 무대에 선 모델이었다. 무대 뒤 대기실에서 내 순서를 기다렸고 드디어 무대에 나가라는 스텝의 신호를 받았다. 무척이나 떨렸다. 손과 발은 물론 심장까지 온몸이 떨렸다. 하지만 그것도 잠시 무대 위를 한 걸음씩 움직일 때마다 사람들의 환호와 박수 소리에 난 당당히 걸어갔다. 무대 중앙에서 포즈를 취하는 여유로움 또한 보였다. 내가 봐도 그 순간 나는 너무 멋있었다. 무대를 내려와서도 관심이 끊이질 않았고 함께 도와주었던 학생들 또한 "언니가 제일 멋졌어요. 진짜 모델 같아요." 라며 환호해 주었다.

무대를 내려와서 정리를 하고 집에 가기 전까지도 여운이 잊히지 않았다. 기분 탓인지 거리의 사람들이 전부 다 나를 쳐다보는 것 같았고 그 또한 너무 기분이 좋았다. 이 모습이 나였다. 많은 사람들 앞에 설수 있는 나의 무대가 있고 그 시간만큼 즐길 수 있는 나의 모습이 바로 내가 찾는 그 모습인 것이다. 그 이후로는 모델로써 아직 무대에 서보진 않았지만 아직도 모델로 무대에 서는 그날을 기다리고 있다. 그 기회가 오지 못한 게 아니라 아직 안 온 것이기에 나는 늘 준비를 하며 기다린다. 모델로써 당당히 무대에 또 서는 그날을 말이다.

**할 수 있는 일을 해낸다면,
우리 자신이 가장 놀라게 될 것이다.**
_토마스 A 에디슨

나는 무대만 보면 가슴이 뛰는 무대체질이다

　내가 초등학교 시절엔 서태지와 아이들로 시작해서 수많은 아이돌이 있었다. TV라고는 만화만 주로 봤던 내가 우연히 빠지게 된 아이돌 가수가 있었다. 주말에 심심해서 멍하니 하릴없이 TV채널을 돌리며 보고 있던 중 리모컨 누르기를 멈추게 만든 5명의 남자들이 있었다. 앳된 얼굴로 제각기 매력을 가지며 파워풀하게 춤추며 노래를 부르고 있었다. 나는 미동도 하지 않은 채 TV 속으로 빨려들어갈 정도로 뚫어져라 쳐다보고 있었다. 서태지와 아이들이 나올 때도 그렇게 관심이 없었는데 그 5명의 남자들은 나의 시선을 모조리 빼앗았다. 그때부터 나는 그들의 노래와 춤에 빠지기 시작했다.

　바로 나를 노래와 춤에 빠지게 한 아이돌은 내 또래라면 다 한번쯤은 빠져보았을 HOT이다. 그때를 시작으로 나는 그 아이돌 그룹이 나오는 노래는 다 외우고 없는 용돈이 생기면 테이프나 CD를 사 모았다. 또 한 번 보았던 만화는 두 번을 안 보던 나였는데 HOT가 나오는 프로그램은 녹화해서 10번 이상을 다시 보았다. 내 주변 친구들은 팬클럽에 가입해 적극적인 활동을 하고 있었다. 학교를 조퇴하고 음악 프로그램에 직접 간적도 있고 팬 미팅에 참석하는 친구들도 있었다. 나는 부러웠지만 그렇게 까진 하지 못했다. 부모님께 말할 엄두도 못 내었고 분명 얘기했다면 크게 반대하셨을 게 뻔했기 때문이다. 그 대신 집에서 소리소리 지르며 노래를 따라 부르고 춤을 따라 추었다. 내가 추는 춤을 보고 때론 몸치라고 주변에서 놀리기도 하였지만 그저 나는 좋아하는 것이기에 남의 시선 신경 쓰지 않고 부끄러워하지도 않고 자신 있게 춤을 추었다. 쉬는 시간이나 점심시간이 되면 책상을 모두 뒤로 미뤄놓고 추고 싶은 친구들끼리 모여서 음악을 틀어놓고 춤을 추었다. 가끔씩 친구들과 노래방을 가게 되면 여성 그룹인 것처럼 파트를 나눠서 노래를 부르며 춤까지 추었다. 그렇게 서서히 노래와 춤에 빠져들고 있었다.

학교생활을 졸업하고 직장 생활을 하며 평범한 생활을 하고 있던 때였다. 춤을 좋아하는 나에게 새로운 기회가 찾아왔다. 뒤늦게 운동에 빠져 이것저것 운동을 하고 있던 그때 운동을 가르치는 선생님께서 "혹시 벨리 댄스 배워볼 생각 없어요? 우리 공연 벨리 댄스 멤버 뽑는 중인데 한번 해 볼래요?"라고 제안을 하셨다. 솔직히 벨리댄스가 어떤 춤인지는 알기에 망설여졌다. 유연성을 요구하는데 배 부위를 노출시켜야 하는데다 마른 몸을 가진 나는 어울리지 않는 춤이라고 생각이 되어 배워볼 생각조차 하지 않았다. 그런데 거절하려는 나에게 공연벨리라는 말이 귀에 들어왔다. 배우고 있는 안무를 실제 공연 무대에 설수 있다는 것이었다. 등록비도 있어서 조금 부담스럽긴 했지만 그래도 내가 하고 싶은 것에 아끼지 않겠다고 결심을 하였다. 그리고 무대에 설 수 있다는 말이 나를 또 한 번 설레게 하였다. 어설프지만 최선을 다해서 배워 한번 해보자고 마음먹고 해보기로 하였다.

퇴근을 하면 곧장 학원으로 가서 연습을 하였다. 처음에는 같이 공연을 하기로 한 사람들의 실력을 보고 기가 죽을 수밖에 없었다. 나를 제외한 다들 경험자이고 나이도 어린 사람들도 있고 현재 아이들을 가르치는 선생님까지 있었다. 처음에는 그냥 하지 말까 하면서도 무대에 오를 내 모습만 상상하며 독하게 또 해보기로 마음먹었다. 연습은 힘들었다. 예상 안했던 것은 아니지만 나무 막대기 같은 내 몸을 고무줄처럼 유연하게 만든다는 건 하루아침에 되는 것이 아니기에 연습하는 내내 스트레스가 쌓였다. 혼자 남몰래 울기도 하고 안 되는 내 몸을 보면서 화를 내기도 하였다. 그래도 선생님은 "처음치곤 잘 하시네요 안무 외우는 것도 잘 하시고 꾸준히 연습하면 무대에 설수 있겠어요."라며 나를 다독여주었다. 내 귀가 팔랑귀인가? 그 말에 또 힘을 얻어 다시 연습을 했다. 퇴근하면 매일 연습하러 가고 집에서도 거울 앞에서 연습하고 녹화해 둔 동영상을 보면서 또 연습하고 또 연습하면서 그렇게 매일 같이 하는 사람들과 연습을 하였다. 같이 연습하는 사람들과 비슷해지진 못해도 뒤처지지 않아야겠기에 정말 열심히 연습했다.

　그렇게 연습하던 중 무대 공연 일정이 잡혔다는 소식이 들려왔다. 여름이 되어 개장하는 해수욕장에서 각종 많은 행사들을 하는데 그중 벨리댄스 공연도 있다는 것이다. 이번에는 메이크업 해주는 사람이 따로 없어서 내가 집에서 몇 번 연습 해 보고 직접 화장을 하고 속눈썹도 붙이고 내 귀보다 큰 액세서리도 착용하였다. 서둘러 준비를 마치고 공연장소에 도착하였다. 벨리 댄스 공연이라 배가 노출되는 복장을 입을 수밖에 없었지만 나는 당당했다. 그 당당함에 오히려 사람들이 나를 쳐다보는 것이 기분 좋게 느껴졌다. 뒤에서 다시 한 번 안무를 맞춰보고 드디어 차례가 되어 무대에 섰다. 어떤 무대를 서든지 떨리는 건 매 한가지다. 처음엔 떨려서 앞에 앉아있던 관객이 보이지 않았는데 시간이 흐르고 떨림이 자신감으로 변화되었을 때 많은 관객들이 보이기 시작했다. 실수 없이 무사히 무대를 마무리 하고 내려왔다. 실수는 없었지만 내 표정은 아마 잔뜩 굳어있지 않았을까 싶다. 친구가 우연히 구경 왔다가 내가 선 무대를 동영상으로 찍었다며 보내주었다. 배운지 얼마 지나지 않아 선 무대라 내 눈에는 모든 동작이 다 어설퍼 보였지만 친구나 주변 지인은 너무 잘했다고 칭찬해주었다. 내가 이런 기분 때문에 자꾸 무대서는 것을 좋아하는 게 아닐까 싶다. 그 무대를 시작으로 1년 동안 대략 5~6번의 무대공연을 하였다. 무대공연을 하는 일이 생기면서 개그맨들과 대화를 나누며 같이 사진을 찍을 수 있는 기회도 있었다. 아직도 그 사진은 휴대폰을 바꾸어도 계속해서 보관하고 있다. 지금 생각해도 꿈 같이 신기한 일이라 지우지 않고 보관하고 있다.

　무대공연 연습을 계속 하면서 처음엔 나이 차이가 많아 대하기 어려웠던 사람들과 조금씩 친해지기 시작했다. 나보다 어리지만 내가 아직 잘 모르기에 겸손히 물어보기도 하면서 그렇게 나의 무대공연은 1년 동안 마무리 되어가고 있었다. 아쉬웠지만 무대공연을 마무리 하고난 후 좀처럼 벨리댄스를 할 수 있는 기회가 오지 않았다. 그렇게 시간을 보내던 어느 날 벨리를 할 수 있는 기회가 또 찾아왔다. 내가 다니는 직장의 동료 선생님 한분이 알고 보니 벨리 전문 강사였다. 내가 벨리댄스를 배워본 경험이 있다고 하니 자기가 수업을 하는데 한번 와서 수업을 들어보라고 하셨다. 처음엔 거리도 있고 공백 기간이 길어서 다시 벨리댄스를 할 수 있을까? 란 생각으로 망설이다가 그래도 해보고 싶었던 마음이 있어 그분이 수업하시는 장소를 가보았다.

처음 스트레칭을 하고 기본동작 하나하나를 상세하게 가르쳐주었다. 안한 지 오래되어 나무토막 같았던 내 몸도 유연성을 찾아가기 시작했다. 내 몸이 기억을 하고 있었다. 그렇게 벨리댄스와의 2번째 인연은 시작되었다. 선생님도 너무 유쾌하게 잘 가르쳐주시고 음악에 맞춰 수업을 받다보니 또 빠져들기 시작하였다. 수업에 재미를 느끼기 시작하니 같이 수업 받는 사람들과도 친해지기 시작하였다. 이번엔 반대로 내가 가장 어린 학생이다. 그렇게 수업을 받던 어느 날 벨리 선생님께서 단체대회에 나가자고 하셨다. 갑자기 들은 이야기라 당황하면서도 또다시 무대에 설 수 있는 기회가 생겼다는 설렘에 내 가슴은 뛰기 시작했다. 준비하는 기간은 역시 또 짧았지만 그동안 배워온 게 있어서 조금은 자신감이 생겼다. 그렇게 일을 마치고 와서 연습하고 또 연습하고 그렇게 연습하면서 무대 서기만을 기다렸다. 개인 무대도 제안하셨지만 그것까지는 시간이 너무 촉박하여 단체무대로 만족하기로 했다. 다 같이 무대 의상을 주문하고 이번에는 선생님 딸이 메이크업 전공이라 나를 변신시켜주기로 하였다.

드디어 대회 당일이 되었다. 큰 무대는 아니지만 나는 어느 무대에 오르든지 그냥 늘 설레었다. 무대의상으로 갈아입고 또 다른 나로 변신을 한 뒤 우리 차례가 오기만을 기다리면서 같이 연습을 하고 또 연습을 하였다. 드디어 줄을 서고 우리 차례가 되었다. 연습한 대로만 하면 된다는 생각으로 음악에 맞춰 열심히 춤을 추었다. 그전에는 긴장해서 웃지 않았지만 이번에는 관객들 한 명한 명 보면서 웃는 여유까지 보였다. 언제 끝났는지 모르게 무대가 끝이 났고 내려오면서 다시 한 번 내가 살아있다는 느낌을 느낄 수 있었다. 모든 대회 일정이 끝나 수상자를 발표하는데 우리가 당당히 1등을 하였다. 연습한 결과가 상으로도 나오는 것 같아 기분이 너무 좋았다. 같이 무대에 섰던 사람들끼리 서로 부둥켜안으며 수고했다고 축하해 주었다. 수상도 다 끝나고 집에 가기 전 단체사진을 찍었다. 사진 속의 나는 눈이 보이지 않을 정도로 활짝 웃고 있었다.

기회는 누가 만들어주는 것이 아니라 내가 찾아다니다 보면 어느새 그 기회에 한 발 다가가 있는 것이 아닐까 싶다. 나의 무대는 또 어딘가에 있을 것이다. 나는 그 기회를 또 찾아다니며 한 발자국씩 앞으로 나아가고 있는 중이다.

남 눈치 너무 보지 말고 나만의 빛깔을 찾으세요.
당신은 세상에서 가장 소중한 사람입니다.
_혜민스님

IV

독서와 함께 제2의 인생

 나이 드는 것이 기대되는 삶

나는 어릴 때부터 늘 내가 어른이 되면 무엇을 하고 있을까 생각했다. 성인이 된 지금은 환갑을 넘긴 나의 모습은 어떤 모습일까를 생각한다. 난 사실 오래 살고 싶다는 생각은 별로 해 본 적이 없다. 친구들끼리 모여서 얼마나 오래 살고 싶으냐고 물으면 나는 그냥 60대까지만 살고 싶다고 답하곤 했다. 어린 때였지만 그때의 생각에도 남들보다 좋지 못한 환경에서 계속 살고 싶은 생각이 들지 않았을 뿐더러 주변의 나이 드신 어르신들을 보면 내 모습이 저런 모습이 된다는 것을 별로 보고 싶지 않았다.

30대를 보내면서 내가 하고 싶은 일을 하나씩 배우며 해나가는 지금은 다소 희망적인 60대를 그려볼 수 있게 되었다. 60대에 일찍 생을 마감하고 싶다고 했던 내가 그럴 수 있다는 게 고마울 따름이다. 내 나이 지금 38살에 아직 싱글이다. 20대일 때 나는 그저 고정적인 월급을 받는 평범한 직장 생활인이었다. 그래서 나는 그냥 한 남자의 아내와 아이들의 엄마로 사는 평범한 가정을 생각하기도 했었다. 그렇게만 생각하며 살아오던 중 30대에 들어 비로소 내가 하고 싶은 일을 하나씩 찾아 해나가기 시작했고 지금은 그런 평범한 생활은 더 이상 꿈꾸지 않는다. 지금의 나는 결코 평범한 사람이 아니다. 지금처럼 살아간다면 60대의 내 모습은 꽤나 멋질 것이다.

예전 스피치 대회 때 '마지막으로 내가 하고자 하는 것'에 대한 주제 스피치를 맨 마지막에 발표한 적이 있었다. 스피치 대회니 많은 사람들 앞에서 당당히 외친만큼 허공에 메아리로만 남게 하진 않고 하나씩 행동으로 옮기면 분명 내 60대에는 지금과는 많이 달라져 있을 것이라 믿는다. 빠르게 변화하고 싶은 마음은 없다. 너무 빨리 올라가려다 미끄러지기보다 천천히 올라가더라도 기초부터 탄탄히 다지며 한 발자국씩 올라갈 것이다. 그러면 미끄러질 일도 없거니와 혹시 미끄러지더라도 금방 다시 중심을 잡을 수 있을 것이다.

일단 지금 다니고 있는 대학교를 졸업하고 이어 대학원에 진학하여 석사와 박사학위를 취득할 것이다. 학창 시절의 나는 적어도 대학교는 반드시 내가 원하는 곳으로 가야겠다고 생각했었다. 지금은 학부과정을 넘어 상담심리학으로 박사 학위까지 취득하고 싶다. 아마 이 생각을 실행한다면 늦어도 10년 안에, 이르면 5년 안에 이룰 수 있을 것이다.

두 번째 꿈은 모델이 되는 것이다. 어릴 때부터 버리지 못한 꿈을 지금에 다시금 되찾았다. 처음에 대학을 못가는 등 기회가 만들어지지 않았다. 학원을 다니게 되었을 때는 학원비에 대한 부담감으로 포기했었다. 그렇게 주변에서 계속 모델 해보라고 제안을 해도 내 나이에 너무 늦었다고만 생각을 했었다. 그런데 지금 생각해보면 늦은 나이는 없다. 내가 도전을 안 하고 사는 지금이 가장 늦은 때일 것이다. 언제가 되었든 내가 상상하고 노력하면 지금 당장은 아니더라도 때가 되면 반드시 이룰 것이다. 40대가 되든 50대가 되든 아무런 상관없다. 언젠가는 나는 모델로 우뚝 서 있을 것이다. 그 희망만 놓지 않고 노력한다면 기회는 계속해서 열려있다. 내 나이 60대가 되었을 때도 내가 하고자 했던 모델이라는 일을 누구보다 멋지게 하고 있을 것이다. 어쩌면 그 때 쯤이면 누군가를 가르치는 모델계의 선배가 되어 있을지도 모른다.

또한 지금 내가 하고 있는 강사 일을 계속 하고 있을 것이다. 앞에 나서는 걸 좋아하고 주목받기를 좋아하는 내가 모델 일만 생각했었지 강사라는 직업은 생각해 본 적이 없었다. 그러던 중 기회가 되어 스피치 과정을 알게 되었고 황태옥 박사님의 조언처럼 꾸준히 포기하지 않고 노력했던 끝에 기회가 찾아왔다. 지금 다니고 있는 회사는 이제 시작하는 회사다. 앞으로 10년이든 20년이든 더 커 나갈 회사이기에 내 자리는 더욱더 확고히 유지될 것이다. 또한 앞으로 나와 함께 할 강사들이 있기에 내 나이 60대도 내가 강의를 할 수 있는 무대라면 어디든 달려갈 것이다. 돈을 많이 버는 스타강사를 꿈꾸는 것이 아니다. 내 강의를 한번 들었을 때 한 번 더 듣고 싶다는 그런 생각이 들게 하는 강사가 되고 싶다. 누군가 내 이름을 들었을 때 "아! 그 강사님 또 뵙고 싶다."라는 생각이 들게 하는 그런 강사 말이다. 일대일 강의가 아니더라도 마치 일일이 각 사람에게 딱 맞는 메시지를 전달해 주는 것 같은 강의 말이다. 그래서 내 나이 60대에도 분명 나를 찾는 사람들의 부름에 응하며 전국을 누비는 강사일 것이다.

 또한 책을 몇 권 낸 작가가 되어있을 것이다. 지금은 첫 시도로 여러 명이 같이 책을 쓰고 있지만 이것을 발판으로 용기를 얻어 나만의 책을 낼 것이다. 나는 처음부터 책 쓰는 것을 많이 힘들어했다. 책은 성공한 사람들이나 유명한 사람들만 쓰는 것이라고 생각을 했다. 하지만 지금은 생각이 달라졌다. 책은 그냥 쓰고 싶은 사람이 쓰는 것이다. 그 말에 전적으로 동의한다. 유명해지기 위해 책을 쓰는 게 아니다. 그저 내 삶의 이야기를 책에 담고 싶고 누군가 내 글을 읽고 공감해주고 인생의 참 메시지를 얻어 가면 그뿐이다.

 마지막으로 해도 쉽게 안 되는 것이 있다. 다른 것은 도전해서 끊임없이 노력하면 이뤄지는 데 이건 노력으로만 이뤄질 수 있는 것이 아니다. 바로 사랑하는 남자를 만나는 것이다. 그 남자와 조금은 늦은 나이일 수 있지만 사랑하는 아이를 낳아 행복한 가정을 이루고 싶다. 20대 때는 시집을 일찍 갈지도 모른다는 생각을 하였는데 30대가 지나가면서 점점 시집을 갈수 없을지도 모른다는 불안감이 엄습했다. 사실 이런 생각을 한 이유가 있다. 20대 때는 어른들이 그냥 하는 말로 수저만 들고 들어가도 이쁨 받는다고 하지만 30대가 넘어가면 효용가치가 현저하게 떨어진 상황이 되는 것이다. 요즘은 여자들도 사회생활을 하고 있기 때문에 결혼할 때 남자가 더 많이 내야 한다는 것은 옛날 말이다. 나 또한 남자에게 기대어 시집가고 싶은 생각 따윈 없다. 그래서 현실적으로 살아오느라 결혼을 미루게 되어 지금까지도 혼자 살고 있을지도 모른다. 비록 지금 당장은 아니라도 언젠가 때가 되면 내가 진짜 사랑하는 사랑을 만나 서로를 닮은 아이를 낳고 키우며 사는 행복한 삶을 꿈꾼다. 내 나이 60대가 되어도 내가 사랑하는 마음만 변하지 않는다면 겉으로만 행복하게 비춰지는 삶의 주인공이 아니라 나 자신도 느끼고 내 가족도 느끼는 행복의 주인공이 되어 있을 것이다.

사실 내가 성장했던 우리 집은 화목하지 못했다. 내가 어릴 때부터 부모님의 부부싸움은 잦았고 그 싸움의 강도도 시간이 흐를수록 세졌다. 그런 모습을 지켜보는 나는 '절대 결혼하지 말아야지 저렇게 살 바엔 혼자 사는 게 편해'라며 지냈다. 주변에선 말한다. 화목하지 못한 집에서 나온 자식은 결국 화목하지 못한 가정을 꾸린다고 말한다. 누가 그런 말도 안 되는 말을 만들었을까?

그런 내 생각을 변화시킨 가정이 있다. 가까이 있는 친언니네 가족이다. 언니를 많이 사랑해서 결혼한 형부라 그런지 아직까지도 그 가정이 사는 모습을 보면 정말 행복해 보인다. 아이들과 친구처럼 대해주는 형부의 모습을 보면 '나도 결혼하면 꼭 저렇게 살아야지'라는 마음이 생긴다. 사실 난 아직도 누군가를 만나면 내 환경 탓을 하며 헤어질 생각부터 할지도 모른다. 예전에는 그런 트라우마로 누군가를 만나기를 꺼려했다면 지금은 더 당당한 나를 만들기 위해 끊임없이 노력하며 어딘가에 나를 사랑해주는 사람이 있을 거라는 생각을 한다. 그래서 내 나이 60대에는 행복한 가정을 꾸리고 있을 것이다. 이 글을 쓰면서 모든 걸 이룬 나의 60대를 상상해 보니 너무 벅차고 행복하다. 매일매일을 그렇게 살아갈 것이다. 60대가 되었을 때는 또 다른 70대를 그려보고 70대가 되었을 때는 80대를 그려보고 그렇게 계속해서 나의 모습을 그려볼 것이다. 처음 짧은 생을 살고 싶다는 내 생각에서 지금은 어떻게 하면 사랑하는 사람들과 오래오래 행복하게 살 수 있을까를 생각하는 나는 내가 생각해도 많이 변했다. 사랑하는 이와 함께 늙어간다면 그것보다 더 아름다운 건 없을 것 같다. 혼자가 아니라 더불어 살기에 더 오래오래 행복할 것이다.

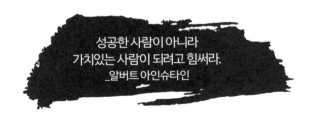

성공한 사람이 아니라
가치있는 사람이 되려고 힘써라.
_알버트 아인슈타인

사람은 책을 만들고 책은 사람을 만든다

나는 포항나비를 통해 독서를 시작하면서 처음에는 소극적이었다. 책도 읽지 않았거나 공동도서도 도서관에서 빌려서 읽곤 했었다. 그러다 점차 사람들과의 관계를 통해 조금씩 달라졌다. 책을 구매했고 책에 줄을 긋고 메모를 하게 되었다. 같은 영화도 두 번 보지 않는 내가 책은 두 번 이상을 보았다. 두 번 반복해서 읽으니 새로운 문구를 또 발견하게 되고 또 한 번의 깨달음이 있었다. 처음에는 그냥 읽어야겠다는 목적으로만 읽었는데 황태옥 박사님께서 책을 계속 읽다 보면 씨앗 도서가 있다고 했다. 씨앗도서란 나를 깨우치게 하는 책이라고 하셨다. 처음에는 무슨 말인지 이해를 할 수 없었고 '나에게도 그런 책이 있을까?'라는 의문이 생겼다. 그런데 책을 읽기 시작하면서 점점 읽고 싶은 책들을 검색해서 찾게 되고 가장 가까이 있는 집에 있는 책도 찾아보면서 한 권씩 읽어나가기 시작하였다.

여러 책 중에서 신기하게도 나의 씨앗 도서가 있었다. 읽으면서 나를 깨우치게 되고 몇 번이고 반복해서 읽게 되는 책이었다. 신기하게도 오열하며 눈물까지 흘리게 만든 책도 있었다. 아버지께서 독서를 참 좋아하신다. 내가 관심 없을 때는 몰랐는데 관심 가지고 나서 아버지 집을 방문하게 되었을 때 책장에 많은 책이 꽂혀있는 것이 눈에 들어왔다. 그냥 지나칠 수 없어 집으로 가지고 와서 읽게 되었다. 그중에 나의 씨앗도서가 있었다. 바로 김난도 작가의 《아프니까 청춘이다》라는 책이다. 이 책은 제목부터가 나에게 공감을 주는 책이었다. 소제목에 보면 인생 앞에 '홀로 선 젊은 그대에게' 라는 문구가 있다. 제목부터가 내가 이 책을 펼칠 수 있게 만들어버렸다. 이 작가가 글을 쓴 나이가 읽어보면서 나와 비슷했을 거라는 것을 느낄 수가 있었다. 그래서 더 공감이 가지 않았나 싶다. 책을 읽어보면 기억이 와 닿는 문구들이 참 많이 있다.

기억에 남는 문구를 잠시 정리해 보자면 첫 번째 문장은 P21 "나는 너무 늦었어!"라고 단정 지으려는 것은, '사실'의 문제가 아니라 '자기 기만'의 문제다. 그대, 아직 이르다. 적어도 무엇이든 바꿀 수 있을 만큼은."이라는 문장이다. 30살이 되었을 때 나는 백수였다. 아니 정확하게 말하면 취업준비생이었다. 나이가 많아 어디에 취업해야 할지도 모르겠고 사무직 외엔 특별한 기술이 없어 취업할 수 있는 곳이 한정돼 있다고 느껴졌다. 내 주변에 사람들은 일하지 않는 나를 한심하게 보고 있었고 나 또한 괜찮은 척하면서도 괜히 불안감에 싸여있었다. 이 책을 읽을 때의 나의 마음가짐은 달라져 있었다. 만약 내가 30살 상황에 이 책을 좀 더 빨리 만났더라면 아마 불안감은 조금은 덜 가졌을지도 모른다는 생각이 들었다.

두 번째 문장은 P47 "자기 자신을 직면하는 시간이 필요하다는 것. 나와 나 사이에 아무것도 끼어들게 하지 말고, 자신의 맨얼굴을 정면으로 응시하는 시간이 필요하다."라는 문장이다. 이 뜻은 내 인생을 결정짓는데 친구의 의견이나 부모의 기대를 생각하지 말고 오로지 내 생각 내 의지대로 생각해보라는 것이다. 너무 늦었다고 생각하고 평범한 삶을 살아야겠다고 생각하며 부모님의 의견이나 친구들 의견에 흔들리고 나 자신을 한심하게 생각했던 것 같다. 앞으로의 나를 보지 않고 지금 멈춰있는 나의 모습을 보면서 말이다. 문장 하나가 나의 가슴을 뛰게 하고 나의 몸을 움직이게 한다는 것이 정말 신기하다.

세 번째 문장은 P51 "새로운 것을 배우고 뭔가 새로운 것을 시도해보라. 그래서 멋진 실수를 해보라. 실수는 자산이다. 대신 어리석은 실수를 반복하지 말고, 멋진 실수를 통해 배워라."라는 문장이다. 첫 취업 때 한 직장을 오래 다니면서 여기 그만두면 내가 할 수 있는 게 있을까? 걱정을 많이 했었다. 그런데 막상 직장을 그만두고 편의점, 백화점, 가방가게 등 다른 일을 경험해보면서 새로운 시도에 대한 용기가 생기기 시작하였다. 그 용기도 잠시 결국 원하지 않는 일을 하면서 다시 안정된 삶으로 돌아가게 되었고 다시 계기로 책을 만나면서 새로운 것에 대한 시도를 계속해서 하게 되었다. 남들에게는 그냥 좋은 글에 불과하지만 나에게는 희망이고 할 수 있다는 용기를 주는 문장이다. 누구나 실수는 하게 되어있다. 그 실수에 금방 좌절하는 것이 아니라 모르면 실수를 통해 배우면서 성장해 나가는 것이다.

네 번째 문장은 P65 "나중에 정말 큰돈을 만들고 싶다면, 푼돈으로 몇 년 일찍 재테크를 시작하기보다는 '더 나은 나'를 만드는 데 돈을 써라. 궁극적으로 최고의 재테크는 나의 가치를 높여 높은 연봉을 받는 것임을 잊지 말라."라는 문장이다. 배움에 돈을 아끼지 말라는 뜻으로 보인다. 처음에는 돈을 주고 배운다는 것에 아깝다는 생각을 많이 했었다. 결국 배움에서 끝이 나면 그냥 낭비하는 것이라고 생각을 하였다. 하지만 책을 읽기 시작하면서 배움에는 아끼지 말아야겠다는 생각을 하고 그 배움에서 멈추지 않고 어떻게든 적용을 하려고 노력해야겠다는 생각을 했으며 지금 또한 그렇게 노력하는 중이다. 배움을 아까워하는 것은 더 이상 나 자신의 발전에 아까워하는 것과 같다. 새로운 것에 대한 시도에는 반드시 투자가 필요하다. 시간이 든 돈이든 투자를 해야지만 그것을 얻을 수 있고 내가 적용해 나갈 수 있다. 돈을 쫓아가면 금방 지치게 되어있지만 나의 꿈을 쫓아가게 되면 계속해서 발전할 수 있고 나의 가치 또한 내가 더 높이 성장시킬 수 있다. 나는 앞으로도 나의 가치를 높이기에 끊임없이 배우고 또 적용해 나갈 것이다.

다섯 번째 문장은 P95 "금수저를 입에 물고 태어나 부모가 모든 일을 다 처리해주고 할 고민이라고는 사치스런 투정뿐인, 어려움 모르고 자라는 그들에 비하면 나는 얼마나 소중한 '경험의 상속'을 하고 있는가?"이다. 처음에는 좋지 못한 가정환경에서 자란 내 자신을 많이 원망하였다. 부모님 잘 만나서 편하게 대학 생활하고 좋은 집에 사는 친구들을 보면서 '나는 저런 삶을 살아볼 수는 있을까? 라면서 기대조차 해보지도 않았다. 하지만 지금은 오히려 이런 환경에서 자라게 해준 부모님께 감사드린다는 얘기를 전해드리고 싶다. 모든 것을 다 갖춰 성장했다면 나에게 작은 한 가지 힘든 일을 겪는다면 이겨내지 못하고 금방 좌절해버리거나 누군가에게 기대게 될 것이다. 하지만 지금은 어떤 어려움이 와서 이겨낼 방법을 찾아갈 수 있고 앞으로의 나는 내 스스로 만들어내고 이루어갈 것이다. 정말 소중한 경험의 상속을 받고 있음에 정말 감사함을 느낀다.

마지막으로 가장 기억에 남는 문장이 있다. 이 문장은 여러 번 반복해서 읽으면서 나도 모르게 눈물을 흘렸던 기억이 난다. 그 마지막 문장은 P210 "지금의 미래는 미래의 그대에게 얼마나 당당할 수 있는가? 시간을 그렇게 사용하라. 미래의 그대에게 미안하지 않도록" 지금 이 문장을 쓰면서도 그때의 기억이 떠올라 다시금 눈시울이 붉어지려고 한다. 하지만 지금의 눈시울은 나의 노력의 대가로 얻은 기쁨의 눈물이다. 당시 이 책을 읽었을 때만 해도 아무 것도 이룬 것이 없는 나였다. 하지만 불과 1년이 지난 지금은 나는 하나씩 이루어가고 있다. 내가 하고 싶은 강사 일을 하고 있고 망설였던 책도 쓰려고 글을 써나가는 중이다. 항상 나의 미래에 늘 미안함뿐이었다. 늘 부정적이고 잠이 들면 내일이 오지 않기를 바라는 마음뿐이었다. 하지만 독서를 만나면서 긍정적으로 변화하게 되고 오늘 하루에 어떤 좋은 일이 생길지 기대하며 하루를 보내게 되었다. 또한 그 와중에도 좋지 않은 일들이 있었지만 그래도 배움을 포기하지 않고 도전을 포기하지 않았다. 그랬기에 나에게도 내가 하고자 하는 기회들이 이렇게 올 수 있는 것 같다.

여기서 멈추지 않는다. 나의 미래에 당당해지기 위해선 여기서 멈추어선 안된다. 잠시 쉬어갈 순 있어도 멈출 순 없다. 지금 나에게 얼마나 당당한가를 한번 생각해보라. 당당하지 않다면 지금도 늦지 않았다. 미래의 나에게 당당해지기 위해 나와 함께 끊임없이 배우고 도전해 가면 된다. 그렇게 했을 때 시간이 조금 걸리더라도 포기하지 않으면 결과를 만들어 낼 수 있을 것이다. 미래의 나에게 미안하지 않게 앞으로의 나를 멈추지 말자. 마지막 눈을 감는 그 순간 나 스스로가 "정말 최고의 인생을 살았다"라는 말을 할 수 있게 말이다.

나는 삶을
변화시키는
아이디어를 항상
책에서 얻었다.
_벨 훅스

포항나비

이경희

예전엔 책이라곤 거의 읽지 않았던 내가
포항나비를 통해서 변화하기 시작했다.
읽기를 넘어 몰입하였다.
그리고 쓰기에 도전한 것이다.
책을 쓴다는 건 꿈도 꾸지 못했다.
혼자가 아닌 함께여서 가능한 일이었다.
"사람이 책을 만들고 책은 사람을 만든다." 는 격언처럼
독서는 무엇이든 할 수 있는 힘을 제공할 것이다.
나에게 저자라는 이름을 준 것처럼.

삶의 묘미는 새로운 도전

도전을 즐기는 일상

 즐기면서 행하는 것이 중요

논어에 "아는 자는 좋아하는 자에 미치지 못하고, 좋아하는 자는 즐기는 자에게 미치지 못한다(知之者 不如好之者, 好之者 不如樂之者)"라는 말이 있다. 배워서 안다고 되는 것이 아니라 즐기면서 행하는 것이 중요함을 역설하고 있다. 앤드류 매튜스(Andrew Mattrws)의 《BEING HAPPY》를 번역한 책이 바로 《즐겨야 이긴다》라는 책이다. 성공하는 사람들의 마음가짐과 습관을 50가지로 정리한 책이다. 216페이지로 저자가 직접 그린 삽화가 유쾌함을 더 해주며 2시간 정도면 쉽게 읽을 수 있으면서 술술 잘 넘어가는 책이다. 책 제목과 그림이 마음에 들어 펼치게 되었는데 나의 상황과 너무나도 맞아떨어지는 책이라 읽는 내내 '어쩜 이리도 나에게 딱 맞는 말'만 하는지 감탄을 하면서 읽었다.

오랫동안 가슴 한쪽에 고이고이 접어두었던 꿈, 그러면서 자신이 없고 잘할 수 있을까 하는 걱정과 장비가 무거워하기 힘들다, 이야기 구성하는 것이 안 된다는 핑계를 대면서 자아 이미지를 부정적으로 끌고 가고 있었다. 또 한편으로는 하고 싶다는 간절함에 생각만 무성해지며 시간을 낭비하고 있다. 작가는 나를 염두에 두고 이 책을 쓴 것 같은 착각에 빠질 정도로 구구절절 가슴을 때린다.

우리는 어른이 되면서 여러 가지 일을 동시에 생각하고 걱정하는 기술을 배운다고 한다. 지나간 문제와 앞으로의 걱정이 뒤엉켜 우리의 현재를 점령하는 까닭에 우리는 비참하고 무력해지는 걸 느낀다. 우리는 현재의 즐거움과 행복을 미루는 법은 누가 가르쳐 주지 않아도 능동적으로 배우고 실천한다. 언젠가는 모든 것이 지금보다 한결 나아질 거라고 믿으면서 말이다. 하지만 언젠가는 언제 올지 모른다. 어쩌면 영영 오지 않을지도 모른다. 그에 반해 어린아이들의 아름다운 모습 중 하나는 현재에 완전히 몰두한다는 것이다. 아이들은 무슨 일이든 완전히 빠져 버린다고 한다. 딱정벌레를 관찰하든 그림을 그리든 모래성을 쌓든 말이다. 그 순간에 하는 일에만 온통 집중한다. 나는 한 가지 일을 하고 있으면 또 다른 일들이 자꾸만 말을 걸어온다. 이어폰으로 음악을 들으면서 손으론 노트정리를 하고 머리로는 다음 할 일들을 생각하는 그러면서 그 어느 것도 집중을 못 하면서 걱정거리만 쌓아가는 걸 보면 어른임에 틀림없다. 어떤 일을 하더라도 오롯이 그 일을 즐기지 못하는 것 같다. 어린아이처럼 한 가지 일에만 몰두하면서 즐기는 연습을 해본다.

우리의 발전을 방해하는 몇 가지 말이 있다. 내가 주로 사용했던 말인 것 같다. 매번 "해 볼게"라고 말하는 것은, 자신을 제대로 통제하지 못한다는 증거이다. 좋은 일을 하도록 '해볼 것'이고 제시간에 오도록 '해볼 것'이며 행복해지도록 '해볼 것'이라면 그렇게 할 수도 있고 안 할 수도 있다는 말이다. "해 볼게"라는 말 대신 "할 게"라고 말하자. 이 말은 더 나은 결과를 위해 정면으로 맞서겠다는 선포와 같다. 사소한 차이 같지만, 이런 말 한마디가 당신 자신은 물론 다른 사람들이 당신을 바라보는 태도를 결정하는 데 중요한 역할을 한다. '글쓰기를 해 볼게' 했으면 지금 이 책은 나오지 않았을 것이다. 마음 속에 망설이고 있는 일이 있다면 지금 당장 해보길 바란다.

실수는 나의 행동을 돌아볼 수 있는 피드백이다. 승자는 패자보다 더 많은 실수를 한다. 더 많은 도전을 했다는 증거이다. 이것이 그들이 승자가 되는 비결이다. 그들은 다른 시도를 계속하게 하는 피드백을 더 많이 갖게 된다. 패자의 문제는 실수를 치명적인 사건으로 여겨 실수를 통해 배울 수 있는 긍정적인 면을 인식하지 못한다는 점이다. 내가 샌드 아트를 중단한 이유는 준비를 소홀히 해서 그날 공연을 완전히 망쳐서이다. 동화 구연에 맞추어 이미지를 그려야 하는데 잘되지 않았다. 손이 마음대로 움직이질 않고 그대로 시간이 정지된 느낌이었다. 많은 사람이 나를 비난하는 것 같고 쥐구멍에 숨고 싶은 심정이었다. 공연을 마치고 난 후 그럼에도 잘했다고 하지만 위로가 되지 않았다. 그 하루의 실수에 갇혀 지금도 망설이기만 하는 멍청이가 되었다. 실패는 고통스럽지만, 자신이 최선을 다하지 못했음을 깨닫는 것은 몇 배 더 고통스러웠다. 실수는 영원한 패배가 아니다. 정말 부끄러운 것은 한 번도 실패해보지 않은 것, 즉 아무런 시도도 해보지 않은 것이라는 말로 자신을 다독여본다.

위험을 무릅쓰지 않고는 쉽게 수확의 기쁨을 누릴 수 없는 법이다. 보상은 아무 때나 주어지는 게 아니라 위험 뒤에 따라온다는 것이 이 지구를 지배하는 또 하나의 법칙이다. 뭔가를 얻기 위해서는 위험을 감수해야 한다, 걸음마를 배우려면 넘어지고 무릎이 까지는 위험을 감수해야 한다. 돈을 벌기 위해서는 돈을 날릴 위험을 감수해야 한다. 우리가 승자를 기억하는 것은 그들의 승리를 통해서이지 패배를 통해서가 아니다. 역사는 승자의 기록이듯 말이다. 우리는 에디슨이 전구를 발명한 일을 생각하지 그가 불도 안 들어오는 전구를 한 트럭이 넘게 만들어 낸 일을 기억하지 않는 것처럼 말이다.

지금의 당신 모습은 지난 몇 년 동안의 생각과 행동으로 빚어진 결과이다. 다음 10년 혹은 20년 동안 어떤 경험을 하게 될지 모르지만, 그것은 지금 당신이 무슨 일을 하느냐에 따라 달라진다. 삶이란 하루에 또 하루가 모이고 쌓인 결과라는 것을 잊지 말자. 지금 어디에 서 있든 지금이 시작할 때다. 오늘의 노력이 내일의 변화를 가져온다는 평범한 진리를 깨달으며 변화를 유연하게 받아들이는 자세를 가져야겠다.

어제와 똑같이 살면서
다른 미래를 기대하는 것은 정신병 초기 증세다.
_아인슈타인

수영으로 업글인간이 되다

　수영을 배우기 위해 주변을 검색하다가 그래도 한 번에 50m는 왕복할 수 있어야 물 좀 먹었다 할 수 있겠다 싶었다. 집 근처에도 수영장이 두 곳이나 있었지만, 시간이 걸리더라도 제대로 된 곳에서 수영을 하고 싶었다. 그렇게 선택한 곳이 포항실내수영장이다. 새벽에 일찍 일어나 대충 눈곱을 떼고 수영장으로 가서 초급반을 찾아갔다. 수영의 기본인 발차기부터 시작했다. 발차기를 물속에서도 하고 물 바깥에서도 하고 배를 바닥에 대고 발차기하고 가장자리에 걸터앉아서도 했다. 튼튼한 허벅지가 조금 민망하기도 했지만 개의치 않고 열심히 발차기했다. 초급, 중급, 고급 차례대로 진도를 이어갔다. 꾸준히 해서 최고 과정인 마스터 반까지 가게 되었다.

　이제는 어느 정도 수영을 할 줄 알게 되니 혼자 하는 것보다 더불어서 함께 하면 더 재미있게 할 수 있을 것 같아서 동호회에 가입하게 되었다. 다양한 사람들이 있었다. 토요일에 모여서 편을 나누어 50m 왕복 릴레이 시합도 하고 접영, 배영, 평형, 자유형 순서대로 번갈아 가면서 게임과 접목해서 즐겁게 운동했다. 수업 시간에 잘 안되는 접영도 배우고 다 마치고는 동호회 사무실에서 다과도 먹으면서 담소를 나누기도 했다. 수영하는 게 너무나도 재미있고 즐거웠다. 어떤 날은 팀을 나누어 시합해서 진 팀이 맛있는 간식을 내기도 했다.

　여름이면 바닷가로 전지훈련을 핑계로 바다 수영을 하고 단풍이 예쁜 가을 날에는 소풍을 가 멋진 풍경을 안주 삼아 마음껏 흥에 취하기도 했다.

　겨울에는 처음 스키장도 가게 되었다. 처음이라 단체 강습을 받았다. 스키 부츠 신고 스키에 장착하는 법, 넘어지는 것과 일어나는 법부터 배웠다. 쉽지는 않았지만 열심히 따라했다. 넘어지고 일어나기를 배운 후 옆으로 걷기, 스키에 몸을 싣고 중심을 앞쪽으로 두고 엉덩이가 뒤로 빠지지 않게 하면서 시선은 먼 곳을 응시하면서 조금씩 내려오다 A자로 만들어 멈추는 방법, 약간

자세를 낮추고 기마자세로 내려오면서 방향도 조금씩 바꾸기도 해 보았다. 2시간 정도의 짧은 강습을 마치고 일행들과 같이 리프트를 타고 조금 더 높은 곳으로 올라갔다. 리프트를 타고 가는 데 처음에는 내릴 때 넘어지기도 했지만 선배님들의 도움으로 무사히 타고 내렸다.

잠깐 휴식을 취하며 신나게 스키 타는 상상을 했지만 현실은 상상과는 정반대다. 혼자였다면 거기서 포기하고 말았을지도 모르겠다. 선배님 한 분이 옆에서 계속 가르쳐 주셨다. 처음이라 못 타는 게 당연한 거라는 걸 알지만 그래도 다른 사람들이 신나게 잘 내려오는 걸 보니 부럽기도 하고 질투도 났다. 앞으로 넘어졌다가 옆으로도 넘어지고 엉거주춤 안 넘어지려고 용을 쓰다가 뒤로 엉덩방아를 사정없이 찧기도 했다. 잘 타는 사람들은 피해서 내려가는데 나처럼 초보들은 서로 어찌할 줄 모르며 소리만 지르다 서로 부딪혀 같이 넘어지기도 했다. 그렇게 어렵게 내려오니 이마에 땀이 송골송골 맺혔다. 일행들과 다시 한 번 더 도전해 보기로 했다. 수없이 넘어지고 일어서기를 반복하다 보니 처음보다는 조금 나아진다는 느낌이 왔다. 그리고 옆에서 선배님이 계속 지도를 해 주면서 요령도 알려주셨다. 조금씩 넘어지는 횟수도 줄어 약간의 속도도 내봤다. 칭찬도 해 주시니 또 우쭐해서 속도를 내다가 제어가 안 돼서 넘어졌다. 속도가 있다 보니 충격도 엄청 컸다. 이제 막 일어서기를 배웠는데 잘한다는 칭찬 한마디에 우쭐해서 냅다 달리기한 꼴이었다. 다 타고 숙소로 와서 저녁 겸 간단한 알코올로 즐거운 시간을 보냈다. 어찌나 많이 넘어졌는지 엉덩이가 얼얼해서 보니 시퍼런 멍이 들었다. 다음날 아침 슬로프를 말끔하게 정리를 해 놓은 상태에 밤사이, 눈까지 내려 스키장은 정말 겨울왕국이었다. 안개가 약간 낀 후 새하얀 설원에 조명까지 비추니 천상에 온 것 같은 착각이 들었다. 그 후로는 매년 겨울에 스키장에서 즐거운 시간을 보내며 3년 전부터는 보드의 매력에 빠지고 있다.

하루는 KBS방송 주관 전국노래자랑을 하는데 우리 동호회에서도 누군가 참가해보자고 했다. 그래서 누가 나갈 건지 서로 얘기를 하다가 나와 동갑내기 친구와 같이 나가기로 했다. 노래를 잘 불러서 선택된 건 아니고 약간의 미모와 귀여운 새내기들이라는 이유로 선배님들이 추천해 주셨다. 감사하게도 예선은 통과했다. 처음엔 그냥 장난으로 대충했는데 예선을 통과하고 보니 약간의 부담과 욕심도 생겼다. 우린 오전에 모여 노래방을 갔다. 무슨 노래를 할지 여러 곡을 불러보았다. '바닷새의 바닷새'란 노래가 듀엣으로 부르기에 괜찮다고 생각되었다. 고음 부분이 쉽지는 않았지만 매일 4~5시간씩 노래방에서 연습하면서 준비를 했다. 노래방에서 김밥이랑 먹거리도 준비해서 합숙 훈련까지 하면서 즐겁게 준비를 했다. 우린 의상도 준비해야 한다며 인터넷으로 찾아보기도 했다. 노래 실력이 조금 부족하니 그럼 인기상을 목표로 준비를 하자며 전략을 바꿨다. 우린 같이 안무도 짜고 무대의상도 준비했다.

노란 병아리 색깔 나팔바지에 흰색 블라우스. 나팔바지가 나의 튼실한 허벅지를 더욱 도드라지게 했다. 그래서 우리 팀 이름도 '허벅스'라고 지었다. 동호회에서 출연하기 전에 예비공연도 했다. 미리 준비한 무대의상을 입고했더니 다들 폭발적인 반응을 보이며 미리 사인을 받기도 했다. 격려도 많이 해 주었다. 팀들의 응원을 받으며 참가를 하게 되었다.

처음 TV 출연이라 긴장되고 떨리기도 했다. 우리 팀 차례가 되었다. 사회자가 왜 허벅스라는 이름을 지었냐고 물었다. 난 당당하게 한 발짝 앞으로 나가면서 노란색 나팔바지 덕분에 더욱 빛나는 허벅지를 손바닥으로 탁탁 치며 '무엇을 상상하던 보는 바와 같이 다른 설명이 필요 없는 이름'이라 했더니 웃음과 함께 한바탕 박수가 터져 나왔다. 그렇게 약간의 긴장을 풀고 준비한 안무에 맞춰 신나게 노래를 불렀다. 출연자들의 노래가 다 끝나고 초대가수 노래도 듣고 드디어 결과 발표를 했다. 인기상이 두 팀이란다. 친구와 난 손을 꼭 잡고 기대를 하고 있는데 정말 인기상에 '허벅스'를 호명했다. 너무나도 기뻐서 환호성을 지르며 뛰어나갔다. 난생처음으로 노래자랑에 나가 인기상을 타다니 정말 많이 행복했다. 난 항상 기회가 오면 도전을 즐기는 편이다. 우린 그날 이후로 우리 동호회에서 회식할 때면 항상 동남아 순회공연을 막 마치고 돌아온 인기가수로 불리며 무대 앞에 나가 공연을 하곤 했다. 지금도 가끔 라디오에서 바닷새 노래가 나오면 그때를 떠 올리며 열심히 따라 하곤 한다.

"저 바다에 누~워 외로운 물새 될까. 띱띠리 띱~띠 띠리리리리~~~♩♫♪"

아무리 가까운 길이라도
가지 않으면 도달하지 못하고
아무리 쉬운 일이라도
하지 않으면 이루지 못한다.
_채근담

삶의 아름다운 여정

 ## 눈물과 감수성이 풍부한 꼭지

"술래잡기 고무~줄 놀이 말뚝 박기 망 까기 말 타기 놀다 보면 하루는 너무나 짧~아 ~ ♪~♩."라디오에서 '자전거 탄 풍경의 보물' 노래가 흘러나온다. 나도 모르게 입 꼬리가 올라가면서 기분이 좋아진다. 나의 어린 시절의 추억을 생각해본다.

나의 어릴 적 이름은 꼭지다. 언니의 이름 아닌 내 이름을 넣어 동네에서나 지인들은 '꼭지 엄마'라 부른다. 학교에서 이름 때문에 친구들이 많이 놀렸다. 사과 꼭지, 연필 꼭지, 수도꼭지 등 각종 꼭지라고 불리는 게 어린 맘에 무척 싫었다. 아빠는 3대 독자다. 그때는 아들을 원하는데 줄줄이 딸이 태어나니 엄마가 할머니의 구박을 받았단다. 꼭지라는 이름은 아들을 낳기 위해 지은 이름이다. 이름 덕분인지 아들이 태어났지만 백일 정도 지났을 때 안타깝게도 한 줌의 재가 되었다. 셋째 여동생에 이어 드디어 넷째 남동생이 태어났다. 남동생 한 명으로는 부족하셨는지 기대를 잔뜩 하며 낳았는데 딸이라 막내는 엄마의 손길을 제대로 누리지 못했다. 막내와 나는 11년 차이다. 넉넉하지 못한 형편이라 엄마는 그 당시에 일명 금융업(?)으로 바빠 집에 있는 시간이 별로 없었다. 시장 사람들이나 지인들한테 돈 빌려주고 매일매일 받으러 다니는 일을 하면서 생계에 보탰다. 일수를 하는 덕분에 서랍에는 항상 돈이 있었다. 엄마 몰래 돈을 가져가서 친구들과 맛있는 것을 먹으며 선심을 베풀었다. 바쁜 엄마를 대신해 학교에 갔다 와서는 공부하는 시간보다 막내를 업어주고 밥을 먹이며 거의 엄마 역할을 했다. 요즘도 다른 형제들보다 막내가 마음이 더 간다.

어릴 적에 추수가 막 끝났을 무렵 외할머니 댁에 놀러 갔었다. 마당에는 추수한 낱알들의 자루가 차곡차곡 쌓여 있었다. 호기심이 많은 나는 쌀자루를 타고 올라가다 무너지는 바람에 이마가 찢어져 엄마를 놀라게 했었다. 그 당시에 병원 치료를 제대로 받지 못해서 지금도 그때의 흔적이 한쪽 이마에 선명하게 남아 있다. 꼬맹이 꼭지는 어려운 사람이나 동물을 보면 그냥 지나치지 않고 도와주는 눈물 많고 감수성이 풍부한 아이였다. 부부싸움을 할 때도 엄마 옆에 꼭 붙어 앉아 아빠 술주정으로 인한 폭력에 엄마를 지켜주는 아이였다. 학교 다닐 때 교문 밖에서 노랑 병아리를 팔았다. 작은 종이 상자에 빼곡히 어린 병아리들이 옹기종기 모여 있었다. 복잡해 앉을 수도 없고 밥도 제대로 먹을 수 없을 것 같았다. '똥은 어떻게 누지. 잠은 얼마나 잘까, 저렇게 계속 서 있으면 다리도 엄청 아플 텐데'. "삐약삐약" 데려가 달라고 우는 것 같았다. 너무 불쌍하고 귀여워 한참을 구경하다가 2마리를 샀다. 검정봉지에 담아주었다. 집에 가져갔더니 "학교 앞에서 파는 병아리는 대부분 오래 못 사는데 시끄럽기만 하게 왜 사 왔냐?"며 엄마가 야단을 치신다. 그런데도 나는 '삐약이'와 '삐순이'로 이름도 지어주며 같이 놀았다. 물도 주고 먹이도 챙겨주었다. 똥도 치워주고 추울까 봐 이불도 덮어주었다. 학교 마치고 오면 온종일 병아리들과 시간을 보냈다. 그렇게 정성껏 키워서 언니 오빠 병아리가 되었다. 지금 생각해보면 할머니 덕분에 잘 자란 거 같다. 할머니는 귀가 잘 안 들려 항상 큰 소리로 얘기를 하곤 했었다.

예전엔 책은 교과서외엔 거의 본 기억이 없었다. 큰아이가 태어나고 동화책을 읽어주면서 조금씩 책에 관심을 가지게 되었다. 큰아이가 5살 즈음에 보육교사 공부를 하게 되었다. 집에만 있다가 새로운 걸 배운다는 게 마냥 신났다. 여상을 졸업하고 취업을 해서 사회생활을 조금 하다 결혼을 해서 그런지 대학교라는 단어와 캠퍼스 생활에 대한 동경 같은 것이 있었나 보다. 대학 생활의 꽃인 대학교 축제 기간에 우리도 청춘들의 틈바구니에 끼어 한 공간을 차지했다. 대부분이 결혼을 한 학생들이 많았지만 다들 마음은 20대 못지 않았다. 축제날에 프라이팬에 기름을 넉넉히 두르고 배춧잎을 밀가루물에 듬뿍 적셔서 지글지글 맛난 소리와 함께 배추전을 부치고 땅콩과 오징어채, 쏘야(소시지 야채볶음) 등 안줏거리를 준비했다. 술은 맥주와 소주 그리고 막걸리까지 준비했다. 엄마 주점을 열었다. 어슴푸레 저녁 무렵이 되니 학생들이 찾아왔다. 동기들이 열심히 주방에서 준비하는 동안 나는 테이블 정리와 기본 먹거리를 준비했다. 어린 학생들이 오면 엄마의 심정으로 푸짐하게 음식을 주어 후반부엔 재료가 없어 난감하기도 했지만 그 덕분에 우리는 다른 곳을 돌아다니며 마음껏 즐겼다. 내 안에 잠자고 있던 흥이 음악 소리에 깨어나 주체할 수 없을 만큼 기분이 너무 좋았다. 물 풍선 던져 얼굴 맞히기, 밀가루 속의 과자 찾아 먹기, 허리의 유연함을 자랑하는 림보 등 다양한 게임과 댄스파티를 즐기며 축제에 취했다. 알코올이 들어가면 또 다른 내가 되는 것 같다. 그날 음악과 젊음과 낭만을 느끼며 행복했다.

보육교사를 하면서 동화구연도 배우고 인형극단에 가입해 어린이집과 유치원으로 공연을 다녔다. 춘천인형극제에 '과메기인형극단'으로 참가를 해 동심의 매력에 푹 빠지며 거리공연에서 상을 타면서 과메기홍보도 했다. 어린쪽

지의 감수성과 눈물은 어른이 되어가면서도 여전하며 그 영향으로 동화책을 좋아하는 것 같다.

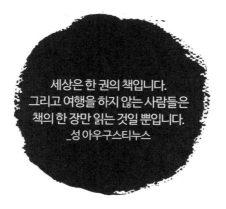

세상은 한 권의 책입니다.
그리고 여행을 하지 않는 사람들은
책의 한 장만 읽는 것일 뿐입니다.
_성 아우구스티누스

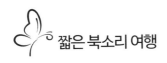

짧은 북소리 여행

오래간만에 1박 2일의 짧지만 의미 있는 여행을 했다. 처음엔 자동차를 가지고 갈 예정이었는데 단풍 시즌이고 포항에서 파주까지 5~6시간 정도의 시간이 걸리고 고속도로가 밀리면 그보다 훨씬 많이 걸리니 KTX를 이용하는 게 유리하다는 주위 분들의 조언을 듣기로 했다. 다행히 먼저 파주에 도착해 있는 현희 선배님이 마중을 온다고 해 쉽게 결정을 하게 되었다. 포항역에 도착해 주차하고 설레는 마음으로 열차에 올랐다.

광명역에 도착해 현희 선배님의 폭풍 운전 덕분에 빠르게 식사 장소에 도착했다. 맛있는 돈가스로 허기진 배를 채우고 운전대를 넘겨받아 헤이리 예술 마을로 이동했다. 한국 관광 100선에 올라있는 파주 헤이리 마을은 15만 평으로 엄청 넓었다. 전기 버스를 타고 해설자의 설명을 들으며 둘러볼 수도 있고 자전거를 빌려서 다닐 수도 있단다. 1998년부터 예술가들이 이곳에 모여 마을을 만들기 시작해서 지금과 같은 모습이 갖추어졌다고 한다. 화가, 조각가, 음악가, 작가, 공예가, 건축가들 380여 명의 예술가가 모여 집과 화랑을 짓고 길과 다리를 놓아 예술 마을을 만들었다고 하니 한마디로 종합선물세트다. '헤이리'라는 이름은 파주 지역에 전통적으로 전해 오는 노동요인 '헤이리 소리'의 후렴구에서 따온 것이란다.

헤이리는 국내에서는 인사동(2002년)과 대학가(2004년)에 이어 2009년 12월에 세 번째로 문화지구로 지정되었다고 한다. 건축가들은 페인트를 쓰지 않고 지상 3층 높이 이상은 짓지 않는다는 기본 원칙에 따라 자연과 어울리는 건물들을 설계했다고 하니 자연 친화적이고 환경까지 생각한 예술가들이 존경스럽다. 그래서 헤이리 여행은 건축물을 감상하는 데서 시작된다고 하는데 정말 눈이 호강한다. 안과 밖이 구분되지 않는 건물, 지형을 그대로 살려 비스

듬히 세워진 건물, 사각형의 건물이 아닌 비정형의 건물 등 각양각색의 건축물들이 개성을 뽐내며 서 있다. 헤이리의 길은 반듯하지 않고 자연이 만든 굴곡을 그대로 따라가며 아스팔트도 깔지 않았다. 헤이리마을을 돌아보는 가장 좋은 방법은 이 길을 따라 유유자적 산책하는 것이라는 데 여유가 별로 없어 조금 돌아보다 매표소에 도착해 두 가지 체험을 하기로 했다. 먼저 '벽봉 한국 장신구 박물관'에서 하는 장신구 만들기 체험을 했다. 그곳에는 다양한 전통 액세서리와 장신구들이 전시되어 있어 구경도 하고 전통 매듭을 이용한 팔찌 만들기에 도전했다.

우리는 각자가 원하는 색깔의 줄과 영어 이니셜과 원석을 골랐다. 서로의 개성에 맞게 고른 후 직원분의 설명에 따라 열심히 만들었다. '하하 호호' 웃으며 동심의 세계로 빠져들었다. 역시나 우리는 배움과 도전을 즐기는 멋진 사람임이 틀림없다. 세상에 하나밖에 없는 나만의 팔찌를 만들어 끼고 삼총사처럼 인증사진을 찍은 후 다음 체험 장소로 이동했다. 미술 작품을 구경하고 마음에 드는 작품과 향을 골라 안내하는 분의 설명에 따라 자기가 원하는 향을 섞어 만든 섬유 향수는 숙소로 와서 유용하게 사용했다. 눈으로만 즐기기보다 오감을 통해 체험까지 할 수 있어서 더욱더 흥미로운 하루였다.

시간이 너무 빨리 지나가 조금 아쉽긴 했지만, 다음을 기약하며 헤이리 마을을 나와 숙소로 이동을 했다. 아주 깔끔한 숙소에 도착하니 어둠이 짙게 깔렸다. 서울에서 박사님의 지인 분이 와서 즐거운 여행 이야기를 하면서 가슴 두근거리는 저녁 시간을 보냈다. 내일 일정을 위해 아쉬운 마음을 뒤로하고 짧은 만남을 마무리했다. 숙소로 와 씻고 잠자리에 누워서도 박사님과 행복한 얘기하다가 언제 잠이 들었는지도 몰랐다.

지혜의 숲을 지나 QR 체크 및 발열 체크 후 입장 팔찌를 받아 손목에 끼고 입장을 했다. 체험장 안으로 들어서자마자 거대한 책장과 다양한 책의 향기에 빠져 나도 모르게 탄성이 터져 나왔다. 가슴 속에서 몽글몽글 행복이 피어나며 설레임에 자연스럽게 입꼬리가 올라간다. 북페어는 A존과 B존으로 나뉘어 부스별로 색다른 체험을 할 수 있었다. A 존에서는 출판사들이 마련한 전시 및 판매, 현장 이벤트가 열리고 있었다. 어린이들이 재미있게 참여할 수 있는 북아트 체험, 누벨바그 시리즈에 참여했던 소설가들의 사인회, 내가 만드는 그림책 한 장면 만들기, 편지를 쓰면 작가가 답장을 쓰고 책으로 만들어 주는 편지쓰기 체험, 실크 스크린 찍기, 멸종위기 야생동물 세밀화 그리기, 지구를 지키는 나만의 손수건 만들기 등 어린이는 물론 관람객 모두가 책과 함께 현장에서 즐길 수 있는 유익한 체험 이벤트가 많았다. 우리는 지구를 지키는 나만의 손수건 만들기 체험을 했다.

북페어 B존에서는 23개 경기도 동네 책방과 13명의 도내 작가의 전시 및 판매, 체험 가능한 공간이 마련되어 있었다. '꽃처럼 너를 사랑한다.' 시집 출간 1주년을 기념하며 저자 사인회를 위해 우리는 여기에 온 것이다. B존에 마련된 꿈 공장 부스로 가서 현희 선배님과 함께 황태옥 박사님을 도와 시집을 홍보하며 오전을 보냈다. 오후엔 3시간씩 교대로 부스에 있었다. 시집을 사면 직접 사인도 해주고 사진도 같이 찍어주니 독자들이 좋아했다. 많은 분이 시집을 구매했지만, 그중에서도 엄마와 딸이 함께 시집을 사며 나눈 대화가 인상적이다. 엄마가 보기엔 너무나도 예쁘고 재능도 참 많은 아이인데 정작 본인은 자존감이 너무 낮아 걱정이라며 박사님 얘기에 용기를 얻고 간다며 감사하다고 한다. 딸아이를 쳐다보는 엄마의 눈빛에 나도 모르게 가슴이 뭉클했다.

오후에는 동화책을 읽으면서 혼자 웃기도 하고 가슴 찡하기도 했다. 테마 전시관, 만화와 관련된 전시와 가상의 공간에서 만화 속 등장인물처럼 등장하는 VR 체험이 있었는데 사전 예약한 관람객만 볼 수 있어서 아쉽지만 그냥 지나쳐 왔다.

책을 읽으며 시간을 보낼 수 있는 북 카페들도 많이 있었고 책과 더불어 피곤한 몸을 쉴 수 있는 게스트하우스들도 많이 있었다. 이번 행사에 동행하면서 나의 눈과 마음에 새로운 힐링 공간을 접할 수 있어 너무나 큰 행운이었다. 황태옥 박사님과 현희 선배님 덕분에 행복하고 유익한 시간 보낼 수 있어서 다시 한 번 감사하며 다음에 여유롭게 와서 하루종일 책을 보며 책과 벗하는 호사로운 시간을 보내고 싶다.

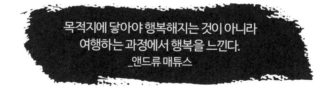

목적지에 닿아야 행복해지는 것이 아니라
여행하는 과정에서 행복을 느낀다.
_앤드류 매튜스

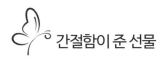
간절함이 준 선물

아르바이트 자리를 찾기 위해 알바천국 사이트를 자주 검색했었다. 나의 눈에 들어온 곳은 우편집중국으로 하루 4시간 주 5일 근무였다. 지원서를 온라인으로 제출하니 며칠 후 면접을 보러 오라고 했다. 그 당시에 다른 일을 하고 있어서 잠시 외출을 해 면접을 보러 갔다. 면접을 본다는 건 항상 떨리지만 최대한 당당하게 대답했다. 내심 기대를 했었는데 결과는 불합격이었다. 며칠 지난 후 다시 알바천국 사이트를 둘러보다가 우편집중국에서 모집공고가 나와 있어 다시 지원했다. 그런데 하필이면 면접 당일에 비가 억수같이 쏟아졌다. 면접에 한 번 떨어져서 그런지 아니면 인재를 몰라본 것에 대한 오기 때문인지 나의 의식은 자기 합리화로 전환되고 있었다. '이 비를 뚫고 가는 건 무리야.' '여긴 나랑 궁합이 안 맞는 곳이야.' 그런 생각을 하면서 면접 담당자에게 전화해 사정이 생겨 못 간다고 연락했다. 한 달 정도 지났을 무렵 다시 알바천국 사이트를 보다가 우편집중국에서 30명 정도를 뽑는다는 공고를 보고 다시 지원했다. 저녁반과 새벽반을 뽑는다고 해서 면접 볼 땐 저녁반만 지원하고 나왔는데 담당자가 새벽반 인원이 부족하고 새벽반엔 수당도 더 준다는 말에 잠시 고민하다가 새벽반으로 바꾸었다. 근무 시간은 새벽 3~8시까지 5시간 보름 정도 근무였다.

월요일 새벽, 첫 출근에 늦을까 봐 잠을 거의 못 자고 30분 일찍 도착해 차에서 기다렸다. 새벽 공기가 너무나도 싱그럽고 기분도 좋았다. 스스로 대견하다는 생각과 나도 새벽형 인간임을 자부하면서 뿌듯한 마음으로 차 안에서 음악을 들으며 잠깐 눈을 부치기도 했다. 라디오에서 3시 정각을 알리는 소리가 들렸다. 바깥으로 나왔는데 주위는 여전히 어둡고 인기척이라고는 전혀 없었다. 이상했다. 어둠속에서 주위를 둘러보다 마침 한 사람이 보여 물어봤다. 그랬더니 그분이 "새벽반은 화요일~토요일까지 근무입니다." 라고 말했다.

아뿔싸! 내가 월요일을 화요일로 착각을 한 것이다. 너무나도 어이없고 황당한 한 편의 코미디였다. 그렇게 우편집중국과 나의 인연이 시작되었다.

 2019년 10월 24일, 우편집중국 첫 출근일이면서 큰아이의 생일이다. 설, 추석 명절엔 평상시보다 소포 물량이 2~3배 이상은 많다. 그래서 그 기간에는 아르바이트생을 많이 채용한다. 나도 예전에 추석 명절 기간에 일했었고 그걸 계기로 다시 시간제 아르바이트로 근무하게 되었다. 이번에는 저녁 반으로 일을 하게 되었다. 매달 혹은 몇 달씩 재계약을 하면서 즐겁게 근무를 했다. 조금 힘은 들었지만 그래도 명절에 보름 정도 일했던 경험 덕분에 나름 잘 적응해 나갔다. 몇 달 근무하고 어느 정도 숙달이 좀 되고부터는 새벽에 지원 근무도 하게 되었다. 몸은 피곤했지만, 통장에 돈이 쌓이는 즐거움에 피곤함도 잊고 다녔다.

 2020년 코로나로 인해 집에서 생활하는 사람들이 늘어나 택배 물량은 훨씬 많아졌다. 근무를 하면서 2년간 계속 근무해 무기 계약직으로 전환되는 사례가 몇 차례 있었다. 2년 되기 전에 재계약이 안 된 사람, 힘들다고 그만두는 사람, 새로 충원되는 사람 등 다양했다. 2년을 버텨서 무기 계약직으로 전환되면 좋겠다는 작은 바람이 생겼다. 4개월만 더 근무하면 작은 바람이 현실이 되는 그즈음에 더 이상의 재계약은 없다는 통보를 받았다. 너무나도 실망스럽고 예전과는 달리 근무 중에도 즐겁지가 않고 기운이 빠져 있었다. 약간 억울하다는 생각으로 그렇게 여러 날을 보내던 중에 팀장님 한 분이 안타깝다며 몇 가지 팁을 알려 주셔서 꺼져가는 불씨를 다시 피워 볼 용기가 생겼다.
 공공기관에 의뢰해볼까 생각도 했다. 그렇지만 생각보다 쉬운 일이 아니었다. 거절당할 때마다 실낱같은 희망이 사라지는 기분이었다. O팀장님께 다시 도움을 요청했다. 이번엔 우리 국민 특유의 따뜻함에 호소하는 방법인 초코파이 감성 정(情)을 이용해 보라고 했다. 최고 책임자에게 면담 신청을 했다.

하고 싶은 얘기를 적어서 몇 번을 읽고 또 읽으며 차근차근 얘기하리라 다짐했다. 며칠 후 면담을 하는 데 사무실 담당 직원과 몇 사람이 함께 자리하게 되었다. 내부 사정상 더는 재계약은 힘들다며 미안하다는 말만 하신다. 무슨 말이라도 해야 하는데 눈치 없이 눈물만 흐른다.

더는 방법이 없는 것 같았다. 억울하고 서럽기도 하면서 하고 싶은 말을 한마디도 못 한 자신이 원망스러웠다. 그러면서 얼마 전에 읽었던 《실행이 답이다》라는 책이 생각났다. "실험이라고 생각하면 망설일 이유가 없다. 1퍼센트의 가능성도 없는 일, 말 그대로 100퍼센트 실패할 수밖에 없는 일이라도 그 일을 실행해 본 사람에게는 경험이라는 것이 남는다. 행동하지 않는 생각은 쓰레기에 불과하다."라는 문구들이 떠올랐다. 대면해서 하고 싶은 말을 못 하고 그냥 이대로 그만두는 건 바보같다는 생각이 들었다. 그래서 그날 밤에 하고 싶었던 모든 말을 글로 적어보았다. 서러움과 아쉬움에 눈물이 났다. 구구절절 긴 글인데다 늦은 시간이라 보낼까 말까 망설이다 용기를 내서 문자로 보냈다. 실험한다는 생각으로 마지막까지 최선을 다해보자며 행동으로 옮겼다. 다음 날 사무실로 오라는 문자를 받고 두근거리는 맘으로 사무실로 갔다. 다른 택배사들의 파업으로 물량이 몰려서 몇 달을 더 근무할 수 있다고 했다. "감사합니다"라는 말을 하는데 눈물이 나와서 억지로 참았다. 그렇게 몇 달을 더 근무하고 10월에 다시 계약서를 쓰면서 드디어 나는 무기 계약직으로 전환되었고 이제는 더는 가슴 졸이는 일 없이 정년까지 일 할 수 있게 되었다. "간절히 바라면 온 우주가 너를 도와줄거야."라는 《연금술사》의 내용처럼 간절함이 기적을 만든 것 같다. 주변에서 도와준 모든 분들께 실무원이 된 고마움을 떡과 음료수로 대신했다. 다들 내 일처럼 잘 됐다며 축하를 해주었다. 코로나로 인해 많은 어려움이 있지만 나는 오히려 코로나 덕분에 택배 물량이 많아져서 수혜를 받은 것 같다.

'위기(危機)'에는 두 가지의 뜻이 있다. 첫 번째 글자는 위험을 뜻하고 두 번째 글자는 기회를 뜻한다고 한다. 위기 속에서는 위험을 경계하되 "기회가 있음을 명심하라"는 미국의 대통령 존 F. 케네디의 말처럼 여러분들도 위기가 오더라도 포기하지 말고 끝까지 시도하다보면 좋은 결과가 있을 것이다.

열심히 일하며 사람들과 관계도 좋은데 연장 계약이 없다는 소리에 안타까워 도움을 주고 싶어 해주신 몇 마디가 너무나도 값지고 그 어떤 명언보다 소중했다. 다른 분들은 '운이 나빴다 생각해라', '타이밍이 좋지 않다'며 체념과 포기의 말을 했지만 O팀장님은 내 일처럼 안타까워하며 약자의 편에서 방법을 알려 주며 '1%의 가능성만 있더라도 무조건 도전하라'며 격려와 용기를 준 너무나도 고마우신 분이다. 그분이 나에게 용기와 희망을 준 것처럼 나도 누군가에게 희망을 주는 사람이 되고 싶다.

> 시도해보지 않고는 누구도
> 자신이 얼마만큼 해낼 수 있는지 알지 못한다.
> _푸블릴리우스 시루스

행복의 원천

 삶의 묘미는 새로운 일에 도전

삶의 묘미는 새로운 일에 도전하고 자신의 잠재력을 끌어내는 데 있다. 안전과 안정만 추구하다 보면 삶의 역동적 힘은 질식하고 만다. 이런저런 근심에서 벗어나 안전하고 안정되게 사는 최후의 방법은 저 땅속으로 들어가 눕는 것이다.

그날도 특별히 하릴없이 텔레비전을 보다가 쓱 지나가는 장면이 나의 눈길을 사로잡았다. 샌드 아트였다. 손으로 모래 그림을 그리고 다시 지우고 음악과 함께 어우러진 성우의 해설도 감동적이었다. 엄청나게 신기하고 마술 같았다. 인터넷으로 샌드 아트 영상들을 찾아보면서 완전히 빠져들게 되었다. 그날 이후부터 계속 생각하게 되었다. 배우고 싶어 알아봤지만 대구와 포항 인근에는 하는 곳이 없었다. 평상시에는 눈에 잘 보이지 않는 것도 무의식 속에서 자꾸 생각하다 보면 신기할 정도로 자주 눈에 띄는 것처럼 그날도 텔레비전을 보는 데 짤막한 샌드 영상이 눈에 들어왔다. "하고자 하는 사람은 방법을 찾고, 하기 싫은 사람은 핑계를 찾는다."라고 했다. 인터넷으로 샌드 아트를 검색하기 시작했다. 지방 쪽에선 배울 곳이 안 보였고 서울에서 몇 군데가 있었다. 샌드아트 작가들의 작품을 보면서 마음에 드는 곳을 찾았다. '노을 샌드 아카데미'라는 곳이 끌렸다. 홈페이지에 들어가니 평일 수업과 주말 수업이 있었다. 전화를 걸었다.

포항이라 평일에 가는 건 힘들고 토요일에 수업을 받기로 했다. 설레는 마음으로 7시 첫 차를 탔다. 뭔가를 다시 도전한다는 생각에 기분이 묘했다. 차창 밖으로 스쳐 가는 풍경을 보며 잠시 생각에 잠겨본다. 예전에도 내가 배운 것들을 되돌아 보니 손으로 하는 것들이 많았던 것 같다. 종이접기, 한지공예, 풍선아트, 등 그리고 보니 샌드아트도 손으로 하는 행위이고 사람들에게 감동을 전할 수 있으면서 나도 즐거우니 마음이 끌렸던 것 같다. 기대감과 새로운 것에 대한 호기심으로 상상하며 잠이 들었다. 서울역이라는 소리에 잠에서 깼다.

정신을 차리고 버스에서 내려 화장실을 들른 후 역을 빠져나왔다. 학원으로 가는 버스를 타고 목적지에 도착해서 조금 헤맸다. 나에게는 선천성 길치라는 불치병이 있다. 그래서 어딜 가든 좀 헤매는 것이 자연스럽다. 그날도 전화상에서 설명한 대로 버스에서 내려 마트가 눈에 보이기에 음료수를 사서 갔다. 아무리 가도 학원이 보이질 않고 같은 곳을 맴도는 느낌이 들어 전화를 다시 걸었다. 몇 번의 통화를 하면서 어렵게 도착했다. 주말 반은 인원이 없어 1:1 수업을 듣게 되었다.

'두껍아 두껍아 헌 집 줄게 새집 다오' 하며 바닷가에서 모래 놀이를 했던 기억이 누구에게나 있을 것이다. 모래를 산처럼 쌓아두고 꼭대기에 나무막대를 하나 꽂고 가위 바위 보를 해서 이긴 사람이 먼저 양손을 벌려 나무막대가

쓰러지지 않도록 하며 최대한 많은 모래를 가져가는 놀이, 모래에 물을 뿌려가며 모래성 쌓기, 모래로 밥을 짓고 반찬도 만드는 소꿉놀이 등 우리에게 모래는 친근하다. 내가 사는 포항에는 해마다 불빛 축제를 하는데 그때마다 바닷가에는 모래로 만든 거대한 작품들을 볼 수 있었다. 모래 조각은 굴착기나 삽으로 모래언덕을 크게 만들고 물을 뿌려 젖은 모래를 만든 다음 위에서 아래 방향으로 작품의 겉과 속 순서로 조각 작업을 한 후 작품을 오랫동안 보존하기 위해 목공용 풀과 물을 섞어 조각 겉면을 코팅한다고 한다. 작품의 규모에 따라서 철근과 같은 지지대를 사용하기도 한단다. 모래 조각을 볼 때마다 저렇게 거대한 작품들이 무너지지 않고 오래 보존이 되는지 궁금했는데 그런 비밀이 숨어있었다.

샌드아트를 하기 위한 샌드박스와 모래를 설명해 주셨다. 해수욕장에서 흔히 볼 수 있는 모래가 아니고 붉은 색깔의 모래였는데 사막 모래라고 했다. 실제로 사막에서 가져온 모래인데 거기에 살균 소독해서 판매한다고 했다. 선생님의 설명을 듣고 모래를 만지며 따라 했다. 생각보다 부드럽고 느낌이 좋았다. 모래를 담고 있는 샌드박스는 빛이 추가된다는 점을 제외하고는 그림을 그리는 스케치북이라 생각하면 이해가 쉬울 것이다. 빛을 밝힌 샌드 박스 위에 모래를 뿌리거나 지우면서 음영의 효과를 이용해 그림을 그리고 지우기를 하면서 빔 프로젝터를 통해 실시간으로 작품을 볼 수도 있고 영상을 찍어서 음악과 함께 편집해서 볼 수도 있다.

샌드아트는 음각과 양각, 수채화의 그라데이션 등 다채로운 표현기법이 있는데 첫 시간에는 음각과 양각 기법을 배웠다. 어릴 적 미술 시간에 판화 조각할 때 음각, 양각 기법과 같은 원리란다. 음각 기법은 모래를 깔고 그 위에 그림을 그려나가는 기법이고, 양각 기법은 투명한 모래판 위에 모래를 뿌리거나 흘려가면서 그림을 그리는 것이다. 모래 깔기부터 시작해서 뿌리기와 선 긋기를 하고 이름 쓰기도 해보았다. 다양한 꽃 그리기를 해보는데 장미꽃을 그릴 때 정말 재미있었다. 처음엔 장미 한 송이를 그리고 장미 다발도 그려서 친구 이름을 옆에 써서 사진을 찍어 보내주었더니 감동이라며 좋아했다. 처음엔 선생님처럼 예쁘게 잘 안 됐지만 자꾸 연습할수록 형태가 조금씩 다듬어졌다. 꽃다발을 응용해서 꽃바구니도 그려보았다. 대나무도 그려보고 조금씩 풍경도 그려보았다. 우주 모습 꾸미기를 하는데 동심으로 돌아간 느낌이다. 너무나도 즐겁고 행복해 1시간 반 수업이 쉬는 시간도 없이 금방 지나갔다. 수업이 끝나고 다른 수업이 없으니 연습해도 괜찮다고 했다. 첫날이라 점심시간도 있고 해서 1시간 정도만 연습하고 내려왔다. 버스 안에서 머릿속으로 상상을 하면서 그려보았다. 사진 찍은 걸 보면서 이름도 써보고 선 긋기, 동그라미, 세모, 네모, 등 여러 가지 도형을 그렸다. 정원도 예쁘게 꾸몄다. 우주선을 타고 우주여행 하면서 외계인도 만나고 행성에도 가보고 수없이 많은 별을 보면서 어린 왕자가 사는 곳의 장미도 그려보았다. 내내 가슴이 콩닥거리고 웃음이 저절로 나왔다. 버스를 타고 내려오면서 행복하다는 생각과 다음 시간이 벌써 기다려졌다. 연습해야 하니까 샌드박스를 주문해놓고 내려왔다.

두 번째 수업부터는 학원이 이사해 동서울 버스 터미널에서 내려 버스를 타고 한 번에 갈 수 있는 곳으로 좀 더 가는 길이 쉬웠다. 즐거운 마음으로 도착했다. 쥐, 강아지, 토끼, 기린 등 육지에 사는 동물과 고래, 꽃게, 문어 등 바다 속에 사는 것들을 배웠다. 배운 걸 응용해서 바다 속 풍경 꾸미기를 했다. 고래 아가씨도 그리고 문어 아줌마, 인어공주도 그리며 바다 속 용궁을 꾸몄다. 오늘 수업은 더욱 생동감이 있어 그런지 시작한 지 얼마 안 된 거 같은데 벌써 마칠 시간이란다. 선생님께 말씀드려서 점심 먹고 와서 좀 더 연습하고 저녁 무렵에 출발했다. 샌드박스가 도착해 있어서 무겁지만 직접 가지고 내려왔다. 그렇게 첫차를 타고 가서 수업 듣고 막차를 타고 왕복 9시간을 오가면서 초급 과정을 마쳤다.

중급, 고급과정은 다른 강사님이 수업하고 2명이 더 합류해서 3명이 수업을 들었다. 다른 사람이 하는 것도 볼 수 있고 좋았다. 강사과정 수업을 들으면서 동화구연 선생님을 통해 어린이집에 공연을 의뢰받았다. 샌드 선생님께 여쭤어보고 인터넷으로 적합한 캠코더와 필요한 장비 거치대, HDMI 케이블을 주문했다. 작품을 만들어서 열심히 연습했다. 기계 조작이 서툴러서 하루 전날 공연 장소에 가서 장비도 설치해보고 시연도 하며 준비를 했다. 공연 전날엔 밤을 꼬박 새워서 연습하고 또 연습했다. 공연 날 일찍 가서 준비해놓고 떨리는 마음으로 기다렸다.

아이들이 들어오고 간단한 활동을 한 후 공연을 시작했다. 모든 조명이 꺼지고 음악이 나오면서 샌드공연이 시작되었다. 아이들이 엄청나게 신기해하며 즐거워했다. 처음 시작할 때 긴장이 돼서 손이 떨렸지만 큰 실수 없이 무사히 공연을 마쳤다. 공연할 때 아이들이 "와~돌고래다! 꽃게다!" 하는 소리에 기분이 좋았다. 그렇게 첫 공연을 무사히 잘 마쳤다.

선생님께서 공모전에 응모해보면 도움이 많이 된다고 하셔서 같이 수업 듣는 젊고 예쁜 동기생들과 함께 공모전에 도전해보기로 했다. 우리는 '정선 수리취떡' 공모전에 응모하기 위해 각자 이야기를 짜 보았다. 나의 아이디어로 떡을 홍보하는 목적이니 단순하게 동화를 약간 변형해서 이야기를 만들어 보는 게 어떠냐고 했더니 괜찮다 했다. '떡 하나 주면 안 잡아먹지'의 '해님 달님' 전래동화를 약간 바꾸었다. 서울, 원주, 포항의 거리 때문에 만나서 할 수 없으니 각자가 한 부분씩을 찍어서 영상을 연결하기로 했다. 동화 선생님께 부탁해서 목소리 녹음하고 세 명이 찍어온 걸 편집하고 음악과 구연도 삽입해 완성했다. 공모전에 응모해서 상을 받고 약간의 상금을 받았다. 작은 금액이지만 뭔가를 해냈다는 뿌듯함으로 3등분으로 나누어 가졌다. 다음 해에 강원도 쪽으로 여행 가면서 정선시장을 들러 수리취떡을 사서 먹으며 수줍게 공모전에서 상 받았다고 얘기했더니 축하한다고 해 주셔서 기분이 좋았다.

　강사과정은 창작 작품을 만들어 강사님들 앞에서 작품발표회를 해야 수료를 할 수 있다. 한 작품만 하면 되는데 나는 욕심을 내서 두 작품을 했다. 나는 '깜박깜박 도깨비'라는 동화와 '바다 속 풍경'으로 발표를 했다. 직접 구연을 해가면서 하니 조금 힘들었다. 전문가 선생님들 앞에서 하는 거라 손도 떨리고 목소리도 떨렸다. 선생님들과 대표님께서 잘한다며 어린이공연 쪽으로 하면 좋겠다고 하셨다. 점이 모여서 선이 되고 선이 모여 면이 되듯이 그전에 배운 점들이 모이니 선이 되는 것 같다. 어릴 때 호기심과 끈기로 많은 것을 배우며 다양한 시도를 통해 어떤 것도 '배움에는 헛된 것이 없다'라는 생각이 든다.

작은 성공부터 시작하라.
성공에 익숙해지면
무슨 목표든지 할 수 있다는
자신감이 생긴다.
_데일 카네기

지금 이 순간 아무것도 하지 않고 기적이 일어났으면 하고 꿈이 이뤄졌으면 하는 마음. 그렇지만 지금 움직이지 않으면 내 인생은 변하지 않고 기적도 일어나지 않는다.

강사과정을 하면서 첫 공연의 떨림은 신선했다. 재능기부로 해 주기도 하고 어린이집이나 유치원 쪽에서 요청이 들어오곤 했다. 교회에서도 어린이집에서도 아이들이 직접 만져보면서 체험하며, 이름도 쓰고 꽃도 그리고 친구 얼굴 그리기도 했다.

위덕대학교 유아교육과와 경주 특성화고등학교 행사에 샌드 아트를 소개했다. 공연을 보는 것도 좋지만 학생들이 하는 게 더 의미가 있을 거 같아 학생들이 직접 하기를 권했다. "저희가 할 수 있을까요?" 라며 걱정을 하는 학생들에게 "조금만 배우면 충분히 잘 할 수 있다." 라고 격려를 해주었다. 행사 당일까지 한 달도 채 남지 않았다. 스토리와 구성을 의논하고 스토리보드를 만들었다. 한쪽에서는 인형극을 연습하고 또 다른 쪽에서는 무대 소품을 만드느라 왁자지껄 활기가 넘쳤다. 그림도 학생들이 그리고 싶은 걸 그리고 방법만 조금 알려주었더니 아주 훌륭한 작품이 나왔다. 학생들의 반짝반짝 돋보이는 아이디어로 재미있게 준비를 했다. 혼자가 아닌 여러 명이 함께 그림을 그리고 학생들의 목소리와 음악도 직접 선택했다. 준비하면서 너무나도 즐거워했다. 샌드 박스와 다른 장비들도 빌려주고 연습하도록 했다. 공연 전날 최종 연습을 하고 행사 당일 아침에 일찍 위덕대학교로 갔다. 직접 공연할 때도 떨렸지만 학생들을 가르친 후의 기대감과 뿌듯함은 이루 말할 수 없이 기뻤다. 학생들과 최종적으로 점검하고 공연 시간이 다 돼서 관중석 제일 뒷자리에 앉았다. 조금 있으니 어린이집과 유치원 친구들이 단체로 와서 차례대로 자리에 앉아 재잘거린다. 불이 꺼지고 샌드 아트로 인형극 제목을 쓰면서 축제가 시작되었다. 중간쯤에 바다 속 여행을 떠났다. 돌고래, 오징어, 문어, 물고기 등이 나오니 어린 친구들이 이름을 말하면서 좋아한다. 조금의 실수는 있었지만 훌륭하게 첫 공연을 마쳤다. 몇 번의 공연을 거듭할수록 점점 실력이 늘었다. 아이들이 샌드 아트를 보고 무척 즐거워하는 모습에 기분이 좋았다. 성공적으로 공연을 마칠 수 있어 감사했다.

포항 명도학교에서 재능기부로 5회에 걸쳐 학생들과 수업을 했었다. 나의 애마인 모닝승용차에 샌드박스 6개를 실으니 꽉 찬다. 3층까지 장비를 옮겨 설치를 다 하고 나니 땀이 송글송글 맺힌다. 선생님들을 대상으로 특강을 하고 실습도 했다. 여러 사람들 앞에서 강의를 해 본 경험이 없어 많이 떨렸다. 처음엔 목소리가 떨렸지만 무사히 강의를 마치고 실습할 때는 선생님들도 신기해하며 즐겁게 따라 했다. 다음 시간에 아이들이 와서 수업을 받았다. 약간 불편한 아이들이지만 행복해하며 잘 따라 하곤 한다. 샌드 아트는 남녀노소 누구나 할 수 있다. 그리고 그림을 잘 못 그려도 상관없다. 정답이 없고 틀에 짜인 것이 없이 자유롭게 마음껏 표현하면 된다. 수업이 몇 차례 진행될수록 아이들과도 친해지고 잘 따라 한다. 어떤 아이는 옆에 와서 사탕도 주고 간다. 수업을 마치고 정리할 때 도와주기도 했다.

> 성공의 커다란 비결은 결코 지치지 않는 인간으로
> 인생을 살아나가는 것이다.
> _알버트 슈바이처

IV

두 번째 스무 살

 ## 작은 성공이 주는 무한 도전

　새해가 시작되면 대부분 사람은 저마다의 목표를 세운다. 그중에서도 항상 빠지지 않는 것이 다이어트 아닐까? 많은 사람들이 단기간의 일정을 잡고 연례행사처럼, 캠페인처럼, 전투에 돌입하듯 다이어트를 한다. 다이어트와 체중 감량을 동일시하기 때문에 실패를 불러온다고 한다. 단기간에 체중 감량에만 집중했기 때문에 요요 현상이 발생하고 감량 후 다시 체중을 회복하는 건 지극히 정상적이고 예측 가능한 현상이다. 그래서 다이어트를 하면서 살과의 전쟁을 한다. 전쟁을 치르면 어떻게 되는가? 둘 다 죽는다. 이긴 자도 피해를 입는다. 그러므로 다이어트는 몸이 정상이 되면 체중도 정상이 되는 것으로 개념을 바꿔야 한다는 말이 맞는 거 같다.

　나도 예전에 지금처럼 저울의 숫자가 60kg을 넘었던 적이 있었다. 그때 다이어트를 결심하고 운동을 해 보았다. 인생 최고의 몸무게를 찍고 건강에 경고등이 켜졌다. 그때 아는 언니가 00한의원에 다이어트 한약이 효과가 좋다고 했다. 편하고 쉬운 방법을 찾아 한의원으로 갔다. 상담하고 진맥을 한 후 나에게 맞는 약을 처방해주어 먹기 시작했다. 한 달 정도 약을 다 먹고 나니 정말 효과가 있었다. 거의 10kg 정도가 빠졌다. 부작용으로 얼굴 살이 너무 많이 빠지고 몇 달 후 다시 쪘지만 그래도 만족했다. 정말 기분이 좋아 괜스 레 입 꼬리가 올라가고 속옷만 입고 거울 앞에서 패션쇼도 했다. '역시 최고의 성형은 다이어트'라는 말에 100% 공감이 된다.

시간의 흐름 속에서 나의 체중이 서서히 고공행진을 하면서 60kg 중반을 넘었다. 내 안에서 더는 방치를 해선 안 된다며 거울 속의 또 다른 자아가 파 업이라도 할 기세다. 코로나 상황을 지나오면서 '확찐자'라는 말이 유행하면 서 자신을 다시 점검을 해 보게 되었다. 다이어트 관련 신조어도 많이 등장 했 다. 총알도 막아 낼 만큼 강한 에너지를 얻을 수 있다는 방탄 커피, 헬스와 어 린이의 합성어 헬린이, 다이어트 성공 후 유지하는 사람을 뜻하는 유지어터, 일정 시간 공복 상태를 유지하는 간헐적 단식, 다이어트 중 1회 정도는 먹고 싶은 음식을 마음껏 먹는 치팅데이, SNS 등으로 다이어트 계획을 공개하는 소셜 다이어트, 사람들의 눈과 체성분 분석기인 인바디의 합성어 눈바디 다이 어트, 집에서 운동하는 사람 홈트, 급진급빠, 먹토, 씹토 등 다양하다.

이번엔 그냥 몸무게만 줄이는 다이어트 말고 건강하고 예쁘게 살을 빼고 싶 었다. 우선 체내에 숙변과 독소를 제거하여 혈액순환과 면역력을 높여주는 디톡스로 몸속에 있는 쓰레기부터 청소하기로 했다. 입에서 항문까지의 길이 가 9m인데 소장의 길이가 7m란다. 면역의 80%가 장에서 나온다니 장의 중요 성을 다시 한 번 느끼게 되었다. 길이도 길지만 꼬불꼬불 꼬여 있고 내부는 융 털돌기가 있어 음식 찌꺼기와 각종 기생충과 중금속 등이 차곡차곡 쌓인다고 한다. 이런 것들에 의해 독소가 생기고 우리 몸을 공격해 면역력도 떨어지고 뱃살에 띠를 두르게 된다고 한다.

'제2의 뇌'라 불릴 만큼 신체의 주요 기관으로 꼽히는 장은 면역 체계의 3분의 2를 훈련시키고 음식물로 에너지를 만들며 200여 종 이상의 호르몬을 생산한다고 한다. '모든 질병은 장에서 시작한다'고 히포크라테스는 말했다. 우리의 장은 어떻게 관리를 하고 있을까? 우리는 봄, 가을에 구충제를 먹는다. 기생충과 같은 하등동물은 죽을 때 종족 번식을 위해 많은 알을 까고 죽는다고 한다. 시체는 몸 밖으로 나오지만 알은 계속 몸속에 남아 여기 저기를 떠돌며 각종 염증을 유발하고 부화해서 돌아다닌다고하니 끔찍하다. 우리는 얼굴과 몸은 거의 매일 씻지만 몸 속에 있는 장은 씻을 수가 없다. 대장내시경은 하지만 소장은 그냥 방치가 되는 것같다. 친구가 알려준 천연의 독소 제거 방법으로 소장을 청소하고 나니 몸이 건강하게 슬림해져 모든 장기들을 깨끗이 세척해서 볕에 잘 말린거 같다. 건강하게 장청소를 하고 포항나비 조찬 독서 팀원들에게 공개적으로 선언을 했다. '5월에서 7월까지 3개월에 5kg 감량하겠다고'. 아침에 일어나 따뜻한 물을 마시고 약간의 스트레칭으로 몸을 깨운다.

냉수 금지와 충분한 물섭취, 장청소를 하고 운동을 하며 천연 식품도 같이 챙겨 먹으면서 첫째 달에 2kg 둘째 달에 2kg 그리고 마지막 달에 1kg 감량해서 총 5kg 감량에 성공했다.

먹는 음식을 통해 내가 만들어진다고 했던가? 먹거리 또한 잘 가려 먹는 지혜야말로 건강한 삶의 기본이라고 생각한다. 음식으로 고칠 수 없는 것은 약으로도 고칠 수 없다는 말이있다. 아프면 병원에 가야한다는 게 상식처럼 뇌리에 각인된 것이 현실이다. 100세 시대라는 단어가 익숙해진 요즘은 건강에 관해 더 많은 관심을 가질 필요가 있음은 분명하다. 《환자혁명》의 저자는 환자들을 향해 '병원에 오라'고 외치는 대신, '자기 병에 더 관심을 가지라'고 잔소리하는 의사이다. 말로는 '건강이 최고다' 혹은 '건강을 잃으면 다 잃는 것이다'라고 해도, 진짜 속마음은 그렇지 않은 것 같다. 얼마든지 성공과 건강을 맞바꿀 준비가 되어 있다. 물론 사람마다 성공의 정의는 다르겠지만 건강을 잃으면 그것은 무조건 실패다. "성공했지만 건강을 바쳤어..."와 같은 모순 어법은 존재하지 않는다는 저자의 말을 듣는 순간 누군가가 내 머리를 망치로 치는 거 같았다. 그러면서 건강에 관심을 가지고 관련 책들을 읽으며 공부 중에 있다. 코로나로 인해 우울한 날들이 이어지고 있지만 오히려 코로나덕분에 나 자신을 찬찬히 되돌아보며 가슴 설레는 미래와 꿈을 향해 다시 한 번 도약을 준비 중이다. 지금은 2kg가 더 빠져 헬스PT를 받으며 바디프로필을 목표로 새로운 도전을 하는 중이다. 나에게는 변화와 도전을 즐기는 아마도 도전의 피가 흐르고 있는 거 같다.

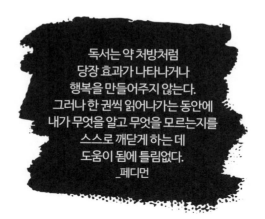

독서는 약 처방처럼
당장 효과가 나타나거나
행복을 만들어주지 않는다.
그러나 한 권씩 읽어나가는 동안에
내가 무엇을 알고 무엇을 모르는지를
스스로 깨닫게 하는 데
도움이 됨에 틀림없다.
_페디먼

포항나비

이남림

암담하기만 하던 삶에서
가슴 뛰는 삶으로의 도약,
그 힘찬 발걸음을 내딛는다.
역사라는 분야를 통해 깨달은
내 삶의 지표를 따라 신뢰 있는 사람으로서
선한 영향력을 행사하는 삶이고 싶다.
오늘도 주어진 시간에 몰입하며,
즐겁게 달려 나간다.
이미 충만한 삶에 포항나비와 함께.

20년 지기 역사, 행복한 **삶**

희망, 나의 길

 ## 내가 사는 '포항'이 궁금해지다

나는 책을 읽든 읽지 않든 책장에 꽂힌 책만 보면 늘 마음이 넉넉해진다. 내가 책을 언제부터 좋아했는지 모르겠지만 "책 속에 길이 있다"라는 진리는 지금까지 나를 움직이는 힘이었다. 책을 별로 좋아하지 않았던 내가 어린이 도서연구회 모임에 참여하며 두 아이에게 뒤늦게 그림책을 읽어주기도 했다. 그때까지만 해도 나는 책장에 그냥 책만 꽂혀 있어도 내 아이들이 천재가 될 줄 믿었던 어리석은 엄마였다.

1999년 새싹이 돋아나고 하얀 목련이 순백의 자태를 뽐내는 봄날 오후, 권정생 선생님의 《몽실 언니》를 만났다. 《몽실 언니》는 한국전쟁 전후를 배경으로 주인공 몽실이가 암울하고 처참한 가난 속에서도 고난을 이겨내고 혼란스러운 세상에 굴하지 않는 불굴의 의지를 가지고 꿋꿋하게 현실을 살아가는 모습을 보여준다.

그때 여러 종류의 책을 읽으며 우리 역사의 한 페이지를 쓰고 있는 이야기들이 유독 마음에 들어왔다. 그리고 우리나라 역사를 알고 싶다는 궁금증으로 이어졌다. '나의 조상은 어떤 분들인가?', '우리나라의 역사는 어떻게 흘러왔을까?', 물론 재학시절 역사를 배웠지만 그저 시험을 치기 위한 수단에 지나지 않았다. 그리고 나는 역사 과목을 별로 좋아하지 않았다. 그런 내가 어느 순간 역사를 알고 싶다는 열망이 생기기 시작했고 그렇게 역사에 관한 책들을 하나 둘 읽으며 '아!' 하는 깨달음과 지식의 희열을 느끼는 순간들이 찾아왔다. 점점 역사가 재미있어져 역사 강좌가 열리는 곳을 찾아다니게 되었다. 경주 박물관 대학을 비롯해 경주에서 이루어지는 여러 강좌와 포항에서 이루어진 '포항 주부 역사 사랑회' 역사 강좌 등 다양한 강좌를 들으며 점점 역사에 대한 지식이 깊어졌고 어느새 역사를 사랑하게 되었다. 그러던 어느 날, 내가 사는 '포항'의 역사가 궁금해졌다.

내가 본격적으로 역사 공부를 시작한 1990년 말부터 2000년 초까지만 해도 평범한 일반인이 포항에 대한 자료를 찾기 쉽지 않았다. 그래서 여기저기 자료를 찾으러 다녔고 그 자료를 바탕으로 포항에 대해 공부하기 시작했다.

사실 나는 포항에서 살게 될 줄 몰랐다. 처음 포항에 와 본 것은 고등학교 수학여행 때였다. 서울에서 중앙선을 타고 경주에 도착하여 경주 시내를 구경하고 난 후 석굴암, 불국사를 거쳐 포항종합제철(현 포스코)을 견학했다. 그때 내가 본 포항은 시가지 주변으로 푸르른 논밭이 있었고 포항제철의 규모였다. 엄청나게 큰 고로에서 쏟아지는 쇳물, 큰 기계가 돌아가는 공장이었다. 그마저도 밤새 친구들과 너무 신나게 놀다보니 수면 부족으로 정작 낮의 견학시간엔 졸음이 쏟아져 자세히 보지 못했다. 가장 깊게 기억에 남는 것은 쏟아지는 시뻘건 쇳물, 그리고 안전모를 쓰고 황토색 작업복을 입고 군화 비슷한 신발을 신고 자전거를 타고 가는 자전거 부대쯤이었다. 포항은 그렇게 인상 깊은 곳은 아니었다. 그저 내가 사는 곳과는 다른 곳으로 생각했었다. 그런 내가 포항으로 오게 된 것은 결혼 때문이었다. 처음에는 굉장히 낯설었지만 지금은 제2의 고향이 되었다. 역사에 관심을 두고 포항을 주제로 공부하면서 포항이란 곳이 더욱 친근하게 되었고 더욱 소중한 곳이 되었다. 그리고 포항에도 많은 문화재가 곳곳에 있어 그 자체가 보존되어야 할 귀중한 유산임을 알게 되었다.

포항은 한반도 동남쪽 영일만에 있다. 우리나라의 형상을 조선 시대 풍수지리학자 이성지가 쓴 《산수비경》에서 "백두산 호랑이가 연해주를 할퀴고 앉아 있는 모양이다. 호랑이의 코는 백두산에 해당하고 꼬리는 호미곶이다"라 하였다. 바로 이 꼬리에 해당하는 호미곶에서 쑥 들어온 영일만에 포항이 있다.

조선 시대에 포항은 상도, 하도, 해도, 죽도, 분도 등 다섯 개의 섬으로 이루어진 섬마을이었다. 그 당시 이곳에는 사람이 별로 살지 않았고 현재의 포항 시내가 아닌 흥해, 신광, 연일, 오천 등지에서 거주하였다. '포항'이라는 지명이 처음 생긴 것은 조선 영조 때 '포항창'이 들어서면서부터이다. 함경도 지방에 기근이 너무 심해 그곳으로 곡식을 보내기 위해 포항창이 들어서게 되었다. 《신증동국여지승람》에 의하면 '1731년(영조 7년) 영일현 북면 대흥리에 '포항창진'을 세웠다. 이때 대흥리를 포항리라 하였다'고 한다. 이때부터 서서히 발전하기 시작해서 현재 포항 시가지를 이루게 되었다. 그뿐만 아니라 포항은 아주 오랜 역사를 지녔다. 흔히 사람들은 '천년의 역사 도시 경주 옆에 있기에 그저 바닷가 뱃놈이 사는 도시'로 '포항 뱃놈들' 하고 불렀다. 그러나 포항은 아주 오래전 선사시대부터 시작하여 현대까지 유적과 유물들이 산재해 있어 역사가 살아 숨 쉬는 특별한 도시이다.

몇 년 전 포항시티투어를 담당했을 때 만난 분들 중 기억에 남는 분들이 있다. 80대 노부부였는데 맨 앞좌석에 나란히 앉아 조용히 나의 해설을 들으셨다. 어디를 가든 두 분은 손을 꼭 잡고 서로를 의지하며 나의 해설을 열심히 들으셨다. 해설이 다 끝나갈 무렵 두 분이 조용히 나에게 말씀하셨다.
"오늘 정말 해설 잘 들었어. 난 포항을 그냥 철강 도시로만 알았는데 역사도 깊고 문화재가 이렇게 많은지 몰랐어. 진작 알았더라면 좀 더 일찍 투어를 왔을 텐데, 만약 시간이 허락한다면 다시 포항에 한 번 더 와 보고 싶네."

　두 분은 대전에 사신다고 하셨다. 앞으로 남은 여생 동안 여러 곳을 둘러보고자 하신다고 말씀하셨다. 멋진 노부부의 말에 나는 무척이나 행복했다. 두 분의 인생 여정이 언제나 건강하게 계속되기를 기원했다.

　지역 역사를 안다는 것은 우리 지역 내력을 이해하는 것이고 또 이런 것들이 하나둘 모이면 우리 지역을 사랑하고 보존하고 발전시켜 나아가게 하는 원동력이 된다. 내가 살고 있는 지역 역사를 아는 것은 지역 사랑의 출발점이며 내가 사는 도시 포항을 살아 숨 쉬게 하고 항구도시, 철강 도시, 문화도시 포항을 더욱 빛나게 해 줄 것이다.

　나는 문화해설사로서 역사에 대해 깊이 있고 폭넓게 공부하고 다양한 방면에서 많은 문화를 접해 왔다. 앞으로도 지역 곳곳을 찾아다니며 직접 보고, 듣고, 느끼고 공부하여 내가 사는 포항을 사랑하는 지킴이로, 해설사로 많은 사람에게 쉽고 정확하게 나의 고장을 알릴 것이다. 내 고장 포항이 "바다가 숨 쉬는 역사 문화 도시"로 우뚝 서는 그날까지.

> 포항지역은 우리나라의 동쪽 영일만 지역으로 형산강이 가로지르고 있다. 포항 지명의 뜻을 살펴보면 우리말 '갯메기' 또는 '갯목'이다. 한자는 '浦(개포)'와 項(목항) 자를 사용한다. 즉 '포구의 목'이란 뜻이다. '나루 끝'이란 지명이 남아있는데 이는 바로 포항이 포구의 목(=갯목, 갯메기)으로 강이 바다로 합류하는 갯(포구)의 목이다.《포항시사》

삶이라는 문제에 역사보다 완벽한 해설서는 없다.

_최태성의《역사의 쓸모》중에서

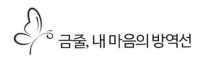 금줄, 내 마음의 방역선

코로나19는 우리 생활의 많은 것을 변화시켰다. 어딜 가나 보이지 않는 방역선이 그어져 있다. 그 선은 항상 마스크를 끼고 하루에도 몇 번씩 체온 재고 체크인하며 손 소독을 하는 것이다. 처음에는 어색하고 불편했던 것이 이제 우리의 일부가 되어 지극히 당연한 일상이 되었다. 누구나 어디든 방문하려면 의무적으로 마스크를 착용하고 체온을 측정하며, QR 체크인을 하거나 전화 또는 방문지에 기입하고 손 소독을 해야 한다. 방역선의 의미는 무엇일까? 그 선은 방역선 안의 사람들을 보호하기 위한 것이다.

예로부터 우리나라는 보호하기 위한 곳이나 신성한 지역을 나타내기 위해서 치는 줄이 있다. 바로 금줄이다. 모든 금줄은 보통 오른쪽으로 꼬는 새끼줄과는 달리 왼쪽으로 꼬아 새끼줄을 엮어서 나쁜 악귀를 쫓거나 신성한 지역을 나타내는 데 사용한다.

국민학교(현 초등학교) 3학년 때 오빠가 "넌 다리 밑에서 주어왔어"라고 놀리는 말에 발끈하자 할머니께서 나에게 말씀하셨다.

"너는 사랑스럽고 귀한 아이야. 네가 태어나기 전에 네 아비가 깨끗한 짚을 들고 와서 정갈하게 닦은 후 숯을 넣어가며 새끼를 꼬아 새끼줄을 만들어 너를 맞이할 준비를 했단다. 네가 아무 탈 없이 잘 크기를 바랐지. 네가 태어난 날은 초겨울 새벽이었단다. 네 어미는 너를 낳기 위해 무척 고생했단다. 심한 난산이었지. 오랜 진통 끝에 동글동글하고 조막만한 아이가 새파랗게 질려서 태어나 모두 걱정이 많았단다. 그러나 난 네가 잘 클 거라 믿었어. 내가 너의 태몽을 꾸었기 때문이지. 내가 꾼 꿈에 아주 크고 탐스러운 복숭아 한 광주리가 내 손에 주어지는 꿈을 꾸었지. 태몽대로라면 너는 무탈하게 잘 클 것이라 믿었단다. 빨리 혈색이 돌아올 수 있게 내가 살살 주물러 주었지. 넌 아주 귀하고 소중한 예쁜 아이란다."

아버지는 내가 태어나자 새끼줄에 푸른 솔가지를 꽂아 대문 밖에 걸어 놓으셨다고 한다. 요즈음은 출생지가 '000산부인과'로 되어 있지만 내가 태어날 때만 해도 집에서 산파에게 받아지는 경우가 많았다. 우리 선조들은 산모가 출산이 임박해지면 미역, 가위, 실, 대야, 따뜻한 물 등을 준비해놓고 아이를 맞이할 준비를 하였다. 남자들은 깨끗한 볏짚으로 새끼줄을 꼬아 태어난 아기의 성별에 따라 빨간 고추, 푸른 소나무, 숯 등을 끼워 집 대문 앞에 걸어 놓았다. 지방의 차이를 막론하고 누구나 아이가 태어나면 금줄과 첫 인연을 맺는다. 금줄에 빨간 고추가 걸리면 아들, 솔가지가 걸리면 딸로, 이 금줄이 대문에 걸리면 삼칠일(21일)이 지날 때까지 아무나 드나들 수 없었다. 우리는 이 금줄을 통해 조상들의 지혜를 엿볼 수 있다. 몸이 쇠약해진 산모와 갓 태어난 아이는 이 금기 속에서 보호되었다.

"금줄이 쳐지는 곳은 우리 생활과 가까운 곳에도 많다. 우리 음식에서 빼놓을 수 없는 먹거리는 장이다. 요즈음은 된장, 고추장, 간장을 시중에서 사서 먹는 집들이 대부분이지만, 옛날에는 집안의 일년 농사가 장 담그기였다. 장만 있어도 기본 먹거리는 해결된다. 이곳에도 금줄이 등장한다. 장독은 단순한 항아리가 아닌 장맛이 나게 하는 철륭신이 자리 잡은 신전이다. 장독 둘레에 고추나 한지, 숯 등을 끼운 금줄을 두르고 한지로 오린 버선본을 거꾸로 붙였다. 새끼줄을 왼쪽으로 꼬는 것과 같이 '비정상적인 힘'이 귀신을 접근하지 못 하게 하여 지켜준다고 믿었기 때문이다. 이외에도 당산의 금줄, 집안 성주신·칠성신 등께 고사를 올릴 때도 금줄이 빠지지 않았다. 이 같은 금줄 문화는 지역 경계와 신성 구역 선포라는 두 가지 기능을 모두 가지고 있다. 바로 금줄은 사람들에게 두려워하라는 성역, 마을을 지켜주는 성역, 간장 및 된장을 맛있게 숙성시켜주는 성역 등 하나의 성역 표시물인 방역선인 것이었다."

《우리문화의 수수께끼》, 한겨레신문사 참조)

포항에도 이런 관습이 남아 있어 아직도 제사를 받는 고인돌과 선돌이 있다. 포항 기계면 문충리 새마을운동 발상지 기념관 앞 들녘을 보면 팽나무가 들어 올린 고인돌이 있다. 이 고인돌은 지석(받침돌)이 있는 바둑판식(남방식) 고인돌로 후대에 자란 300여 년 된 팽나무가 자라면서 이 고인돌을 들어 올려 아래 지석이 보인다. 정월대보름이 되면 마을 사람들은 고인돌 주위를 새끼줄로 감고 마을의 안녕을 빌며 제사를 지낸다. 나는 이 고인돌을 아직도 제 맡은 바를 수행하고 있는 '현역 고인돌'이라 부른다. 또 포항 신광면 만석리에 가면 서 있는 돌인 선돌이 있다. 이 만석리 선돌 역시 정월대보름에 새끼줄을 치고 마을 사람들이 마을의 안녕을 빌며 제사를 지내는 현역 선돌이다. 이렇게 금줄은 우리 주변 가까이에서 우리를 지켜주고 우리의 전통을 계승하고 있다.

코로나19 시대를 맞아 우리 생활이 여러 가지 바뀌고 있다. 가는 곳곳에 보이지 않는 방역선이 존재하고 우리는 이제 이것이 당연하다고 생각한다. 2021년 12월, 올 한해를 돌아보고 내년을 준비하는 마지막 달을 맞아 내 마음의 방역선이 무엇인지 생각해본다.

에번 카마이클의 《내가 선명해지는 한 단어의 힘》이란 책에서 "끌리는 것들, 오래가는 것들은 모두 단순하고 명료한 메시지를 담고 있다. 열정이 있는 사람이 세상을 더 좋은 곳으로 바꿀 수 있다. 이것이 우리의 신념이다. 스티브 잡스의 한 단어는 '영향력'이다. 그는 세상에 영향을 끼치는 사람이 되고자 했고 그것을 한 단어로 정했다. 그것이 그의 인생을 바꿨다"고 이야기하고 있다. 또 그는 "당신의 한 단어는 세상을 바라보는 기준이자 원칙이며 내가 있어야 할 곳을 알려주고 나를 세상에 드러내는 열쇠가 된다. 내 본질을 담은 한 단어는 나의 시그니처가 되며 당신이 세상과 소통하는 또 다른 이름이다"라고 하였다.

이 책을 읽으며 나의 한 단어를 '신뢰'로 정했다. 지난해 나는 신뢰 있는 사람이 되고자 많은 노력하였다. 하지만 미흡한 점도 많았다. 새로 다가오는 한 해는 신뢰 있는 사람으로, 선한 영향력을 끼치는 사람이 되고자 노력할 것이다. 앞으로 나의 삶을 살아가는데 기준이 되는 한 단어 '신뢰'는 나의 어려운 결정과 선택의 기준이 될 것이며 나와 관계하는 사람들에게 나의 의지를 전하고 교감하는 소통의 방역선이 될 것이다. 나의 기대 넘치는 밝은 미래를 위해서.

자신의 나라를 사랑하려거든
역사를 읽을 것이며,
다른 사람에게
나라를 사랑하게 하려거든
역사를 읽게 할 것이다.
_신채호

아는 만큼 보이는 문화재

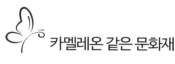

카멜레온 같은 문화재

　쾌청한 하늘에서 쏟아지는 가을 햇볕이 따스하게 온 누리를 비추고 대지에
맑은 공기를 선물하는 아침, 주어진 삶에 감사하며 하루를 시작한다. 알록달
록 아름다운 단풍 옷을 입고 반기는 나무들을 보며 자연의 위대함을 느낀다.
"언제 이렇게 빨갛게 물들었지? 엊그제만 해도 약간 붉은색이 감돌더니…."
진분홍 옷으로 갈아입은 화살나무가 나를 반긴다. 자연은 주어진 시간의 흐
름에 순응하며 매일매일 새로움의 기적을 우리에게 보여준다.

　2006년 가을, 상공인 30여 명과 함께 경주 보문 양지마을에 있는 진평왕릉
을 찾았다. 서서히 지고 있는 석양의 햇살이 은은하게 황금 들녘을 비추고, 무
덤 앞 키 큰 소나무는 높은 봉분의 왕릉을 마치 금강역사처럼 지키고 있었다.
가히 평온하고 따뜻한 가을 들녘 풍경이었다. 때마침 불어온 가을바람에 석
양을 받은 황금 들녘이 춤을 추며 우리를 유혹했다.

　"이리 와. 나의 품속으로…."

　"와! 장관이다.", "너무 멋져", "아름답고 평화롭다!"

사람들은 연신 감탄을 터트렸다.

문화재는 가까이서 보고 내 안에서 느낄 수 있을 때 비로소 그 가치를 알 수 있다고 한다. 자연과 잘 어우러진 진평왕릉은 온화하며 굳건하고 당당한 아름다운 품격 그 자체였다. 수십 번을 와 보았지만 황금 들녘 품에 안겨 석양에 물든 왕릉은 한 폭의 수채화를 보는 듯했다. 같은 문화재라도 계절별, 시간별로 느낌이 다르다는 말이 이해되었다. 우리는 모두 그 풍경에 매료되어 한동안 진평왕릉을 품은 황금 들녘을 한없이 바라보았다.

유홍준 전 문화재청장이 쓴 《나의 문화유산답사기》의 답사 이야기가 내 귀를 스쳐 지나갔다. 스승인 소불 정양모 선생께서 신라의 품격을 알려주는 세 가지를 말씀하셨는데 그중 하나가 진평왕릉이다. 스승의 뜻을 헤아리기 위해 유홍준 교수는 열 번 이상 진평왕릉을 다녀오셨다고 한다. 7년이 지난 봄, 경주 답사를 마치고 돌아오는 버스 안에서 창밖의 해질녘 들판을 바라보면서 나는 문득 깨달았다. '이 분위기 좀 봐, 좀 좋아.' 바로 그것이었다. 소불 선생께서 말씀하신 세 가지는 눈앞에 보이는 형태의 유물을 넘어 찬란한 신라문화를 창조해 낼 수 있었던 분위기를 느끼게 해 주는 그 무엇이었다.

진평왕릉은 7세기 전반 신라문화의 특징을 잘 보여주고 있다. 지금도 그때의 진평왕릉을 잊을 수 없다. 수문장 격인 소나무, 황금 들녘과 내리쬐는 석양의 조화는 환상 그 자체였다. 진평왕릉은 어떤 장식도 없는 커다란 봉분으로 김유신묘처럼 인위적인 12지신상이 조각된 호석(무덤이 무너지지 않게 지탱해주는 돌)을 가지고 있지 않다. 다듬지 않은 자연석 호석이 방위에 맞춰 무심한 듯 무덤 속에 툭툭 박혀 얼굴만 삐쭉 내민 소박하지만 아주 위엄 있는 왕릉이다. 통일기 이전 신라 왕릉의 당당함을 엿볼 수 있다.

2001년 늦봄, '포항 주부 역사 사랑회'에서 무덤을 중심으로 답사를 다녀왔다. 고분이 시대별로 변화해 가는 모습과 그 특징 등을 살펴보는 답사였다.

태종무열왕릉을 기점으로 김유신묘, 대릉원, 선덕여왕릉, 신문왕릉, 원성왕릉 등 온종일 무덤만 보았다. 종일 '묘'만 보고 있으니 묘한 감정이 들었다. 이 답사를 통해 신라 고분이 어떤 과정을 거쳐 변화되었는지 확실히 알 수 있었다. 지금도 태종무열왕릉에 갔을 때 선생님의 강의가 답사 노트에 남아 있다.

"태종무열왕은 신라 제29대 임금으로 진골 출신의 첫 번째 왕이며 신라통일의 기반을 마련한 왕이다. 무덤 입구에 있는 비는 태종무열왕의 능비로 국보 제25호로 지정되었다. 이 비석의 거북 모양은 비를 받치는 비석 받침(귀부)이고 위에 얹힌 용이 3마리씩 좌우에서 여의주를 받들고 있는 것은 비석 머리로 이수라 부르며 비면(비의 내용을 적은 면)은 없는 상태이다. 비석 받침인 귀부는 거북이가 목을 쭉 빼서 높이 쳐들고 발을 기운차게 뻗어 앞으로 나아가고 있는 모습으로 발가락 끝까지 힘 있고 등에는 육각형의 귀갑문(거북이 등껍질 무늬 모양)이 사실적으로 새겨져 있다. 이 귀부는 하나의 돌로 그 당시 석공들은 거북이가 앞으로 헤엄쳐 나아가는 모습을 생각하며 정과 망치로만 이 통돌을 이렇게나 당당하고 멋지게 사실적으로 조각하였다. 또 거북이가 전진할 때 꼬리를 딱 말아 붙이고 헤엄치는데 그 모습까지 사실적으로 표현하고 있다. 그 당시 신라 석공들은 단단한 화강암을 떡 주무르듯 해서 이렇게 멋진 작품을 만들었다."

아, 나는 강편치를 맞은 기분이었다. 그래 그 당시에는 망치와 정 밖에 없었는데 이렇게 아름답고 당당한 귀부를 만들어 내다니. 지금의 기술로 이 단단한 화강암을 이렇게 정감이 가면서도 당당하고, 사실적이면서도 멋지게 만들 수 있을까? 신라 석공들에게 절로 경외감이 들었다. "문화재는 아는 만큼 보인다."라고 한다. 설명을 듣지 않았다면 그냥 '거북이 모양이네' 하고 지나쳤을 것이다. 설명을 듣고 나니 살아 있는 거북이가 위풍당당하게 물결을 헤치며 세련되고 멋진 모습으로 나에게로 오고 있는 것이 아닌가? 바로 이것이 아는 것의 힘이 아닐까.

문화재는 봄, 여름, 가을, 겨울 계절마다 보이는 느낌이 다르고 아침, 점심, 저녁 시간에 모습이 달라지기도 한다. 마치 카멜레온 같은 문화재는 그 자체뿐만 아니라 긴 시간을 지나며 자연과 어우러지는 모습에서 더 큰 정감을 가져다준다. 문화재를 많이 알고 그 자체를 하나하나를 뜯어보는 맛도 좋지만 자연 그대로, 있는 그대로, 자연과 함께 서 있는 모습을 그저 멍하니 바라만 봐도 좋다. 그러다 보면 어느 순간 다가와 나에게 말을 걸어온다.

이런 것이 우리 문화재의 특성이 아닐까. 소박한 모양새로 둥글면 둥근 대로, 모나면 모난 그 자체로 자연을 거스르지 않고 품 안에 푹 안겨 함께 하는 문화재를 느껴보자. 유홍준 교수께서 "문화재는 가까이서 보고 향유할 때 비로소 그 가치를 알 수 있다."고 말씀하신 것처럼 생각과 시선을 넓히는 답사를 통해 새로운 생각, 창의적인 사고, 색다른 시각과 다채로운 느낌을 각자의 경험과 바탕 속에 얻을 수 있을 것이다.

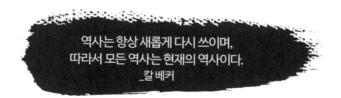

역사는 항상 새롭게 다시 쓰이며,
따라서 모든 역사는 현재의 역사이다.
_칼 베커

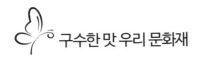

구수한 맛 우리 문화재

11월의 마지막 금요일, '포항 문화재' 수업 마지막 답사를 나왔다. 아직 차가운 기운이 감도는 아침 공기인데 제법 따뜻한 햇볕이 내리쬐기 시작하니 온기가 느껴졌다. 오천읍 항사리에 둥글둥글한 산과 인공 못에 둘러싸인 오어사가 운제산 품에 포근하게 안겨 있다.

오어사는 원효, 혜공, 의상, 자장 등의 스님이 머물렀던 곳이다. 각각의 암자가 기암절벽에 있어 서로 봉우리를 오르락내리락 왔다 갔다 하기 힘들어 봉우리 끝에 구름사다리를 만들어 왕래했다고 해서 '구름 운(雲)' 사다리 제(梯)'를 써 운제산이라 불렀다. 또 운제산에는 신라 2대 남해왕의 부인인 운제부인의 성모단이 있어 붙인 이름이라고도 한다. 이 운제산에는 대왕암이 있는데 바위 사이에서 샘이 솟아 가뭄이 심할 때 이곳에서 기우제를 지내면 효험이 있다고 전해진다. 그리고 이 바위에서 빌면 아들을 낳는다는 이야기가 있어 아들 낳기를 희망하는 젊은 아낙들이 많이 찾는 곳이기도 했다.

천년 고찰인 오어사는 신라 진평왕 때 창건된 사찰로 '항사사'라 하였다. 창건 이후의 역사는 전래하지 않고 있지만, 절의 북쪽에 자장암과 혜공암, 남쪽에 원효암, 서쪽에 의상암 등의 수행처가 있어 이 네 조사와 관련된 절로 알려져 있다. 오어사와 관련된 이야기는 《삼국유사》에 '원효와 혜공' 이야기가 전한다. "혜공과 원효가 살아있는 물고기를 잡아먹고 살리는 법력시합을 하기로 하였다. 이윽고 물고기 한 마리가 살아서 물을 거슬러 올라가자 서로 이 고기가 나의 고기라 하였다." 하여 '나 오(吾)' '물고기 어(漁)'를 써서 '오어사'라 하였다고 한다.

오어사 성보박물관에는 보물로 지정된 오어사 동종과 원효가 쓴 삿갓 등이 전시되어 있다. 절 앞에 오어지란 못이 있는데 1960년대 조성된 인공 못이다. 이 못에서 1995년 극심한 가뭄 때 오어지 준설 공사 중 포크레인 기사에 의해 오어사 동종이 발견되었다. 동종은 고려 고종(1216) 때 제작된 높이 96cm 범종으로 보물 제1280호로 지정되었다. "동화사 순성·청련 스님의 발원으로 대장 순광이 만들었다."고 기록되어 있다. 보존상태가 완전하고 양식적으로 매우 뛰어난 신라 시대 성덕대왕신종을 계승한 고려 후기 범종이다.

우리나라 민속에 사물이 있는 것같이 불교에는 불전사물이 있다. 불전사물 중 하나가 범종이다. 범종이란 절에 있는 종을 말하는 것으로 실용적인 기능 외에 부처님의 말씀에 비유하기도 한다. 불가에서는 종소리를 듣는 순간 중생이 모든 번뇌에서 벗어날 수 있다고 믿으며 땅속에 있는 동물과 지옥의 중생에게도 부처님의 가르침을 전한다고 생각한다.

우리나라 종은 다른 나라 종과는 다른 모양이나 특색을 갖추고 있다. 우리나라 종의 특징을 살펴보면 항아리를 엎어놓은 듯한 모양을 하고 있고 상·중·하로 나뉘어 문양이 새겨져 있을 뿐 아니라 종의 꼭대기에는 용이 용트림을 하는 모습이 새겨져 있다. 가장 윗부분에 끈을 연결하여 매다는데 이것을 '용 용(龍)' '매달 뉴(紐)'를 써서 용뉴라 한다.

용뉴 옆에 대나무 모양의 기둥이 있는데 '음통'이라 한다. 이는 다른 나라 종에는 없는 우리나라 종만 가지고 있는 특색이다. 종이 여러 가지 합금으로 만들어지다 보니 굉장히 웅장하고 아름다운 소리도 나지만 찢어지는 듯한 잡음도 있는데 이 잡음을 빨리 바깥으로 배출하는 역할을 한다. 또 종 옆에 '당목'이라는 큰 통나무가 달려 있는데 이것으로 종의 표면 2/3지점에 연꽃모양(당좌)을 새긴 부분을 친다. 서양종처럼 종 안의 추를 땅, 땅, 땅 치는 것이 아니라 '당목'으로 '당좌'를 한 번 친 후 '댕~~' 하는 종소리의 여운이 완전히 사라진 다음 다시 종을 친다. 이때 종 안에서는 맥놀이 현상이 일어나 오래도록 종소리를 유지하여 웅장한 소리가 평온하게 멀리 울려 퍼진다.

종 표면의 조각을 살펴보면 신라 시대에는 주로 하늘에서 내려오는 천사와 같은 비천이 천의(옷)를 휘날리며 내려와 찻잔을 들어 부처님께 차를 드리는 형식의 비천공양상이 주로 조각되었으며, 고려 시대 이후에는 주로 불보살들의 모습이 조각되어 있다. 윗부분과 종 끝부분에 당초무늬(풀꽃무늬)가 띠를 둘러 섬세하게 그려져 있다. 또 윗부분 당초문 띠 아래에는 당초문의 사각 곽이 그려져 있고 그 안에 연꽃의 꽃봉오리나 활짝 핀 연꽃모습이 섬세하게 조각되어 있어 그 아름다움이 종을 더 빛나게 한다.

오어사동종

조선 영조 17년(1741년)에 지어진 대웅전은 석가모니 부처님을 모신 전각으로 운제산의 아늑한 품에 폭 안겨 있다. 우리나라 자연은 주로 모나거나 도드라지지 않고 둥글둥글 서로 조화를 이루고 있다. 그래서 우리나라 건축물 역시 모나거나 도드라지기보다 자연 속에 동화되어 자연을 역행하지 않는다. 건물의 맨 윗부분을 용마루라 하는데 이 용마루가 직선으로 그어져 있거나 과하게 휘어지지 않고 그저 두 사람이 줄을 양쪽 끝에서 살포시 잡은 것 같은 약간의 처짐이 있는 여유로움이 보인다. 이 선은 둥글둥글한 우리 자연 속에 안기어 한 폭의 그림이 된다.

오후 따스한 햇볕을 마주하며 오어지 둘레길로 향했다. 이미 나뭇잎이 다 떨어진 산이지만 늦가을 호수와 산의 조화에 마음이 평온해졌다. 우리 문화는 이렇게 자연과 혼합하여 서로 조화를 이룬다. 우리나라 대표적인 미술사학자인 우현 고유섭 선생께서는 우리나라 미술, 즉 조선 미술은 '구수한 큰 맛'이라고 표현하셨다.

"조선 미술에 있어 '구수한 큰 맛'이란 확실히 특징적 일면이요, 번역할 수 없는 일면이다. 중국의 미술은 웅장한 건설 미가 있으나 이 구수한 맛은 없는 것이며, 조선의 미술은 체량적으로는 작다 하더라도 구수하게 큰 맛이 있는 것이다."(우현 고유섭의 《구수한 큰맛》 중에서)

우리나라 식문화 중에 숭늉 문화가 있다. 그래서 요즘 식사 후 배가 불러도 커피를 한잔해야 식사를 마친 듯하다. 이 숭늉 같은 구수한 맛, 더는 해석할 수 없는 구수한 큰 맛이 우리 문화의 맛이다. 소박하면서도 한 폭의 아름다운 그림 같은 구수한 큰 맛을 지닌 우리 문화를 많은 분이 느껴보길 바란다.

우리나라는 바다와 내륙을 잇는 길목에 있는 반도 국가로 어느 시기를 막론하고 전쟁에 휘말리지 않은 시기가 없었다. 우리 조상들은 그 긴 시간 동안 수많은 전쟁을 치렀음에도 우리 문화를 지켜왔다. 대국들의 크고 웅장한 문화도 훌륭하지만, 중국의 1/96 정도 면적을 가진 조그만 반도 국가인 우리나라에 유네스코 세계유산 15개, 무형문화유산 21개, 세계기록유산 16개가 있다. 이는 아주 작은 반도 국가이지만 뛰어난 보편적 가치를 지닌 인류의 자산인 세계유산을 지닌 나라로서 또 전통과 예절을 전승하고 있는 나라로서 전 세계 어디에서도 문화적 자부심을 가져도 될 것이다. 아담하면서도 단아하고 과감하면서도 완만하게 자연과 어우러진 조화미, 인간미가 물씬 풍기면서 근접하기 힘든 기품을 지닌 찬란한 우리나라 문화 최고!

역사는
모든 과학의 기초이며
인간 정신의
최초의 산물이다.
_토머스 칼라일

한결같은 500년 세거지(世居地)

2021년 11월 12일 이른 8시, 차가운 공기가 몸을 움츠리게 한다. 샛노란 은행잎이 반갑게 맞아주는 늦가을 아침 양동마을 초등학교 앞에 서 있다. 마을의 고요함과 평온함이 대지를 채우고 새들의 지저귀는 소리가 더욱 청명하게 들린다. 오늘은 '포항 문화재' 수강생들과 함께 경주 양동마을을 답사하기로 하였다. 수강생들은 제각각 옷깃을 여미고 기대에 찬 얼굴로 모여들었다. 이 마을 입향조인 월성 손씨 종가댁 서백당과 여강 이씨 종가댁 무첨당, 그리고 관가정과 향단을 돌아보는 것이 오늘 일정이다.

15년 전 양동의 한 가람집을 별장 삼아 2년 정도 이곳에서 지낸 적이 있다. 주말 아침 이곳에 오면 그저 먼 산을 바라보며 한참을 멍하게 있곤 하였다. 그저 자연만 바라봐도 좋은 곳, 있는 그대로 보기만 해도 나 자신을 가득 채울 수 있는 곳이었다. 마른 나무를 잘라 불 지펴야 했고 온종일 풀과의 전쟁이었지만 그것마저도 행복한 시간이었다. 무엇인가를 지키고 유지하려면 반드시 나의 관심과 수고를 들여야 한다. 이곳에서 생활하는 동안 여러 가지 힘든 일이 많았다. 지금은 상수도가 들어와 물도 쉽게 쓸 수 있고 길이 넓어져 집 근처까지 차로 쉽게 이동하지만 옛날 이곳에서 살았던 사람들은 아주 힘들었으리라.

양동마을은 안동 하회마을과 함께 유네스코 세계유산에 등록된 우리나라 대표적인 반촌이다. 이 마을은 월성 손씨와 여강 이씨가 함께 사는 씨족 마을로 15세기 조선 시대에 형성되어 지금까지 전통을 지키고 있는 마을이다. 500년이 넘도록 이 마을을 지켜오기 위해 많은 우여곡절이 있었으리라. 그래도 그 어려움을 모두 서로 도와 이겨내고 지금까지 두 가문이 협력하여 마을을 지키고 있다.

씨족 마을을 형성하게 된 것은 '월성 손씨 손소' 공이 이곳으로 장가들어 오면서부터이다. 조선 초기만 해도 남녀 구별 없이 재산이 분배되었고 남자들이 장가들어 처가의 재산을 물려받아 그곳을 자신의 기반으로 삼고 사는 것이 당연시되었다. 그 후 손소공의 따님에게 '여강 이씨 이번' 공이 장가들어 와서 두 성씨가 함께 사는 마을이 되었다. 지금도 500여 년이 넘도록 월성 손씨와 여강 이씨가 이 마을을 지키고 있다.

경주 양동마을은 북쪽 설창산을 중심으로 말 물(勿)자 형태로 마을이 형성되었다. 이 중 제일 긴 안골 중간쯤 혈맥이 가장 강한 자리에 월성 손씨 손소공이 25살 때 장가와서 지은 서백당이 자리 잡고 있다. 서백당은 글을 백번 쓰라는 말인데 참을 인(忍)을 백번 정도 써야 군자가 될 수 있다는 말이다. 이곳 머릿방은 '세 분의 현인이 태어날 최고의 길지'라 한다. 이 방에서 현재 두 분의 성현이 태어나셨는데 한 분은 청백리로 불리는 우재 손중돈 선생이고 또 한 분은 동방오현 중 한 분이신 회재 이언적 선생이다. 아직도 월성 손씨 가문에서는 오지 않은 한 분의 성인이 오기를 기다리고 있다. 그래서 월성 손씨의 따님들은 아기를 낳을 막달이 되면 집에 오지 못한다고 한다. 마지막에 오실 한 분의 성현이 월성 손씨 자손이 되기를 기다리고 있기 때문이다. 20여 년 전 처음 답사 왔을 때 전해들은 이야기로는 서백당의 며느님께서 막달이 되어 이곳 머릿방에서 아기를 낳으려다 난산으로 병원으로 옮겨졌다는 이야기였다. 요즘 병원에서 편안하고 안정적으로 출산하는데도 어려움이 따르는데 위험을 감수하고 조상의 뜻을 받들어 이 세상에 빛이 될 현인이 태어나기를 바라는 간절한 소망으로 종가에 와서 출산하기로 결정하는 것조차 힘들었으리라. 조상 대대로 내려온 전통과 가풍 및 정신을 이어가기 위해 후손들은 많은 어려움 속에서도 각고의 노력을 하고 있다.

그 당시 서백당에서 가장 나의 눈길을 끌었던 것 중 하나가 반상(격식을 갖추어 차린 밥상으로 손님 접대에 올리는 상)이었다. 반상이 안채 대청마루 위에 2열 횡대로 얹혀 있었다. 양반가의 덕목 중 하나 '봉제사 접빈객'으로 조상의 제사를 잘 받들어 모시고, 손님을 잘 접대해야 한다는 것이다. 종갓집

안채의 위엄이 느껴졌다. '맏며느리는 하늘이 점지한다.' 하였던가, 지금도 불편하고 힘든 생활을 감수하며 종가를 지키고 전통을 지키고 마을을 지키고 계신 종부께 존경의 마음을 표한다.

　서백당이 있는 안골 옆 한 골짜기 넘어 물봉골, 풍수지리학적으로 가장 길지로 여겨지는 터에 여강 이씨의 종택인 무첨당이 있다. 무첨당은 회재 선생의 손자 이의윤의 호(號)로 조상에게 부끄럽지 않게 살겠다는 의미가 있다. 이 무첨당은 조선 중기에 지어진 별당 건물로 마루에는 '좌해금서(左海禁書)'라는 현판이 있는데 이는 흥선 대원군이 집권 전 이곳 양동마을을 둘러보고 쓴 글씨다. 좌해는 한양의 좌측바다 즉 경상도(경상좌도)를 가리키고 금서는 '무릇 선비는 글과 풍류를 알아야 한다'는 뜻으로 선비를 나타낸다. 따라서 경상도에서 가장 뛰어난 선비를 지칭하는 말이다. 간결하면서도 세련미를 갖춘 별당 건물로 보물 제411호로 지정되었다. 20년 전 이곳에 답사 왔을 때 종손께서 한문학 교수로 아이들과 함께 이곳에 기거하고 계셨다. 그때 아이가 유치원에 다니는 어린아이였던 것으로 기억한다. 젊은 분이 이곳에서 산다는 것은 많은 어려움과 불편함, 우여곡절이 있었으리라. 그럼에도 불구하고 조상의 유지를 받들어 모든 것을 감수하고 자신의 본분과 소명을 지키며 선조로부터 내려오는 전통과 정신을 받들어 마을을 지키고 살아가는 것에 감사를 표한다.

　양동마을이 500년이란 시간을 지켜낼 수 있었던 것은 엄청난 재력을 가졌기 때문일까? 500년 동안 전쟁도 치렀고 일제강점기, 한국전쟁 등 많은 일이 있었다. 그 수많은 우여곡절을 겪으며 조상들로부터 받은 것을 소중하게 지켜내겠다는 의지와 노력이 없었다면 지금의 양동마을은 없었을 것이다. 마을이 형성될 당시에는 하인과 노비가 있어 생활하기에 많은 불편함과 어려움을 그들이 일부 해결해 주었을 것이나, 현재에 불편함과 어려움은 고스란히 그들이 감수하며 살고 있다. 집의 외형을 유지하고 각종 불편함을 안고 생활하면서도 곤란에 처한 집안을 서로 품어 안으며 조상의 뜻을 받들어 이 마을을 씨족 마을로 지켜낸 것이다. 조상의 유산을 지키겠다는 강한 의지와 노력이 없었다면 씨족 마을을 지키지 못했을 것이다. 또 요즘 세계유산이 된 후 많은 분이 찾아와 주는 것은 고맙지만 여기에서 생활하는 자손들은 아무 때나 벌컥벌컥 문을 열고 들어오는 사람들로 인해 초상권 침해, 소음 등에 많은 어려움을 겪고 있다고 한다. 대대로 내려오는 전통과 조상들의 유지를 받들어 그 모든 것을 감수하고 계신 자손들의 노고에 감사하며 예의를 다해 답사를 해야 하겠다.

관가정을 방문했을 때 그곳을 지키고 있는 종손께서 하신 말씀이 기억에 남는다. "노후에 쉬고 싶어 이곳으로 왔는데 환경도 열악하고 너무 시끄러워 쉬는 것이 아니네요. 대청마루에 앉아 쉬고 가셔도 돼요. 그런데 방음이 안 되니 조금 작게 말씀해 주시고 안강 뜰이 내다보이는 곳에 벤치를 마련해 놓았으니 그곳에서 안강 뜰도 보시고 좀 쉬어 가세요."

종손께 감사드린다. 빠르게 변화되어 가는 지금, 아직도 이렇게 조상들의 얼을 지키며 불편을 감수하고 각고의 노력으로 전통을 지켜나가는 후손들이 계시기에 이 마을과 안동의 하회마을이 대표적인 양반마을로 세계유산이 될 수 있었다. 많은 우여곡절 속에서도 서로 도와 마을을 지켜내신 집성촌의 종손 및 모든 후손들에게 감사와 존경을 드린다.

> **미래에 대한 최선의 예언자는 과거이다.**
> _조지 고든 바이런

전설 속의 우리 문화

 소랑부인의 일편단심

모처럼 햇살이 내려 거실에 따뜻한 기운이 감돈다. 올해 마지막 남은 한 달을 헐어 오늘도 분주하게 하루를 시작한다. 강의를 듣기 위해 포항시 산림조합으로 향했다. 산림조합으로 가는 길목인 연화재에 오르는데, 문득 '미스터트롯'에서 임영웅이 부른 '일편단심 민들레야'의 한 구절이 머릿속을 스쳐 지나갔다. "님 주신 밤에 씨 뿌렸네. 사랑의 물로 꽃을 피웠네. 처음 만나 맺은 마음 일편단심 민들레야" 일편단심(一片丹心)이란 무엇일까? 한자어를 풀이하면 한 조각 붉은 마음이란 뜻으로 한결같은 마음에서 우러나오는 변함없는 마음을 이르는 말로 오롯이 한 곳을 향한 참된 마음을 뜻한다.

연화재를 지나는 국도변에 비석이 하나 서 있다. 이 비석은 신라 말 '소랑'이라는 신하의 부인을 기리는 순절비이다. 포항 용흥동에 있는 '연화재'는 흔히 '솔개재'라고도 하고 '연꽃봉' 또는 '망부산'이라고도 한다. 예부터 전해오는 전설에 의하면 이렇다.

신라 말 덕망이 높고 충직한 '소랑'이라는 신하가 있었다. 소랑은 청렴하고 강직하며 공평무사하여 백성들로부터 칭송이 자자했다. 그 부인 또한 절세미인이라 '장안 선녀'라 불렸고 정숙한 부덕으로 온 백성의 모범이 되었다.

어느 날 정치에는 관심 없고 폭정을 일삼던 임금이 소랑의 부인이 절세미인이라는 소문을 듣고 부인을 만나기 위해 소랑의 집으로 갔다. 당시 임금이 신하의 집에 거동한다는 것은 여간 신임을 얻지 않고는 불가능한 일이었다. 소랑은 예를 다하여 임금을 맞았고 소랑 부인은 진수성찬을 준비하여 융숭한 대접을 하였다. 거하게 취한 임금은 소랑 부인의 아름다운 자태에 매혹되어 이성을 잃고 부인을 범할 마음을 품게 되었다.

임금은 그날부터 소랑을 죽이든지, 유배를 보내든지 어떤 방법으로든 소랑을 부인에게서 떼어 놓기 위해 사악한 계획을 세우기에 여념이 없었다. 때마침 왜국으로부터 사신이 와 신라조정에 조공을 바치고 간 후, 그 답례로 일본에 파견할 사신으로 소랑을 적임자로 임명하였다. 소랑이 일본으로 간 후 임금은 부인을 궁으로 불러들였다. 여러 차례 감언이설로 부인을 설득하였으나 부인은 송죽같이 곧은 절개를 지키기 위해 결사 저항하였다.

임금은 갖은 유혹에도 부인이 굴하지 않자, 죽이고자 했으나 사신으로 보낸 신하의 부인인 점과 임금의 체통을 고려하여 재산을 몰수하고 먼 곳으로 추방해 버렸다. 소랑의 부인은 타던 말과 개, 그리고 노비 한 사람을 데리고 이리저리 방랑하다 동쪽 바다가 잘 보이는 연화봉에 올라 움막을 짓고 기거하면서 낮이나 밤이나 바다를 바라보며 남편 소랑이 오기를 기다렸다.

반면 임금의 명을 받고 사신으로 일본에 간 소랑은 임무를 마치고 돌아오는 길에 그만 심한 폭풍우를 만나 목숨을 잃고 말았다. 이를 알지 못했던 소랑의 부인은 비가 오나 눈이 오나 연화봉 움막에서 남편이 돌아오기를 기다리다 병이 들어 5년 만에 세상을 떠나고 말았다. 소랑이 타던 말도, 개도 돌봐주던 주인을 잃자, 이곳저곳 헤매다 굶어 죽었다고 한다.

마을 사람들은 일부종사의 곧은 정절을 지킨 지조 있는 여인 소랑의 부인을 추모하여 후한 장례를 치르고 말과 개 무덤까지 만들어 주었으며 십시일반으로 돈을 모아 삼간 초옥을 지어 부인의 혼백을 모시고 '망부사'라 하고 부인의 넋을 위로하였다고 한다. 이에 이 산을 망부산이라 부르게 되었다고 한다."

신라소재상부인순절비

《포항시사 전설편》

여성의 인권이 강화되고 성격 차이로 이혼이 쉽게 이루어지며 특히 황혼이혼, 졸혼 등이 쉽게 여겨지고 있는 지금과는 시대에 맞지 않는 전설 같은 이야기인지도 모른다. 하지만 조선 시대는 유교 국가로 자식이 부모를 잘 섬기고 아내가 남편을 잘 섬기는 것은 가장 큰 덕목이었다. 유교 사회에서 부부관계는 남편에 대한 아내의 순종과 수절이 당연시되어 여성 최고의 미덕이 되었다. 열녀 이야기는 어느 지방에서든 흔하게 들을 수 있으며 지방 곳곳에서 열녀비를 볼 수 있다. 그러나 실제 열녀들의 목소리가 담긴 글은 별로 남아 있지 않다. 그들이 얼마나 힘들게 살았는지, 그들의 속마음이 어떠했는지는 알 수 없다. 단지 박지원의《열녀 함양 박씨전》일화를 보면서 짐작할 뿐이다.

어떤 과부가 자기 아들과 이야기를 하다가 품속에서 동전 한 닢을 꺼내며 물었다.

"이 동전에 윤곽이 있느냐?"

"없습니다."

"이 동전에 글자가 있느냐?"

"없습니다."

어머니는 눈물을 흘리며 말했다.

"이 동전은 십 년 동안 만져서 닳은 것이다. 새벽녘에 잠이 깨면 이 동전을 꺼내 굴리고는 어두운 방 안을 손으로 더듬어 찾았단다. 동전이 굴러가다 문지방에 닿아 멈추면 동전을 찾아 다시 굴리고 밤마다 이렇게 수없이 굴리다 보면 밤은 가고 새벽이 온단다."

긴긴밤이 얼마나 외로웠을까. 잠이 오지 않아 얼마나 많은 시간 동안 동전을 굴렸으면 반들반들 닳았을까. 평생 혼자 산다는 것은 우리가 짐작도 못 할 만큼 힘들었을 것이다. 요즘은 '황혼이혼 시대다'라고 말할 수 있을 만큼 황혼이혼이 늘고 있다. 이에 따라 혼자 사는 독거노인이 큰 사회문제로 떠오르고 있고, 고독사를 맞이하는 노인들도 많이 있다. 일부종사란 말은 없어진 지 오래되었고 자신의 미래를 위해 결혼하지 않고 독신으로 사는 분들도 많이 있다. 시대가 바뀌었으니 그 시대 맞춰 살아가는 것 또한 매우 중요하다. 하지만 지금 이 시대에 조선 시대처럼 정절을 강조하는 것은 말도 되지 않지만, 눈 속에 흰 눈을 이고 있는 소나무와 잣나무 같은 소랑의 부인처럼 높고 곧은 절개를 가지고 불의에 맞서 자신을 지키며 자기 본분을 다하고 열심히 살아가는 정신은 우리가 본받아야 하지 않겠는가. 또 정절을 지키며 어려움 속에서도 남편을 기다리다 순절한 한 부인의 애틋하고 아름다운 사랑은 우리에게 진정한 사랑이 무엇인가를 돌아보게 한다. 곧은 절개와 진정한 사랑으로 우리의 모범이 되어준 소랑의 부인께 일편단심 민들레꽃 한 송이를 바친다.

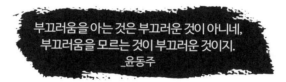

부끄러움을 아는 것은 부끄러운 것이 아니네,
부끄러움을 모르는 것이 부끄러운 것이지.
_윤동주

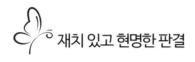

천고마비의 계절 가을이 무르익어가고 있다. 형산강 강변에 펼쳐진 분홍의 향연, 핑크뮬리가 펼쳐져 있다. 가을바람을 따라 핑크 물결이 나의 마음을 송두리째 빼앗아버렸다. 유유히 흐르는 형산강과 핑크뮬리의 조화는 색다른 멋을 선사해주었다.

형산강은 울산시 울주군 두서면에서 발원하여 경주와 포항을 지나 동해의 영일만으로 흘러드는 강으로 하구에 포스코가 있다. 형산강이 포항으로 들어오는 입구에 형산과 제산이 있다. 원래는 형제산으로 하나의 산이었는데 이 산이 갈라지게 된 이유에 대해 전해오는 이야기가 있다.

형제산이 둘로 갈라지기 전인 신라 마지막 왕 경순왕 때 남천, 북천, 기계천의 물이 안강 일대에 모여 범람하면 경주까지 피해를 입었다. 그래서 안강의 치수문제는 큰 문제이자 숙원사업이었다. 또한 후삼국이 일어나 서로 뒤엉켜 혼란스러울 때 나라 안은 도적 떼로 치안 문제가 심각해지고 귀족들의 생활은 극도로 문란해져 경순왕은 사관에게 점을 쳐보게 하였다. 사관은 '신라의 왕위를 찬탈할 역적은 북쪽 궁예도 아니고 남쪽 견훤도 아닌 동쪽 임정현에서 일어날 것이다'라고 하였다. 그리고 '이를 막기 위해 형산포의 산을 끊어 안강 호수의 물을 어룡사(현재 포스코 지역)로 흘려보내면 그 정기가 제압되어 역적이 출현하지 못할 것'이라고 하였다.

경순왕은 아들과 의논하여 백일 동안 기도를 올리기로 하였다. 경순왕은 하늘에 올라가 목침으로 삼층집을 짓고 옥황상제와 천지신명과 신라 왕실의 조종들께 종묘사직의 안녕을 빌었다. 땅에서는 태자 김충이 형제산의 단맥을 위해 큰 뱀이 되어 지나가는 사람이 용이라 부를 때까지를 기다리며 하루하루를 보냈다. 백일 중 하루가 남았을 때 김충은 초조해지기 시작하였다. 모두 자신을 보면 "에구, 징그러워"하고 도망치기에 바빴다. 마침 한 할머니가 손자를 업고 나왔는데 뱀을 보자마자 "아휴, 징그러워 저렇게 큰 뱀도 있나?" 그러자 손자가 뱀을 보더니 "할머니, 그건 뱀이 아니라 용이에요."라고 하자 태자 김충이 용이 되어 하늘로 올라가며 형제산을 꼬리로 쳐서 형산과 제산으로 갈라놓아 안강 일대의 물이 바다로 흘러가게 되었다.

《포항시사 전설편》

형산강을 기준으로 유금 건너편은 연일이다. 옛날에는 형산강의 수로를 통하여 해산물이 모여들어 '생미리 장터' 또는 '생미'라 불렸고 1750년대에서 1905년까지 교역이 이루어지던 조선 시대 3대 시장 중 하나인 '연일 부조장'이 열리던 곳이다. 이곳에 조선 중엽 '어득호'라는 아주 현명한 현감이 있었다. 그는 성품이 호탕하고 인자하였으며 덕행이 뛰어나 항상 가난한 사람과 약한 사람 편에 서서 고을을 다스렸다. 또 공평한 재판으로 백성들로부터 명판관으로 소문이 자자하였다.

바람이 휙휙 불며 눈보라 치는 추운 겨울날, 연일현 남성리에 옹기장수 한 사람이 옹기를 지고 나타나 "옹기 사세요."를 외치며 돌아다녔다. 들판을 가로질러 성내 마을로 간 그는 옹기 짐을 내려 지게 짝지에 받쳐놓고 길가에서 볼일을 보았다. 그때 홀연히 하늬바람이 세차게 불어 옹기 짐이 넘어져 버렸다. 처자식에 아흔이 된 노모를 모시고 살던 옹기장수는 앞이 캄캄

하고 암담하여 대성통곡하였다. 그때 지나가던 정선달이라는 사람이 산산 조각이 난 옹기 앞에서 통곡하는 그를 보고 물었다. "어찌 된 일이요? 왜 울고 있소?" 자초지종을 들은 선달은 그를 집으로 데리고 가서 고소장을 써주며 이 고을 어득호 현감에게 가라고 하였다. 옹기장수는 소장을 가지고 현감을 뵙기를 청하였다. 어득호 현감은 소장을 보고 어이가 없어 소장과 옹기장수를 번갈아 보며 한참 동안 생각에 잠겼다. "부모에 대한 효성이 놀랍구나. 옹기를 깨서 네 장사를 망쳐버린 하늬바람이란 놈이 고약한 놈이다. 내 그놈을 잡아다가 옹기값을 변상케 할 터이니 기다리고 있거라."

어득호 현감은 군노사령을 불러 "죄인 하늬바람을 즉각 포박하여 대령하라"라고 명령하였다. 명령을 받은 군졸들은 어리둥절하여 사또가 도대체 무슨 명령을 내리는 것인지 도무지 모르겠다며 머리를 조아렸다. 당황해서 어찌할 바를 모르는 군졸들에게 "이제부터 내 말을 잘 들어라. 형산강의 부조장에 가서 정박하고 있는 강원도, 원산, 청진 방면에서 온 배의 사공과 선주, 또 부산, 동래, 목표 군산 방면에서 온 배의 사공과 선주를 모조리 잡아들이라는 말이다."

군졸들은 현감의 명령이 무슨 연유인지 모르지만, 곧장 달려가 형산강의 부조 시장과 포항 어귀에 머무는 선박을 뒤져 다른 지방에서 온 선주와 사공을 모조리 잡아 동헌 마당에 꿇어 앉혔다. 현감은 영문도 모른 채 잡혀 와 마당에 앉은 선주와 사공들을 향하여 "형산강과 포항 어귀에 머무는 선주와 사공들은 잘 들어라. 이 고을 관내에 너희들이 들어와 머무는 지가 벌써 수십 일이 지나 배에 싣고 온 상품은 거의 다 매매가 되었다고 들었는데 어찌하여 돌아가지 아니하고 아직까지 머물고 있느냐. 그 이유를 이실직고하라."

"부산, 동래 방면이나 강원도, 함경도 방면으로 가려고 하는 배는 모두 하늬바람이 잘 불어주어야 하는데 하늬바람이 불지 않아 뱃길이 나쁘므로 아직 출발하지 못하고 있습니다. 하늬바람만 불어주면 이른 시일 내에 떠나

겟사오니 조금만 더 기다려 주십시오."

"그래, 이놈들! 너희들이 고향에 빨리 돌아가고자 천지신명에게 하늬바람이 불어달라고 매일 같이 기도하고 제사도 지내고 했단 말이지. 그러니까 오늘 하늬바람이 갑작스럽게 불어 옹기장수의 옹기 짐을 넘어뜨려 옹기가 모두 박살이 나서 오십 냥이라는 막대한 손실을 보았다. 이것은 하늬바람을 부른 너희들의 죄인즉, 배 한 척당 돈 두 냥씩을 모아 옹기장수의 손해를 변상하도록 해라"

이런 판결에 선주들은 어이없는 표정을 지으면서도 현감의 판결에 감히 불복할 수 없어 눈물을 머금고 돈을 내놓았다. 이에 옹기장수는 덩실덩실 춤을 추며 "우리 사또 명사또, 우리 사또 명판관" 하며 외쳤다고 한다.

《포항시사 전설편》

우리에게는 살면서 주어지는 많은 어려운 문제와 아주 힘든 결단을 해야 하는 경우도 있다. 어득호 현감은 주어진 난감한 문제를 생각의 전환으로 아주 재치 있게 '더불어 사는 삶'을 택하여 해결하였다. 이 세상에 아무 문제없이 살아 갈 수 있는 사람은 없다. '모든 문제는 풀기 위해 있다'는 말처럼 문제는 나의 생각에 따라 아무 문제가 아닐 수 있고 발상의 전환으로 쉽게 해결할 수도 있다. 앞으로 어려운 문제가 주어지거나 이쪽이냐 저쪽이냐 힘든 결단을 해야 할 경우 어득호 현감의 재치 있는 판결을 생각해보자. 생각의 전환에 따른 삶의 변화를 통한 창의력 넘치는 결정으로 우리 삶이 더욱더 풍요로워지리라 생각한다.

무릇 잘된 정치를 하려면 반드시 전대의 잘 다스려진 세상과
어지러운 세상의 역사가 남긴 자취를 보아야 할 것이다.
_세종대왕

20년 지기 역사 그래서 행복한 삶

 나의 길을 보여주는 역사

퇴사 후 나는 오랜 시간 방황하였다. 무엇을 해야 할지, 앞으로 어떻게 해야 할지, 코로나 시국에 나는 무엇을 할 것인지, 내가 언제까지 일을 할 수 있을지, 나이가 더 들면 어떻게 살아갈지, 끝없는 고민의 늪을 걸었다. 10년 전만 해도 무엇이든 할 자신이 있었는데 점점 더 자신이 없어졌다. 나의 자존감은 끝없는 블랙홀로 빠져들고 있었다. 블랙홀에서 빠져나오기 위해 이것저것 공부도 많이 하면서 자격증도 20개 이상 준비하며 무엇을 할 것인가 고민하였다. 결국 도달점은 돈을 위한 것이 아니라 내 가슴을 뛰게 할 만큼 좋아했던 것, 나를 평생 지탱해 줄 수 있는 것을 하자는 것이었고 이에 '역사'를 선택하였다.

논어에 "子曰(자왈) 溫故而知新(온고이지신)이면 可以爲師矣(가이위사의)니라. 즉, 옛것을 알고 새로운 지식을 터득하면 능히 스승이 될 수 있다"고 하였다. 나는 또다시 나의 역량을 늘리기 위해 책을 읽고 강의를 듣는다.

주위 사람들이 모두 말렸다. "왜 머리 아프게 역사를 하느냐." "지금 역사

공부해서 무엇을 할 것이냐." "젊은 사람들도 많은데 60이 넘은 나이에 굳이 다리 아프게 해설사를 할 것이냐."고. 어쩌면 그것이 맞는지도 모른다. 그러나 20여 년을 문화유산해설사로 활동하면서 나는 내 가슴이 뛰는 것을 느꼈고 그것을 사람들에게 전하기 위해 많은 노력을 해왔다.

새벽 6시, 수학여행 온 학생들에게 우리 문화를 해설하기 위해 집에서 경주로 달려갔다. 나와 같은 뜻을 가진 분들과 함께 온종일 걸어 다니며 문화재를 설명하고 하나라도 더 알려주기 위해 노력하였다. 해설사란 직업은 힘든 직업이 맞다. 거의 10시간에서 12시간 정도 온종일 걸으며 말한다는 것이 쉽지 않은 일이다. 내가 즐기지 않으면 고역인 직업이다.

그러나 이 직업은 매력이 있다. 우리 문화를 알기 쉽게 해설해주고 그들의 궁금증을 풀어 준다는 것은 나의 가슴을 뛰게 했다. 그리고 그들의 가슴을 뛰게 하였다면 금상첨화가 아니겠는가.

"해설사님, 우리 문화가 이렇게 아름답군요. 미처 몰랐습니다."

"해설사님, 우리나라 건축물이 과학적으로 지어지고 모퉁이 돌 하나, 기둥 하나, 어느 것 하나도 쓸모없는 것이 없이 정교하군요."

"해설을 들으면서 문화재를 보니 마치 살아서 움직이는 듯 하군요. 감사합니다."

이런 말들은 더욱더 힘이 나게 하였고 난 그들에게 하나라도 더 알려주고 싶어 애썼다. 내가 처음 가족과 함께 답사할 때 그들에게 하나라도 더 보여주고 알려주고 싶어 나의 지식을 한없이 방출하였다. 이 기회가 아니면 그들에게 우리 문화를 알려줄 수 있는 시간이 없기 때문에 그들이 힘들어하는 줄도 모르고….

오랜 시간 동안 해설 일을 하다 보니 이제는 그들이 무엇을 원하지 눈에 보이기도 한다. 눈이 초롱초롱 나의 말을 받아들이는 날이면 나는 끝없이 그들이 원하는 것을 내어놓는다. 때론 그렇지 않은 날도 있다. 그런 날이면 그들을 고려하면서 중요한 키포인트를 알려준다. 그러면 다시 관심을 가지고 다가온다.

역사란 단순히 '사실의 기록'이라고 한다. 이것은 사실로서의 역사이다. 주관적으로는 그 시대에 산 사람을 만나는 학문이고, 나보다 앞서 산 사람들에 삶의 역사를 들여다보면서 나는 어떻게 살아야 하는지를 고민하고 실천할 수 있게 하는 실용 학문이다.

역사를 보면 어떤 선택을 하느냐에 따라 삶이 변화됨을 알 수 있다. 당장 상황을 모면하기 위해 거짓말을 하고 거짓 삶을 살거나 방탕한 삶을 살면서 자신의 인생을 망가뜨리는 사람이 얼마나 많은지. 우리는 역사를 통해 알 수 있다. 역사 앞에 선다는 것은 어떤 것일까?

역사학자 최태성 선생의 '세바시 강연'에서 한 말을 빌어보면,

"다산 정약용은 유배 생활을 18년 동안 하면서 책을 무려 500여 권 이상 씁니다. 왜 그랬을까요. 그 이유를 아들에게 편지를 쓰면서 이렇게 이야기합니다. '나는 폐족이다. 폐족인 우리가 흔적을 남기려면 학문을 통해서 흔적을 남겨야 한다. 나의 기록(흔적)을 남기지 않으면 내 기록은 몇 줄짜리 죄인으로 남을 것이다.' 정약용은 정확히 자신의 모습을 바라보고 있었던 겁니다. 그 몇 줄짜리 죄인 정약용의 모습이 아니라 이 시대의 고민, 이 시대의 변화를 위해서 애썼던 정약용으로, 개혁가, 사상가로 남기 위해 그는 500여권의 책을 남겼던 것입니다. 지금 정약용은 죄인 정약용이 아닌 실학의 집대성, 대학자, 사상가, 개혁가로 정확하게 기록되어 있습니다. 역사 앞에 선다는 것은 바로 이런 것입니다."

역사 앞에 서서 난 무엇을 해야 할까? 최태성선생께서 《역사의 쓸모》에서 하신 말씀처럼 한 번뿐인 인생 어떻게 살 것인지 고민하지 않는다면 역사라는 무대에서 어떤 역할을 할 수 있을까? 내가 가야 할 길을 보여주는 역사, 이 역사 속에 깃들어 있는 정신인 우리 문화를 재미있고 올바르게 전하기 위해 나는 노력할 것이다. 우리는 자녀들에게 좋은 것만 주고자 한다. 이것은 당연하

다. 그러나 우리의 정신인 우리 문화재를 소중하게 여기고 그것을 온전하게 후손들에게 전해주어야 하는 것에 대해서는 잘 생각하지 않는다. 이런 것들은 나와는 관계가 없다고 생각한다. 이런 생각들 속에서 많은 문화재가 소실되었고 지금도 사라져가고 있다. 또 많은 문화재가 변형되어 전해지고 있다. 이것을 지금 고치지 않는다면, 후대에는 이 거짓이 참인 것으로 변할 수도 있다. 나의 자녀들이 소중한 만큼 우리 문화재도 우리 자녀에게 소중하게 전해야 하지 않겠는가. 역사에 무임승차 하지 말고 우리가 옛 사람들에게 받은 귀한 선물을 뒤이어 이 땅에서 살아갈 사람들을 위한 선물로 준비해야 할 것이다. 조금만이라도 나의 주변, 나의 고장에 대해 지속적인 관심을 둔다면 소중한 우리 문화를 지키고 가꾸어 나갈 수 있다.

나의 가슴을 뛰게 한 역사를 통해 과거 그 시대 사람들이 처한 상황과 생각, 생활 속에서 내린 판단과 결정을 통해 그들의 삶을 만나 나의 삶을 돌아보게 되었고 내 삶의 지표를 정할 수 있었다. 나는 만나는 모든 분께 우리 역사의 중요성을 알리며 그들의 가슴을 울리기 위해 계속해서 나아갈 것이다. 이를 위해 올바른 역사의식 고취와 우리 문화 보존과 사랑을 위해 문화 지킴이로, 역사를 공부하는 사람으로, 해설사로, 끊임없이 노력하여 지역 문화 뿐 아니라 세계로 뻗어가는 우리 문화를 전할 것이다.

우리 문화재 사랑, 바로 지금부터.

> 문화의 힘은 우리 자신을 행복하게 하고
> 나아가서 남에게 행복을 준다.
> _백범 김구

포항나비

기은혜

내 인생의 골든타임!!
내 아이의 골든타임과 나의 골든타임 사이에서
갈등을 하던 중 책 읽기와 글쓰기를 통해
진짜 나를 찾아가고 있다.
평범한 일상 속에서 나의 이야기는 시작되고
과거와 현재 미래를 함께 글로 써보며
내 꿈을 찾는 시간을 가질 수 있어서
새로운 도전이었다.
앞으로 기대되는 새로운 내 삶에 몰입하며.

내 꿈을 찾는 시간

I

변화의 시작

 평범한 듯, 평범하지 않은 엄마의 일상

평범하게 시작되는 월요일 아침이다. "민아~ 현아~ 얼른 일어나~ 학교 늦겠다." 시끌벅적한 아침 풍경은 어느 집이나 비슷할 테다. 알람 소리, 아이들 깨우는 소리, 밥하는 소리, 우당탕 준비하는 소리로 하루를 시작한다. 오늘 아침도 민이와 현이는 부산스럽게 준비를 하고 학교에 갔다. 그 시간에는 학교에 가는 아이들, 회사로 바쁘게 출근하는 사람들 그리고 아이들을 배웅하는 엄마들, 평범함 일상 속 여러 사람을 만날 수 있다. 강의가 있는 아침이면 나도 누구보다 바쁘게 하루를 시작한다. 강의가 있는 날은 빨리 준비해도 늘 시간에 쫓긴다. 민이와 현이, 건이 3명의 아이 옷을 챙겨 주고 아침밥을 준비해두고 그에게 바통터치를 하고 집을 나선다. 보통의 날은 첫째와 둘째를 번개같이 보내고 여유 있게 준비해서 셋째를 보낸다. 바쁜 듯 여유로운 밀물 썰물 같은 나의 하루는 그렇게 반복된다.

한 아이의 엄마가 된다는 것은 참 어려운 일이다. 세상의 모든 엄마가 지금껏 '나' 자신을 사랑하고 집중했다면 이제는 자신보다 더 사랑하게 되는 존재가 생기는 것이다. 아이를 키우면서 아이가 다치거나 아이를 혼내거나 아이와 관련된 어떤 일들이 발생하면 우리는 그 속에서 많은 고민을 한다. '내가 잘하고 있는 걸까?' '나는 모성애가 없는 걸까?' '나는 좋은 엄마가 될 수 있을까?' 그런 걱정을 하는 그녀들에게 꼭 해주고 싶은 한마디가 있다. 어쩌면, 내가 가장 듣고 싶은 말일지 모른다. "지금까지 충분히 잘해왔고, 앞으로도 잘할 수 있을 거에요." 누군가가 나에게 "육아는 뭐에요?"라고 질문한다면 나는 "육아는 고민의 연속이에요."라고 대답할거 같다.

아이를 키우는데 정답은 없다. 아이가 어리면 어린 대로 고민거리가 있고 크면 크는 대로 고민거리가 있다. 12살, 10살, 7살, 세 명의 아이를 키우면서 늘 고민하고 또 생각한다. 모든 엄마가 그렇겠지만 나 역시 3명의 아이를 낳아 키울 거라고 단 한번도 생각하지 못했다. 일과 아이를 택하라고 한다면 주저 없이 일을 택할 정도로 워커홀릭이었다. 일에 빠지면 누가 뭐라 하든 다른 거에 신경을 못 쓴다. 내가 3명의 아이를 예쁘고 사랑스럽고 밝게 키울 수 있었던 이유는 늘 가까이 엄마, 아빠가 있었기 때문이다. 그리고 언제나 든든한 내 편인 그가 있기 때문이다. 주변 누구의 도움도 없이 아이를 키우는 부모들을 볼 때면 진심 존경의 마음이 우러나온다. 아이가 한 명이든 두 명이든 세 명이든 혹은 그 이상이든 엄마들이 자식을 사랑하는 마음은 한결같다. 눈에 넣어도 안 아플 내 아이지만 하루에도 수십 번 두 얼굴의 장난꾸러기로 변신한다. 그때는 잠을 잘 때가 제일 예뻤고 학교를 보내고는 선생님의 칭찬 한마디에 아이가 받아오는 상장 하나에 마음이 녹아내린다. 집에서 공부를 봐주다 제대로 못 하면 나 역시 두 얼굴의 엄마로 변신하는데 혼나고도 돌아서서 그저 좋다고 엄마~하면서 달려오는 아이들을 보면 내가 왜 그랬나 하고 금세 후회한다. 공부 그게 뭐라고 내 새끼를 그렇게 혼냈나 싶다. 하지만 우리 때와는 너무나도 다른 학습 환경을 무시할 수도 없고 안 시킬 수도 없고 그래서 고민이 많은 요즘이다.

학습에 제일 중요한 게 독서란 걸 누구보다 잘 아는데 그걸 소홀히 하는 나를 볼 때면 뭐 하고 있나 싶다. 첫째 아이가 고학년이 되고 보니, 국어를 잘해야 모든 과목을 잘할 수 있다는 주변 선배 맘들의 말을 실감하고 있다. 내가 책 읽는 걸 좋아하니 아이들도 당연히 책 읽는 걸 좋아할 거라고 혼자만의 착각을 했다. 엄마 욕심에 책장에 책은 가득하지만 아이들은 책을 별로 좋아하지 않았고, 이제야 책과 친해지기 프로젝트에 돌입했다. 조금이라도 즐겁게 책을 읽는 방법을 알아갔으면 좋겠다. 집에서 아이가 책 읽는 모습을 보고 싶다면 나도 같이 책을 들고 아이와 함께 책을 읽는 방법이 제일 빠르다. 책 읽는 시간을 정해두고 온 가족이 책을 읽는다면 아이들의 습관도 자연스레 잡혀갈 수 있다. 물론 아이마다 성향은 다르니 그건 꼭 생각해야 한다. 얇은 책을 좋아하는 아이, 만화 형태로 된 책을 좋아하는 아이, 전집 대신 자기가 고른 책을 좋아하는 아이, 각자의 성향에 맞게 시작하면 된다. 아이들이 책과 친해질 수 있는 환경을 만들어 주고 함께 도서관을 가고 가족들 모두가 독서에 동참하면 된다.

'집에 있는 엄마, 일하는 엄마' 어느 선택 하나 쉬운 것은 없다. 그리고 그 선택의 갈림길에서 엄마들은 수없이 고민하고 있다. 나 역시 아이들을 위해 프리랜서로 일하면서 답답한 마음이 들 때가 많다. 엄마가 없으면 없는 대로 아이들은 잘할 거라는 주변의 말을 들으면 흔들릴 때도 있다. 하지만 지금은 아이들이 학교를 마치고 제일 먼저 만나는 사람이 학원 선생님이 아니라 나였으면 하는 마음으로 훗날을 기약한다. 지금의 이 선택을 언젠가 후회하는 날이 올지도 모른다. 얼마 전 같이 일해보자는 제의가 왔을 때 거절을 했더니 기회는 왔을 때 잡아야 한다고, 기회가 계속 있는 게 아니라고 하셨다. 사실, 집에만 있으면 아이를 더 잘 키워야 한다는 압박감이 크게 느껴져서 두렵기도 하다. 경제적인 부분도 고민이 된다. 집에 있는 엄마도 아이를 낳기 이전엔 경제활동을 했을 테고 그 생활에서 즐거움을 찾고 행복감을 느꼈을 거다. 집안일은 아무리 잘해도 눈에 띄지 않고, 내가 아이를 잘 키우고 있나 살림은 잘하고 있나 늘 고민하고 있을 테다. 자의 반 타의 반으로 일하는 엄마들도 아이와 늘 함께해주지 못한다는 미안함과 안쓰러움을 가지고 있다. 우리의 삶은 고민의 연속이지만 내가 한 선택과 내가 한 결정이 맞다고 생각했으면 좋겠고 굳이 정답을 찾으려 애쓰지 말았으면 좋겠다.

　엄마의 일상도 언제든 변화할 수 있다. 나도 매주 토요일 아침 포항나비를 가기까지 큰 결심이 필요했다. 토요일 아침은 늦잠도 자고 싶고, 민이와 현이 스케줄을 맞추려면 시간이 빠듯했다. 지금은 책과 노트를 들고 포항나비로 가는 그 순간이 정말 행복하다. 선배님들과 책을 이야기하고 삶을 이야기 나누는 그 시간이 변화와 성장하는 나를 꿈꾸게 한다. 아이들과 함께하는 일상 속에서 엄마도 하고 싶은 무언가가 있고 할 수 있다는 것을 내 아이들에게 보여주는 것이 정말 좋다. 운동을 시작할 수도 있고 독서를 시작할 수도 있다. 투자를 시작할 수도 있고 책 쓰기를 시작할 수도 있다. 평범한 듯 평범하지 않은 엄마의 일상은 내가 만들어 나가는 것이다.

　'나도 책을 쓸 수 있을까?' 스스로에게 질문을 던져본다. 한 번도 상상해 본 적이 없는 도전이었지만, 나는 지금 책을 쓰고 있다. 보통 책을 쓰지 못하는 이유가 어떻게 써야 할지 모르겠고, 평범한 내가 쓸 내용이 뭐가 있을까 하는 생각에 망설이게 된다. 그리고 실행력이 부족해서 포기하게 된다. 평범한 사람들의 평범한 이야기에서부터 나의 이야기는 시작된다.

기적은 평범한 얼굴을 하고 있다.
_오자와 다케토시 《살아라, 오늘이 마지막 날인 것처럼》 중에서

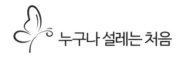

누구나 설레는 처음

나는 처음이란 단어를 정말 좋아한다. 처음이란 단어가 주는 설렘과 떨림이 있다. 경주에 있는 대학에서 첫 강의를 할 때의 이야기다. 항공사에 근무하며 많은 사람을 만나고 응대해 봤지만 많은 학생들 앞에서 강의를 해야한다 생각하니 너무 떨렸다. 그냥 이야기도 아니고 내가 가지고 있는 지식을 전달하는 과정이니 더더욱 떨렸다. 첫 강의 날이 다가오니 잠도 오지 않고 계속 긴장이 되었다. 걱정만 하다가 정말 큰일이 날 것 같아 세 시간 수업을 어떻게 진행 할 건지 시뮬레이션도 해보고 동선도 체크해보고 강의 자료도 거듭 확인했다. 그 때문에 강의 자료도 몇 번을 다시 만들었다. 적어도 수업을 진행하는 강사는 그 내용에 대해서만큼은 완벽해야 학생들에게 제대로 된 지식을 전달해 줄 수 있기에 결코 가볍게 여길 수 없었다.

드디어 첫 강의 하는 날, 학생들이 강의실에 빼곡히 들어서는데 눈앞이 캄캄했다. 오랜만에 느껴보는 아주 아득한 느낌이었다. 그래도 호흡을 가다듬고 천천히 학생들 이름을 한 명 한 명 부르며 눈으로 학생들을 익혔다. 초롱초롱한 눈망울을 가진 그들이 너무너무 예뻤다. 그 나이대 나의 대학시절도 생각났다. 나중에 들은 이야기지만 내가 아이들이 낯설었던 것처럼 아이들도 내가 낯설고 궁금하고 새로운 교수라 설레었다고 한다. 아이들의 입장을 공감해주고 소통하는 교수가 되고 싶었다. 그래서 때론 누나처럼, 때론 이모처럼, 때론 엄마처럼 그렇게 아이들과 함께 두 학기 1년을 보냈다. 다행히 내 진심이 잘 전달되었던 건지 지금도 그 친구들이 가끔 연락을 주어 안부를 물어온다. 얼마 전엔 장가간다고 청첩장을 보낸 녀석도 있었다. 직장생활을 하느라 학교 강의가 쭉 이어지지는 못했지만 나의 첫 강의는 벌써 10년 전 추억으로 남았다.

2019년 12월 중국 우한에서 발생해 전 세계로 확산된 코로나 바이러스 감염증으로 인해 강의 형태가 바뀌었다. 기존 대학 강의는 당연히 대면 강의였다. 하지만 코로나19로 인해 사이버대학처럼 비대면 원격 수업 형태로 전환되었다. 2020년 1학기는 거의 모든 학교가 비대면 원격 수업을 진행하였고, 2학기가 되어서야 대면과 비대면 혼합 형태로 수업을 진행하였다.

2020년 2학기 수업을 진행할 때 이야기다. 그때 진행하던 수업은 실습이 꼭 수반되어야 하는 전공 수업이었는데, zoom으로 비대면 수업을 진행하고 있으니 정말 답답했다. 실습수업이라 배정된 시간도 4시간이나 되었는데, 학생들과 이론으로 그것도 4시간을 줌으로 진행하니 처음엔 너무 막막했다. 기존 강의계획서를 수정하고, 학생들에게 양해를 구했다. 이론과 실습을 병행해야 하는 수업이지만 이론을 먼저 다 진행하고 꼭 만나서 실습수업을 하자고 약속을 했다. 이론 수업을 다 진행하고 조금은 무리하여 대면 수업을 진행하였다. 학생들과 수업 진행에 대해서도 같이 의논하고 실습 방향도 함께 정하며 수업을 진행했다. 거의 1년 가까이 비대면으로 수업을 진행하던 나는 그때 학생들의 얼굴이 너무 그리웠었는지도 모른다. 학생들도 학교를 그리워했을 것이다. 학생들과 나는 함께 수업을 즐기며 재미있게 진행했다. 그리고 그 결과는 강의평가로 나에게 돌아왔다. 28명의 수강 학생 중 한 명도 빠짐없이 모두가 강의평가를 5점 만점으로 해주었다. 다른 수업을 진행할 때도 나는 강의평가가 꽤나 잘 나오는 편이었다.

하지만 20명 이상의 학생들을 대상으로 한 과목에서 5점 만점을 받은 적은 한 번도 없었다. 그때 강의평가 결과를 받고 정말 큰 감동을 받았다. 그리고 학생들이 작성한 글들을 하나하나 천천히 다 읽어보았다. 익명이라 누가 어떤 글을 쓴 건지 알 수는 없지만 비대면 수업이 아쉬웠다는 내용과 4시간이란 긴 강의 시간이지만 4시간이라고 느껴지지 않을 만큼 빠르게 지나간 수업이었단 글, 많은 이론 수업으로 조금 지루해질 찰나 숨통이 트이고 너무 재미있는 실습수업이었단 글, 학생들이 알기 쉽게 그리고 학생 학생마다 일일이 도와줘서 고마웠단 글 등등 하나하나 읽으며 눈시울이 붉어졌다. 그리고 또 한 번 마음을 다잡고 다짐했다. 누군가의 인생에 도움이 되는, 그리고 훗날 생각이 나는 스승이 되겠노라고.

특성화고 고등학생을 대상으로 SMAT(서비스경영자격) 자격증 과정을 캠프 형태로 진행을 한 적이 있다. 솔직한 심정 그대로를 전달하면 신세계를 경험했다는 표현은 이럴 때 쓰는구나 싶었다. 특성화고 아이들은 각자 개성이 굉장히 뚜렷했다. 3일간 캠프를 진행하며 자격증 취득을 목표로 하므로 아이들과 내가 혼연일체가 되지 않으면 힘든 일정이었다. 더군다나 아이들 저마다 특징이 있어 진행하는 데 어려움이 적지 않았다. 수업 시작 몇 시간이 지나지 않아 목이 쉬기 시작했다. 3일 동안 진행을 해야 하는데 너무 힘겨워 눈물이 날 거 같았다. 그렇다고 포기할 내가 아니기에 어떻게 이 아이들을 내 편으로 만들까 고민했다. 그 중 특히 눈에 띄는 아이 두 명이 있었다. 그 친구들은 수업이 시작되기 전부터 가방을 베개 삼아 잠을 청하기 시작했다. 그리고 쉬는 시간이 되면 살아나서 쉬는 시간이 지나고 한참 뒤에야 들어왔다. 난 나를 자책했다. 내 수업이 지루하고 내가 강의를 못 해서 아이들이 자고 있다고 생각했다. 근데, 그렇게 자책을 하면서도 나는 자는 아이들을 그냥 자게 둘 수 없었다.

첫 번째 이유는 내 강의가 지루하단 걸 인정하기 싫어서이고, 두 번째 이유는 그 아이들도 할 수 있단 자신감을 심어주고 싶어서였다. 어느덧 난 아이들을 깨우기 시작했다. 그 두 아이 이름을 계속 불렀다. 난 사람 이름을 잘 기억하는 편이다. 항공사에서 근무할 때 VIP 고객들과 상용고객 이름을 외우기 시작하면서 생긴 버릇이 장점이 되었다. 아이들은 자기 이름이 계속 불리니 책상에 엎드릴 수가 없다. 그리고 쉬는 시간엔 그 아이들과 수업 이야기가 아닌 그들의 이야기를 들어주었다. 아이들은 본인들과 공감이 되는 나를 보며 수업에도 집중하기 시작했다. 그리고 3일 캠프가 끝나고 자신 있게 이야기를 했다.

"선생님! 제가 살면서 제일 열심히 공부한 3일이에요."

변화되는 아이들과 그 변화의 원동력이 나라는 사실에 감사하며 캠프를 마무리했다.

나의 처음은 언제나 설렘으로 시작해서, 변화와 감동으로 끝을 맺고 싶다.

처음은 힘들지만 기쁨은 가장 크다.
처음은 어설프지만, 기억은 가장 길다.
처음은 두렵지만 설렘은 가장 크다.
처음은 그래서 아름답다.

_이창현

마음먹기 나름

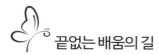

정말 운 좋게도 대학을 졸업하고 바로 취업전선에 뛰어들 수 있었다. 남들이 들으면 배부른 소리라 하겠지만 그 때문에 나는 나를 위한 시간, 나에게 투자할 수 있는 시간을 가지지 못했다. 회사에 다니며 퇴근 후에 수영도 배우고, 요가도 배우고 헬스장도 다니고 나름 유익한 시간을 가졌지만, 오롯이 하루하루가 통째로 나에게 주어지진 않았다. 그러다가 여러 가지 상황으로 자의 반 타의 반 육아휴직에 들어가게 되었고 그때야 '내가 회사를 그만두면 할 수 있는 게 뭘까?'라는 생각을 처음으로 하게 되었다. 졸업과 동시에 항공사에 입사하여 난 다른 것은 전혀 경험해보지 못했다. 옛날 어른들이 기술이 있어야 평생 먹고산다고 했는데 나는 제대로 배운 기술 하나 없었다. '혹여나 회사를 그만두게 된다면?' 생각을 하게 되니 너무 막막하고 답답했다. 그래서 다이어리를 펼쳐 놓고 하고 싶은 일들을 두서없이 적어봤다. 딱히 하고 싶은 게 없었다. 아니 정확히 이야기하면 제대로 할 수 있는 게 별로 없었다. 그게 무척이나 슬펐다. 내가 하는 업무들 가운데 기술이란 이름을 억지로 쥐어짜서 몇 개 붙여보았다. 고객 응대 기술, CRS 기술, 대인관계 기술, 방송 기술…. 생각보다 상황은 심각했다.

"이대로는 도저히 안 된다." 내가 가지고 있는 장점들을 뭔가 자격증으로 남겨야겠다고 생각하게 되었다. 그래서 제일 먼저 서비스 강사 자격증에 도전했다. 고객 응대는 여러 상황에서 정말 많이 해봤고 다양한 경험도 해봤지만 그걸 활용할 수 있을 거란 생각은 해보지 못했다. 서비스 강사 자격증을 취득하면 다른 사람에게 교육할 때 좀 더 전문적일 거라 생각했다. 왕복 2시간이 넘는 거리를 매주 주말 반납하며 몇 개월을 배우러 다녔다. 1호 민이와 2호 현이를 친정 엄마에게 부탁하고 나와야 했지만 그래도 나는 그때 내 안에서 꿈틀거리는 열정을 보았다. 새로운 경험이었다. 그리고 그 배움 속에서 나만의 자신감도 찾을 수 있었다. 그게 배움의 시작이었다. 서비스 강사 자격증을 취득하고 학교 강의를 할 때 바로 활용했다. 전공과목 수업을 하면서 학생들이 과제 발표를 할 때 수강인원 전체를 한 명 한 명 코칭 해주었고, 일상생활에서 필요한 서비스 매너 교육도 함께 해주었다. 학생들은 나를 열정적인 교수, 자신들에게 실질적인 도움을 주는 교수라고 이야기했다. 아이들의 그런 이야기들이 큰 힘이 되었다.

내가 제일 사랑하는 그녀가 어느 날 오랜 소원이었다며 작은 카페를 하고 싶다고 했다. 1층 상가가 마침 비어있던 터라 또 새로운 일을 기획했다. 아빠는 나에게 "말만 하면 뚝딱!" 이라고 조금 천천히 그리고 충분히 생각해보라고 늘 말씀하신다. 내가 생각해도 나의 추진력은 최고다. 장점인 줄만 알았는데 살아보니 단점이 될 때도 많아 요즘은 한발 물러서서 세상을 보려고 노력하고 있다. 카페를 하려면 이것저것 준비할 게 정말 많았다. 그동안 커피를 마실 줄만 알았지 한 번도 만들어보겠다 생각을 해본 적이 없었다. 우선 카페를 하려면 커피부터 배워야겠다고 생각을 했다. '엄마 혼자는 무리야'라고 만류했지만 실은 나도 함께 커피를 정식으로 배워보고 싶었다. 그래서 그녀와 함께 커피를 배우러

대학교 부설 평생교육원에 등록했다. 몇 개월간 열심히 교육받으며 이론과 실습을 병행했고 필기시험과 실기시험을 통해 바리스타 자격증을 취득했다. 이 자격증을 취득하면서 세상엔 너무 다양한 직업들이 있고 재미있는 세상을 조금 더 많이 경험하고 싶단 생각을 했다. 그녀는 소원대로 작은 카페를 시작하게 되었고 몇 년이 지난 지금도 동네 사랑방처럼 소박하게 운영하고 계신다. 나이가 들어서 할 수 있는 일이 있음에 감사하고, 도움이 필요한 사람들에게 손길을 나눠주며 따뜻한 차를 대접하는 그녀를 보며 마음이 따스해진다.

SMAT(서비스경영자격)는 대학에서 이미지메이킹 과목 강의를 할 때, 학생들이 배운 지식을 연계하여 취득할 수 있는 자격증이 없을까를 고민하다 알게 되었다. 항공·관광 분야를 전공하는 학생들은 조금은 쉽게 접근할 수 있을 것 같았고 게다가 국가공인 자격증이었다. '이보다 더 좋을 수 없다.' 자격증에 대해 조사를 한 후 학생들에게 공지했고 학생들과 함께 시험을 치러 고사장에 갔다. 말로만 하지 않고 항상 행동으로 같이 보여줬다. 학생들과 함께하는 시험인지라 긴장을 얼마나 했던지 학생들은 다 마치고 나가는데 마지막까지 남아서 시험을 쳤다. 지금 생각해보면 그런 내 모습에 웃음이 절로 나온다. 시험을 친 후 햄버거를 먹으며 아이들과 이런저런 이야기도 나누었다. 소중한 추억이다. 아쉽게도 불합격을 한 아이들은 다시 또 도전했고 아이들은 지금도 좋은 추억이었다며 가끔 이야기한다. 그때 SMAT 3급 자격증을 취득하고 졸업 후에 2급과 1급에 도전해서 컨설턴트 자격을 갖춘 학생도 있다. 자격증 덕분에 회사에서도 인정받는다며 좋아하는 학생들을 볼 때마다 정말 뿌듯했다. 나 역시 그 자격증 덕분에 한국생산성본부 지역 센터에 SMAT 전문 강사로 활동을 하고 있다. 준비된 사람만이 기회를 잡는다는 말을 실감했다.

다시 새로운 도전에 돌입했다. 4차 산업혁명 시대에 발맞춰 나가기 위해 드론과 코딩을 배워보고 싶었다. 코딩은 첫째 아이가 학교에서 배운다기에 나도 같이 배워서 아이에게 도움을 주고 싶어 시작했다. 어렵고 힘들 거라 생각을 하고 도전을 했는데 이게 웬일인가? 어렵긴 하지만 너무 재미있었다. 컴퓨터 프로그래밍 기법 그 원리에 쉽게 접근하니 신기하고 흥미로웠다. 재미있게 코딩 자격증을 취득하고 드론을 배웠다. 드론은 우리 실생활에 쓰이는 곳이 정말 많아지고 있다. TV 프로그램에서 소개가 되고 난 후 그 인기가 더 높아졌는데 쓰임이 다양한 녀석이라 정말 즐겁고 재미있게 배웠다. 먼저 배운 코딩과 드론을 접목해서도 활용이 가능했다. 그렇게 드론 자격증도 한 개 더 추가되었다. 학생들에게 늘 컴퓨터 자격증 한 개라도 취득하라고 하면서 정작 나는 컴퓨터 관련 자격증이 하나도 없었다. 그래서 또 ITQ 자격증을 취득하기 위해 공부를 했다. 한글, 파워포인트, 엑셀 3가지는 직장 생활에서나 일상생활에서 계속 사용을 했던 프로그램들이었다. 하지만 시험은 또 다르니 기출문제들로 연습에 연습을 거듭하여 ITQ OA MASTER 자격증을 취득했다.

다음 내 목표는 직업상담사다. 진로에 대한 고민이 많은 학생들을 위해 그리고 우리 아이들을 위해 그들의 고민에 귀 기울여주고 이야기를 함께 나누고 싶다. 1년에 시험도 3번 밖에 없고 과정도 꽤 험난해 보이지만 꼭 성공해서 사람들에게 도움을 줄 수 있길 소망해 본다.

남들은 '너 왜 그렇게 힘들게 사니?'라고 가끔 이야기하기도 하지만 배움엔 끝이 없고 새로운 도전은 날 변화시킨다. 그리고 가슴이 두근거린다. 다시 시작한다는 것은 두려운 일이지만 노력한 만큼 원하는 결과를 얻을 수 있다. 나의 도전은 계속될 것이다.

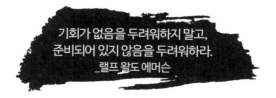

기회가 없음을 두려워하지 말고,
준비되어 있지 않음을 두려워하라.
_랠프 왈도 에머슨

오늘을 즐겨라 (Carpe Diem)

카르페 디엠이란 단어는 우리 일상생활에서 꽤 익숙한 단어가 되었다. 블로그나 각종 SNS 대문에서 가장 많이 본 글귀 중 하나이다. "카르페 디엠(오늘을 즐겨라!)"을 외치지만 대부분의 사람들은 미래를 위해서만 살아가고 있다. 나는 언제부터인가 오늘의 내 삶을 즐기기 시작했다. 지금부터 그 이야기를 하고자 한다.

난 어릴 적부터 동네 아이들과 놀면서 장난삼아 뛰는 달리기를 할 때도 1등을 해야 했고 철봉 매달리기나 줄넘기, 오래 뛰기를 할 때도 눈 질끈 감고 이를 악물고 버텼던 악바리였다. 난 누구한테 지는 게 정말 싫었다. 그런데 요즘 흔히 이야기하는 금수저를 가지고 태어난 아이들을 이길 수 없다는 걸 어느 순간 알게 되었다. 학교 다닐 때 나보다 공부도 못하고 얼굴도 못생긴 친구였는데(물론 내 기준), 그 친구가 부모덕에 유학도 다녀오고 카페 사장님이 되었단 소리를 들었다. 처음엔 그 이야길 듣고 짜증도 나고, 부럽기도 하고 열등감을 느꼈다. 열등감을 가지기 시작하니 끝도 없이 계속 그 블랙홀 속으로 빨려 들어가는 거 같았다.

'우리 집은 왜 이렇게 가난하지?' '우리 아빠는 왜 사장님이 아니지?' '우리 부모님은 왜 매일 바쁘시지?' 이런 생각을 할 때마다 내 머리는 지끈 지끈 아파 왔다. 그리고 더 혼란스러웠다. 사실 이성적으로 생각해보면, 금수저로 태어나지 못한 것이 나의 잘못도 아니었고 내가 결정할 수 있는 부분도 아니었다. 우리의 부모님들 역시 부잣집에서 태어나지 못한 것이 그들의 잘못이 아니었다. 하지만 그 열등감에서 벗어나서 인정하기까지는 꽤 오랜 시간이 걸렸다. 그 방법을 찾은 것이 그들과 다름을 인정하고 오늘의 내 삶을 즐기기 시작하면서부터였다. 출발선이 다른데 자꾸 옆에 있는 사람과 비교하니 내가 더 힘들었던 것이었다. 기준은 내 출발선이다. 내 출발선에서 내가 얼마나 멀리 왔는가를 생각하고 내가 더 멀리 갈 수 있는 방법을 찾으려고 노력했다. 그리고 행복하게 사는 방법을 조금씩 찾았다. 난 가족들과 함께 맛있는 거 먹고 이야기 나누는 시간을 참 좋아한다. 특히 부모님을 모시고 맛있는 음식을 먹을 때 가장 행복하다. 엄마는 아직도 귀한 음식, 맛있는 음식이 있으면 손주들 먼저 챙겨주신다. 그럴 때마다 나는 늘 이야기 한다.

"엄마, 얘들은 살아가면서 우리보다 훨씬 더 좋은 거 많이 먹을 거예요. 그러니 엄마 먼저 드세요"

자신보다 가족들을 위하는 삶을 추구하는 엄마를 보며 가끔은 답답하기도 했다. 하지만, 어느 순간 나도 자식들 생각을 먼저 하게 되고 모든 기준이 아이들에게 맞춰져 있다는 걸 알게 되었다. 아이들은 나보다 조금 더 나은 삶을 살게 해주고 싶다는 생각을 늘 한다. 1호, 2호, 3호가 자신의 진로를 결정할 때 많은 걸 보고 느끼고 경험해보고 선택을 할 수 있게끔 해주고 싶다.

A항공사에 입사하면서부터 내 인생은 180도 달라졌다고 해도 과언이 아니다. 새로운 세계와의 만남이었다. 승무원이 되겠다는 목표를 가지고 대학 내내 미친 듯이 달렸지만 그때까지 난 비행기를 한 번도 타보지 못했었다. 입사하고 나서야 난생 처음으로 비행기를 타보았다. 비행기를 타고 제주도로 신입사원 교육을 받으러 가고 비행기를 타고 제주도로 야유회를 가고 비행기를 타고 동기들 모임을 위해 서울로 갔다. 명절이면 부모님과 차를 타고 5시간씩 걸려서 힘들게 가던 서울을 비행기를 타고 가면 50분이면 도착했다. 물론 난 명절 때 근무를 했지만 부모님은 딸 덕에 호강한다고 말씀하셨다. 세상을 보는 시야가 달라졌다. 소위 잘나가는 사람들을 공항에서 자주 봐서 그런지 내 눈도 함께 높아져 갔다. 하지만 그땐 내가 금수저가 아님을 인정하고, 받아들이

고 살아갈 때라 현실적으로 내가 가진 능력 안에서 즐기면서 살았다. 부모님 모시고 해외여행도 다니고 내가 모은 돈으로 남동생 어학연수도 보내줬다. 그리고 사고 싶은 게 있으면 급여를 모아 사고 어릴 때 동생과 나를 돌봐주시던 외할머니, 외할아버지 용돈도 드릴 수 있게 되었다. 그리고 좋은 음식, 좋은 물건, 좋은 사람들을 알게 되었다.

  김해공항에 근무할 때의 기억은 아직도 꿈만 같다. 그때 나이 20대 중후반 정도였다. 생에 처음 독립이었다. 부모님과 떨어져서 처음으로 혼자 살았다. 처음엔 부산이라는 곳도 낯설었고 혼자 사는 것도 너무 힘들었다. 사람은 망각의 동물이라고 했던가! 얼마 지나지 않아 그 생활 속에서도 나만의 즐거움을 찾았다. 당시 근무하던 곳은 또래들이 많았다. 동기도 2명이 있었고 선배, 후배 다 나이가 비슷해서 정말 큰 힘이 되었다. 야구 시즌이 되면 머리에 쓰레기봉투를 뒤집어쓰고 야구장에서 소리를 지르며 응원하고, 가을이 되면 금정산에 올라 단풍을 즐기며 막걸리를 나눠마셨다. 그리고 면세품이 필요하거나 초밥을 먹고 싶으면 당일치기 후쿠오카 여행을 다녀왔다. 콧바람 쐬러 일본을 다녀올 수 있는 여건이 되었다. 또래들에 비해 많은 급여도 받았고 항공사 복지혜택도 많이 누릴 수 있었다. 누려본 사람이 세상도 더 즐길 줄 안다는 걸 다시 한 번 뼈저리게 느꼈다.

  얼마 전 드라마를 보는데 상류층 가족들의 저녁 식사 자리에 초대받은 평범한 여주인공이 에스카르고 달팽이 요리가 나왔을 때 곁눈질로 먹는 방법을 겨우 배워 허둥지둥하며 먹는 장면이 나왔다. 그러다가 달팽이가 튀어서 옷도 버리고 난처하고 곤란한 상황이 연출이 되었는데 상류층과 너는 다르다는 장면을 연출하겠다는 제작진의 의도는 알겠으나 한편으론 좀 씁쓸했다. 달팽이 요리가 조금씩 대중화되었다곤 하지만 아직도 에스카르고가 어떤 요리인지 모르는 사람들도 많을 거라 생각한다. 사실 난 개인적으로 별로 좋아하지 않는 요리다. 흔히 우리나라에서 볼 수 있는 고동이나 소라를 까먹는 거나 유사한데 에스카르고란 용어 자체가 어렵고 낯설다. 지금도 내가 보지 못한 세상은 너무도 많다. 아직 내가 가보지 못한 길도 많다. 지금 나는 그 길을 찾는 중이다. 아직은 뭐든 시작할 수 있는 나이고 넘어져도 다시 일어날 수 있을 것 같다. 회복탄력성이란 단어를 책을 통해 처음 알고 이마를 탁 쳤다. 내가 남들보다 강한 게 회복탄력성이었다. 회복탄력성은 크고 작은 다양한 역경과 시련과 실패에 대한 인식을 도약의 발판으로 삼아 더 높이 뛰어오르는 마음의 근력을 의미한다. 오늘을 난 즐겁고 행복한 삶을 꿈꾸는 내가 되기 위해 긍정의 주문을 외운다.

> 내일을 위한 최고의 준비는 오늘 최선을 다하는 것이다.
> _H.Jackson Brown Jr

마법같은 기적

 내 삶의 원동력은 따뜻한 말 한마디

세 아이의 엄마가 된 지금 아직도 나에게 늘 같은 이야기를 해주는 그녀가 있다.

"밥은 먹고 다니니? 차 조심하고 운전 조심히 다녀라."
언제부터였는지 언제까지 이 소리를 들을 수 있을지 모르지만, 그 한마디가 아니 그 목소리가 나에겐 비타민과 같다. 짧고 뽀글뽀글한 단발머리에 컬러풀한 옷을 즐겨 입고 예쁜 꽃을 좋아하는 아직도 소녀 같은 그녀, 평생을 살면서 다른 사람에게 해코지하거나 나쁜 말 한번 안 해본 그녀, 내 삶의 원동력이다.
"알겠어요. 알겠어요. 걱정하지 마세요!!" 무뚝뚝한 내 대답은 항상 이랬다.

어릴 때 우리 집은 겨울이 되면 연탄불을 피우던 방 2칸에 작은 주방 겸 거실이 있는 빨간 벽돌집에 세 들어 살았다. 어린 마음에 왜 우린 주인집이 아닐까 하는 생각도 했고 그런 내가 조금은 부끄럽기도 했었다. 부모님은 늘 바쁘게 항상 일을 하셨다. 내가 초등학교 3학년 무렵엔 아담한 3층짜리 건물을 지어 드디어 온전한 우리 집으로 이사를 했다. 두 분이 그렇게 열심히 사신 덕분이었다. 내 방이 생겼고, 넓은 거실과 넓은 주방이 생겼다. 대출을 갚느라 여전히 두 분은 늘 바쁘셨지만, 난 스스로 동생을 돌보는 의젓한 누나가 되어가고 있었다.

내가 중학교 2학년이 되었을 때 그녀는 통닭집을 시작하게 되었다. 학교를 마치고, 집이 아닌 통닭집으로 바로 가서 바쁜 가게를 도와주는 일상이 계속되었다. 통닭집에 작은 방이 있었는데 거기에서 4식구가 옹기종기 모여앉아 먹던 통닭 맛을 아직도 잊을 수가 없다. 아빠는 회사에 다녔지만 근무가 없는 날엔 항상 통닭 배달과 그녀의 보조 역할을 하셨다. 사내대장부처럼 자전거를 타고 씩씩하게 통닭 배달을 하는 그녀를 보며 어린 나이지만 나도 그녀처럼 열심히 살아야겠다고 생각했었다. 첫째 아이가 열한 살이 되면서 나의 사춘기는 언제였을까 문득 생각해 본 적이 있다. 나의 사춘기는 내 몸에서 통닭 기름 냄새가 나는 걸 싫어했을 때가 아니었나 싶다. 우리 집으로 막 배달 온 따뜻한 온기가 있는 통닭의 고소한 향기가 아니라 최소 하루 30마리 이상 튀긴 그 기름 냄새가 온몸에서 나는 거 같아 힘들 때가 있었다. 하지만 그 냄새가 싫다는 말도 한번 표현한 적 없이 나의 사춘기는 그녀의 바쁜 시간과 함께 그냥 흐르는 물처럼 지나갔다. 그래서 내가 아닌 다른 사람의 사춘기는 어떻게 지켜봐야 하는지 어떻게 대처해야 하는지 벌써 걱정이 된다.

요즘 들어 가끔 작은 반항을 하는 첫째 아이에게 농담처럼 진심을 담아 해주는 말이 있다.

"네가 사춘기가 올 때쯤 엄마는 갱년기가 올 건데 그 갱년기가 사춘기보다 더 무서운 거야. 엄마가 이상하게 변신할지도 몰라. 그러니깐 우리 같이 잘 이겨내 보자." 아이는 엄마가 무슨 이야기를 하는지 아직은 알 수가 없을 거다. 하지만 그 무시무시하다는 사춘기를 내 딸도 무난하게 지나가길 바라는 엄마의 마음이 작게나마 전해지길 바라본다.

대학을 졸업하고 꿈에 그리던 A항공사에 입사하기까지의 이야기다. 고등학생 때부터 승무원이 되는 꿈을 가졌지만 사실 나는 주변에 도움을 받을 곳이 없었다. 내가 사는 지역은 소도시라 승무원 학원도 없었고 가족 중 이쪽으로 관심이 있는 사람도 없었다. 수능을 치고 대학 면접을 보러 서울을 갈 때도 무작정 혼자 준비해서 갔다. 지금 생각해보면 대체 그땐 무슨 용기가 났던 건지 모르겠다. 서울에 있는 대학에 가지는 못했지만, 승무원이 되려고 부단히 노력을 했다. 비행기를 타는 승무원을 꿈꾸며 미래 내 모습을 그렸으나 어릴 때 앓은 중이염이 걸림돌이 되었다. 그것이 불합격의 신체 조건이었다. 다시 도전하기 위해 전신마취를 하고 귀 수술을 여러 번 했으나 중이염은 계속 재발이 되었다. 미래에 대한 불안감이 커질수록 도망가고 싶었고 어디든 숨어버리고 싶었다. 하지만, 그때 그녀의 한마디가 날 다시 일으켜 세웠다.

"너는 뭐든 할 수 있다. 우리는 너를 믿는다." 그 믿음과 기대를 저버리지 않기 위해 난 다시 도전했고 지상직 승무원으로 사회에 새로운 첫발을 내디딜 수 있었다. 드디어 꿈에 그리던 항공사에 입사를 한 순간이었다. 11년 8개월이란 긴 시간 동안 웃고 울며 그녀의 도움을 듬뿍 받으며 첫 직장에서의 여정을 마칠 수 있었다. 내겐 그때 생활들이 인생을 살아가는데 큰 밑거름이 되었다.

대학원에 진학한 첫해 연말 아이를 가졌다는 사실을 알았다. 석사 과정 중 겨우 1년이 지났는데 혹시 내가 중간에 그만둘까 그녀는 기쁨도 잠시 하루하루 노심초사였다. 사실 그만두고 싶다는 생각을 수십 번 수백 번 했었던 거 같다. 회사엔 이야기도 못하고 휴무일마다 쉬지도 못하고 힘겹게 다니던 대학원이라 힘든 점이 한 두 가지가 아니었다. 그런데 임신이라, 지금 생각해도 아찔한 순간이다. 하지만 그 아이는 복덩이었다. 대학원을 다니며 논문을 쓰려면 많은 시간이 필요한데 출산휴가 때 그 시간을 활용할 수 있었다. 지금은 추억하며 이야기할 수 있지만 논문을 마무리 지을 때는 우는 아기를 달래며 아기 띠로 업었다가 앞으로 안았다가를 반복하며 수유도 했다가 기저귀도 갈았다가 안고 재우며 타자를 쳤다. 초보 논문은 그렇게 첫째 아이와 함께 탄생하였다. 그때 나는 처음 경험하는 육아에 그녀에게 얼마나 예민하고 까칠하게 굴었던지 지금도 가끔 이야기하시면 내 얼굴은 홍당무가 된다. 나는 아무것도 모르는 준비되지 않은 왕 초보 엄마였다. 다른 초보 엄마들처럼 모든 게 서툴렀고 인터넷 검색으로 얻은 정보를 가지고 아이를 키웠다. 내 아이들이 성장하는 걸 보면서 그녀에게 철없이 굴었던 그 순간이 생각나서 나도 모르게 가끔 울컥한다.

내가 성장하는 과정 동안 아빠는 동생과 나에게는 정말 자상하고 좋은 분이셨지만 엄마에겐 좋은 남편은 아니었다. 친구를 좋아하고 술을 좋아하시던 아빠가 속을 썩일 때 엄마는 가끔 혼자서 눈물을 흘리셨다. 그래도 절대로 동생과 내 앞에서는 울지 않으셨다. 우리에게 늘 밝고 씩씩한 모습만 보여주셨다. 나도 가정을 꾸리고 살아가는 지금 그때의 엄마가 정말 잘 참고 버텨준 것임을 알 수 있다. 그 덕에 밝은 모습을 가진 오늘에 내가 있지 않나 생각한다. 엄마는 평생을 나에게 쏟으셨는데 난 아직도 철부지 딸이다. 이제부터는 내가 그녀의 보호자가 되어 평생을 쏟아야 할 차례가 왔다.

"밥은 먹고 다니니?" 나를 사랑해주고 걱정해 주는 그녀의 따뜻한 한마디에 오늘도 마음이 따뜻해진다. 그 마음을 내 아이들에게도 고스란히 전해 주고 싶다. 온기를 전해 주고 남에게 베풀 줄 아는 아이들이 될 수 있도록 사랑으로 세 아이를 잘 키워나가려고 한다.

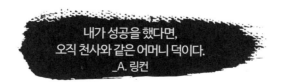

내가 성공을 했다면,
오직 천사와 같은 어머니 덕이다.
_A. 링컨

지구를 떠나고 싶어도 떠날 수 없는 이유

　오늘은 첫째 아이 영어 수업이 집에서 있는 날이라 여느 때와는 달리 소리도 크게 내지 못하고 사부작사부작 조용히 준비해서 샤브샤브로 저녁을 먹었다. 저녁 준비를 하는 동안에도 우리 2호는 계속 폭풍 질문 세례를 이어간다.

　"엄마~ 땅콩 소스 있어요?"

　"응~ 있어."

　"엄마~ 칠리소스 있어요?"

　"응~ 있어."

　"엄마~ 라이스페이퍼 있어요?"

　"응~ 그건 지금 없어~ 이제 그만!!"

　무언가 없다고 해야 질문은 끝이 난다. 내가 대답한 대답들이 뭐가 그리 웃기는지 1호와 3호에게 내 흉내를 내가며 우리 둘 사이에 있었던 일을 이야기해 준다. 저녁을 먹고 잠시 전화 통화를 하는 사이 1호는 박자에 맞춰 뚱땅뚱땅 피아노를 치고 있고, 2학년을 마무리하는 장기자랑을 준비 중인 2호는 핸드벨 연주에 한창이다. 피아노에 한 번 기웃 핸드벨에 한 번 기웃, 3호는 여기저기 빠르게 왔다 갔다 하며 피아노 건반을 띵~띵띵~딩~마음대로 쳤다가 2호에게 가서 핸드벨을 힘차게 흔들어 방해하고 내려놓는다. 평화롭고 감사한 우리 집 저녁 풍경이다. 하지만 난 가끔 지구를 떠나고 싶다.

　'나는 내가 원하는 삶을 살고 싶다.' 회사에 다닐 때부터 굉장히 특이하다고 생각하면서도 마음속으로 존경했던 분이 한 분 있다. 특이하다고 표현을 했지만 실은 어떻게 저런 생각을 하지? 그리고 어떻게 생각한 걸 직접 바로 실행에 옮길 수 있지?라고 생각했었다. 어느 날 그분이 회사를 그만두고 책을 출간하셨다고 했다. 책 제목이 정말 예술이라고 생각했다. 사람들은 누구나 자신이 원하는 삶이 있지만 원하는 대로 살지 못하는 상황이 많다. 나 역시도 아이들을 키우며 여러 가지 제약들로 내가 원하는 삶을 살고 있지 못한다는 생각을 할 때였다. 지방에서 근무할 때 사내 시험 감독으로 저자님을 직접 뵙게 된 인연이 있다. 그때가 벌써 10년 전의 일이다. 당시 스케줄 근무를 하며 휴무마다 쉬지도 못하고 직원들 모르게 대학원을 다니느라 조금 힘들어하고 있을 때였다. 아주 짧은 시간이었지만 나에게 독서의 중요성을 알려주시며 독서 노트를 보여주셨고 비전 노트를 보여주셨다. 비전 노트를 보는 순간 그동안 나는 뭐 하고 살았는가? 앞으로 나는 어떻게 살아야 하는가? 많은 생각을 하는 계기가 되었다. 이후 가끔 그분을 생각했었는데 퇴사하셨단 이야기와 함께 책을 내셨단 이야기를 듣고 역시 그분이라면 그럴 수 있겠다고 생각했다. 저자와의 인연이 있어서 일수도 있지만 《나는 내가 원하는 삶을 살고 싶다(김상경 저자)》이 책은 나에게 큰 깨달음과 울림을 주었다.

'나는 어떤 삶을 살고 있는가?'

스스로에게 질문을 던져봤다. 과연 나는 어떤 삶을 살고 싶을까? 나는 어떤 삶은 살았는가? 여러 생각을 하며 나만의 비전 노트를 작성해보았다. 나도 과연 저자처럼 비전 노트를 채울 수 있을까? 가장 큰 의문이었다. 나는 비전 노트를 채울 수 없을 것 같았다. 조급해하지 않고 여유를 갖고 천천히 작성해 보기로 했다. 책을 여러 번 읽고 조금씩 채워지는 비전 노트를 보며 왠지 모를 뿌듯함마저 느껴졌다. 나는 지금 천천히 한 걸음씩 나만의 비전 노트를 채우고 있다. 보통 인연 노트라고 하면 영업을 하거나 사람을 많이 만나는 직업에서 필요한 것이라고 생각을 하지만 글을 읽으며 인맥 관리의 중요성을 다시 한번 느끼게 되었다. 우리가 지금까지 받은 명함이 얼마나 되는지 그 명함의 수만큼 우리가 인연을 맺고 있는지 생각하면서 스스로 반성하게 되었다. 명함은 곧 나의 얼굴이고 상대방의 얼굴이다. 여러분도 인연을 소중하게 간직할 수 있는 인연 노트를 작성해 보길 권한다. 가장 좋았던 독서 노트!! 독서 노트를 보고 큰 자극을 받았고 나도 독서 노트를 차곡차곡 작성해 보고 싶단 생각을 했다. 정기적인 독서의 필요성과 체계화된 독서 노트를 위해 포항나비와의 인연이 시작되었다.

　포항나비는 독서에 뜻이 있는 사람들이 매주 토요일 아침에 모여 한 권의 책을 정해 같이 이야기를 나누고 저자와의 미팅도 가지고 책에 대해 함께 토론한다. 나비는 나로부터 비롯되는 목적 있는 책 읽기를 통해 세상에 선한 영향력을 미치는 리더들의 모임이다. 황태옥 박사님과의 인연은 아주 오래전으로 거슬러 올라간다. 공항에서 직원들을 위해 행복콘서트 강의를 해주셨는데 작은 체구에서 뿜어져 나오는 큰 에너지를 보고 탄성을 질렀다. 한 번의 강의로 나는 열성 팬이 되었고 지금까지 계속 인연을 이어오게 되었다. 박사님을 한마디로 표현하자면 한결같은 사람이다. 사람들은 누구나 인연을 맺고 끊기를 반복하며 살아간다. 인연은 맺기도 어렵지만 끊기는 더 어렵다고 생각한다. 관계가 끊어지면 가까운 관계는 서로 큰 상처를 남긴다. 인생을 살면서 한 번쯤은 상처를 주기고 했고 상처받기도 했을 테다. 나 역시 사람들과 관계에서 큰 상처를 받은 적이 있다. 믿었던 사람에게 상처를 받고 나면 사람들과의 관계 맺기는 더욱 어려워진다. 그런 가운데 황태옥 박사님은 늘 그 자리에서 사람들을 포근하게 감싸주신다. 항상 그 자리에서 사람들의 이야기를 들어주고 기다려주신다. 언제나 평온한 얼굴로 사람들을 반겨주는 모습을 보고 나도 언젠간 저 자리에서 사람들을 기다려주고 그들에게 희망을 주고 싶다고 생각했다. 포항나비로 다시 시작된 인연을 소중하게 오랫동안 간직하고 싶다.

　가끔은 세 아이들과 전쟁 같은 시간 속에 지구를 떠나고 싶다고 생각할 때도 있지만, 나는 독서를 만나 행복해졌다. 내가 원하는 삶을 살기 위해 끊임없이 노력하고 있고 독서를 하며 삶이 변하고 있다. 책에는 이 세상의 모든 지혜가 담겨 있다. 포항나비에서 독서하는 동지들을 만나 정말 행복하다. 누구나 할 수 있지만 아무나 못 하는 글쓰기도 함께 하고 있고, 소중한 인연 속에 그들의 열정을 배우고 느끼고 있다. 꾸준한 독서를 통해 내 속에 잠든 작은 거인을 깨우며 풍요로운 내 삶을 설계할 수 있게 되었다. 변화를 꿈꾸고 싶다면, 혹은 지금 도망치고 싶다면 독서를 시작하라!! 삶이 달라지기 시작할 것이다.

앞서 가는
방법의 비밀은
시작하는 것이다.
_마크 트웨인

나를 찾는 시간여행

 나는 어떤 삶을 살고 있는가?

나는 이상하게도 지난 시간을 돌이켜보려 하면 생각이 잘 나지 않는다. 글을 쓰기 시작하며 어린 시절 기억을 떠올리기 위해 앨범을 찾아보았다. 사진 속에는 다부져 보이는 나와 깡마른 예쁜 남동생이 있었다. 동생과 나는 어릴 때부터 꽤 친했다. 맞벌이하던 부모님은 늘 바쁘셔서 동생은 늘 내가 데리고 다녔다. 어린 나이였지만 동생을 돌봐야 한다는 강한 책임감을 가졌던 것 같다. 동생을 데리고 나가면 해가 질 때까지 안 들어왔다고 엄마가 지금도 가끔 이야기하신다. 연년생이라 크면서 잘 놀면서도 많이 싸우기도 했다. 동생은 체구가 작은 편이어서 내가 늘 지켜줘야 한다고 생각을 했었다. 초등학교 2학년 때 어린 시절을 보냈던 송도를 떠나 이사를 했고 전학도 하게 되었다. 나는 어릴 때부터 키가 컸던 탓에 늘 눈에 띄는 아이였다. 사교성도 좋은 편이라 친구들과도 금방 친해졌다. 전학을 가서 초등학교 2학년부터 6학년까지 반장을 한 번도 놓친 적이 없다. 엄마는 그때도 여전히 바빠서 내가 반장이 되는 걸 별로 달가워하지 않았다. 반장 엄마로서 학교에 갈 시간이 없다는 이유였지만 내 기억에 엄마는 선생님들과 하하 호호하며 이야기를 나눌 성격이 아니었던 거 같다. 지금의 나는 다행히도 선생님들과 이야기하는 게 불편하지 않다. 아이들을 어린이집이나 유치원, 학교에 보내면서 선생님들을 진심으로 존경하게 되었다.

나는 어릴 적부터 운동을 좋아했다. 달리기는 꽤 잘해서 학교 대표로 큰 대회에 나간 적도 있다. 뭐든 지는 걸 싫어해서 악으로 깡으로 버텼던 거 같다. 운동 하나는 타고났다고 생각했는데 집에서 일찌감치 못하게 막았다. 운동하는 게 쉽지 않다는 걸 아니 정말 어렵다는 걸 엄마는 아셨던 거 같다. 우리 집은 부유하진 않았지만, 부모님의 사랑만큼은 넘쳤다. 나는 여자아이였지만 아빠는 축구와 야구 경기를 보는 법, 장기와 바둑 두는 법을 초등학교 때 가르쳐 주셨다. 남동생을 알려주시며 같이 알려주신 거겠지만 살아가면서 얼마나 큰 도움이 되었는지 모른다. 축구경기나 야구경기를 보며 환호성만 지르는 것이 아니라 경기에 빠져들어 이야기를 나눌 수 있었고, 알파고와 이세돌의 바둑 경기를 흥미롭게 관전할 수 있었다.

중학교 시절 정말 좋아하던 과학 선생님이 있었다. 내 눈에는 장동건보다 잘생기고 멋진 선생님이었고 학교가 재미없고 힘들어질 때 선생님을 통해 큰 힘을 얻었었다. 졸업하고 학교를 찾아가서 뵙기도 했었는데 어느 순간 연락이 끊어져 너무 안타까웠다. 찾으려고 백방으로 수소문해봤으나 결국 찾지 못했는데 언제라도 꼭 연락이 닿았으면 좋겠다. 연합고사 세대에 제일 중요한 중학교 3학년 때 나는 감정 기복이 심했던 것처럼 모의고사 성적도 기복이 심했다. 컨디션이 좋을 때와 좋지 않을 때 모의고사 점수가 20점 이상씩 차이가 났다. 원서를 쓰러 엄마가 학교에 오셨는데 담임 선생님과 상담할 때 《트렌드코리아 2022》의 올해의 트렌드 TIGER OR CAT처럼 뱀 꼬리 OR 용머리를 고르는 웃지 못할 사태가 발생하게 되었다. 비평준화 지역에서 모의고사 성적이 고등학교를 선택하는데 중요한 요소였는데 그때 나는 쉬운 길을 택했다. 지나고 보니 그때의 내 선택에 조금은 후회가 남는다. 용머리가 아니라 뱀 꼬리를 선택했더라면 또 다른 삶을 살고 있지 않을까? 쉬운 길을 택하지 말고 어려운 길에서 스스로 운명을 개척했다면 내 인생을 달라지지 않았을까 생각해본다. '쉬운 길이 아니라 의미 있는 길을 선택하라'는 책의 구절을 보고 나의 삶을 되돌아보았다.

고등학교 2학년 때 승무원이 되겠단 꿈을 꾸기 시작했다. 그런데 아이러니하게도 난 자연계였다. 대학 진학을 위해 진로를 정할 때만 해도 성적이 괜찮은 편이라 호기롭게 큰 꿈을 꾸고 자연계로 정했었다. 꿈이 바뀌면서 인문계쪽이었지만 한번 정하면 바꿀 수 없었기에 진로와 상관없이 정석수학을 얼마나 미친 듯이 풀었는지 모른다. 하지만, 수학은 여전히 어렵다. 첫째 아이가 푸는 수학 문제를 봐줄 때마다 우리 때도 이렇게 어려웠나 싶을 때가 많다. 승무원이 되기 위해 가고 싶었던 대학은 수능 영어 가산점이 50%가 있어 고3때 영어를 정말 열심히 공부했다. 하지만 원하는 대학에 갈 수 없었고 큰 실망을 안고 대신 집에서 다닐 수 있는 대학을 선택하게 되었다. 대학을 결정하고 진로를 결정할 때 부모님은 항상 그랬듯 전적으로 내 의견을 존중해주셨다. 늘 나를 믿어주셨다. 그 믿음과 기대에 저버리지 않기 위해 난 참 애쓰면서 살았다.

어릴 적부터 항상 난 밝은 모습만 보여주려고 노력했다. 스스로 그렇게 주문을 걸었다. 외향적인 성격처럼 보였지만 사실 혼자 있는 게 훨씬 더 편했다. 친구들은 나의 밝은 모습과 긍정적인 모습이 좋다고 했다. 어쩌면 내가 가면을 쓰고 살았는지도 모른다. 학창 시절 친구들과 마찰이 있거나 좋지 않은 이야기를 들을 때 난 그냥 피했었다. 그 상황이 너무 두렵고 무서웠다. 그런 상황들 속에 친했던 친구와 인연을 끊기도 했다. 친구들은 많았지만 그 친구들을 지키지 못한 건 내 잘못이다. 내가 잘되어야 한다는 강박관념과 잘되기 위해 준비를 하는 시간 속에서 난 많은 걸 잃었다. 가끔은 스스로 외로움을 선택한 내가 안쓰러울 때도 있다.

　지금도 사람들과의 관계는 참 어렵다. 나를 너무 드러내면 사람들은 그걸 이용하고 나를 드러내지 않으면 왜 말이 없냐고 한다. 안 괜찮아도 괜찮은 척 하고 싫어도 좋은 척하고 알아도 모르는 척하고 몰라도 아는 척을 해야 해서 참 힘들게 살았던 것 같다. 지금껏 정말 열심히 살아왔지만 과연 나는 어떤 삶을 살았는가? 질문을 던져본다. 지금까지의 삶이 내 진짜의 모습이었는지 나다운 게 어떤 것인지 내가 살고 싶은 삶은 어떠한 모습인지 스스로 질문들을 하면서 이제는 조금씩 천천히 진짜 나를 찾아가고 싶다.

　10대에는 부모에게 보여주는 삶을 살았고, 20대에는 남들에게 보여주는 삶을 살았고, 30대에는 세 아이를 위한 삶을 살았고, 40대에는 진짜 내 삶을 살고 싶다.

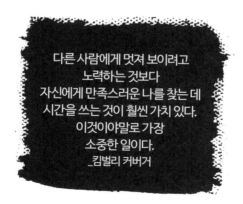

다른 사람에게 멋져 보이려고
노력하는 것보다
자신에게 만족스러운 나를 찾는 데
시간을 쓰는 것이 훨씬 가치 있다.
이것이야말로 가장
소중한 일이다.
_킴벌리 커버거

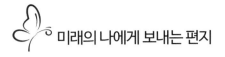

미래의 나에게 보내는 편지

아직도 여전히 예쁘고 건강할 80세의 나를 기대하며 이 글을 시작한다.

지금으로부터 10년 후 내 사랑 1호 민이와 2호 현이가 대학을 갔다. 민이는 어릴 적부터 꿈꾸고 가고 싶어 했던 대학에 가서 재미있게 대학 생활을 즐기고 있다. 현이는 힘든 고3 생활을 마치고 이번에 대학을 간다. 대학에 합격하자마자 면허를 따겠다고 하더니 지금 운전면허학원에 가서 열심히 연수 중이다. 건이는 아직도 고등학생이다. 이 녀석은 대체 왜 시간이 멈춰 있는 것일까? 누나들이 엄마한테 공부하라고 잔소리 들을 때 내 옆에서 같이 추임새 넣던 녀석이 상황이 역전되었다. 누나들은 성인이 되어 소개팅도 하고 친구들과 여행을 다닐 수 있는 나이가 되었지만 건이는 학교와 학원을 바쁘게 다니며 열심히 공부하고 있다. 나는 이미지 메이킹 전문가가 되어 바쁘게 살고 있다. 틈틈이 나는 시간에는 스타벅스에 앉아 바쁜 사람들 틈에서 여유롭게 책을 읽으며 그 삶을 즐기고 있다. 평범한 일상에서 행복을 찾고 있다.

어머나, 내가 벌써 환갑이라니…. 가족들이 다 모여 맛있는 저녁을 먹고 있다. 내 옆에는 나의 든든한 후원자 그가 앉아 있고 민이와 현이 건이까지 다 모였다. 건이는 얼마 전에 본인이 원하던 회사에 취업했다. 멋진 파일럿이 되어 하늘을 날고 있다. 민이는 결혼을 준비하고 있다. 혼자 사는 거도 나쁘지 않을 거 같았는데 너무 예쁜 민이를 혼자 살게 하는 건 너무 슬픈 일인 거 같았다. 그리고 멋진 사위 녀석이 내 마음도 같이 훔쳐 갔다. 현이는 마음껏 자기 인생을 즐기며 살고 있다. 여행을 좋아하는 아이라 쉬는 날이면 늘 여행을 다니고 있다. 나랑 제일 많이 닮은 아이라 나와는 다른 삶을 사는 현이가 부럽기도 하고 한편으론 걱정이 되기도 한다.

나는 드디어 건물주가 되었다. 그와 함께 꼭대기에 살고 있고 바로 아래층은
내 사무실로 사용하고 있다. 옥상 테라스에서 마시는 커피로 하루를 맞이한
다. 그리고 사무실로 가서 오늘 있을 미팅 스케줄을 정리하고 있다. 오후에는
다음 주에 계획되어 있는 나의 환갑 여행을 위해 그와 쇼핑하러 가기로 했다.
아이들도 함께하는 여행이라 벌써 설렌다. 예쁜 아이들이 정말 잘 자라줬고,
내 인생은 정말 행복하다고 느끼는 요즘이다.

세월이 야속하다. 벌써 70이 되었다. 따스한 햇살 아래 커피를 마시며,
고요한 음악으로 시작하는 아침이다. 나는 할머니 동화작가가 되어있다. 아침
에 눈을 뜨면 희망의 메시지를 담은 글을 몇 줄 써 내려간다. 그리고 1층으로
내려가 급식소에 식사 준비를 확인하고 봉사자분들과 이야기를 나눈다. 내가
살고 있는 건물 1층에 무료급식소를 운영하고 있다. 가족이 없는 노인들에게
따뜻한 식사를 대접하고 싶어 시작한 일이 올해로 벌써 5년째이다. 민이의 아
이들이 벌써 지금의 민이 나이가 되었다. 아이들은 절대 봐줄 수 없다고 했지
만 민이가 바쁘니 안 돌봐줄 수가 없다. 아이들이 마치는 시간 그는 아이들의
멋진 드라이버로 든든한 조력자 역할을 해주고 있고 나는 아이들의 엄마가 되
어주고 있다. 현이는 늦게 결혼해서 아직 육아하느라 정신이 없다. 병원에서
일하느라 늘 바쁘게 살더니 결국 제 짝을 만나 시집을 갔다. 이왕 갈 거 일찍
보낼 걸 싶기도 하고 육아에 지쳐 살이 쏙 빠진 모습이 안쓰럽다. 건이는 얼마
전에 둘째를 낳았다. 손주 녀석이 얼마나 예쁜지 눈에 아른아른 거린다. 멀리
떨어져 있지만 영상통화로 자주 볼 수 있으니 그나마 다행이다. 손주들을 위
해 쓰기 시작한 그림 동화였는데 아이들에게 꿈과 희망을 전해주고 있다니 더
없이 행복하다. 독자들이 내 글을 읽으면서 마음이 따뜻해지는 그런 글을
오래오래 쓰고 싶다.

잠깐 눈을 감고 뜨니 또 10년이 지났다. 다행이다. 정말 감사한 일이다.

그와 나는 아직 건강하다. 아침에 일어나서 향이 좋은 차를 함께 마시며 하루를 시작한다. 오늘은 그의 생일이다. 민이네 가족과 현이네 가족, 건이네 가족 모두 한자리에 모였다. 이렇게 모이니 숫자가 어마어마하다. 아버지 생신 때는 한 명도 빠짐없이 모두 모이기로 약속을 해서 오늘 출석은 백 프로다. 손주 녀석들이 할아버지를 위해 재롱을 부린다. 민이네 큰 녀석은 이번에 대학을 갔다. 첫 손주라 듬직하고 믿음직하다. 아르바이트를 해서 번 돈이라며 할아버지한테 용돈을 드린다. 현이네 손주 녀석들은 현이의 끼를 그대로 물려받았다. 노래와 춤으로 한바탕 큰 웃음을 준다. 건이네 아이들은 바이올린을 연주하겠다며 작은 연주회를 준비했다. 그저 바라보고만 있어도 입가에 웃음이 끊이질 않는다. 이제 다 같이 케이크 초에 불을 붙이고 생일 축하 노래를 부른다. 그가 촛불을 불며 소원을 빌 때 마음속으로 나도 소원을 빌어본다. 우리 부부 건강하고 행복하게 살다가 가기를….

나의 10년, 20년, 30년, 40년 후를 떠올리며 글을 쓰다가 눈물이 왈칵 쏟아졌다. 아이들의 꿈이 바뀌는 것처럼 내 꿈도 내 미래도 계속 바뀌고 있었다. 40년 후 나는 어떤 모습일까? 정말 며칠을 고민하고 글을 써 내려갔는지 모른다. '인생사 새옹지마' 앞으로 어떻게 될지 알 수 없기에 글을 쓰기 더 망설여졌던 거 같다. 나의 미래를 상상하며 그 가운데 어머니, 아버지의 모습도 떠오르고 그분들을 떠나보내고 곁에 없다고 생각하니 가슴이 아려왔다. 이글을 2,30대의 나는 과연 쓸 수 있었을까? 생각해 본다. 그때는 하지 못했던 내 미래를 그려보았다. 세상을 살아가면서 여전히 사람들과의 관계도 고민하고 예고 없이 찾아오는 삶의 무게도 견디며 세월이 쌓이겠지. 내가 상상하는 내 미래는 거창한 모습이 아니다. 민이와 현이 건이가 행복하게 예쁘게 살아가고, 나는 그와 함께 따스한 오후 햇살 아래에서 차를 마시는 평온한 일상을 꿈꾼다. 시간여행을 하고 있는 나에게 조용히 속삭인다.

"미래에서 기다릴게."

"응, 금방 갈게."

가장 빛나는 별은
아직 발견되지 않은 별이고
인생 최고의 날은
아직 살지 않은 날들이다.
_토마스 바샵의
《파블로 이야기》 중에서

포항나비

정지윤

장애인식개선 강의와 독서가
또 다른 길로 이어져 이렇게 공동으로
책을 출간하게 되다니 놀라울 따름이다.
이것은 전적으로
포항나비와의 소중한 인연 덕분이다.
내가 사회복지사에서 인권활동가로 지경을 넓혀
보다 높은 가치의 삶을 추구했던 것처럼
귀한 인연의 고리를
독자들과 연결하고 싶다.

시선의 변화로 찾은 **길**

Ⅰ

삶에 인권을 연결하다

장애를 바라보는 시선

 나이 40을 넘길 시점의 나는 장애인복지 현장에서 장애인 당사자분들과 호흡한 지 꽉 찬 14년을 보내고 있었다. 나는 늘 나의 존재와 현재의 쓰임에 감사한다. 무엇이 나를 이곳으로 이끌었을까? 이곳은 대학원에서 사회복지학과를 졸업한 뒤 부푼 꿈을 안고 들어간 나의 첫 직장이었다. 어려운 사람을 돕는 직업이 사회복지사 아닌가. 그러기에 누구보다 따뜻한 정을 나누는 사람이 사회복지사다.

 내가 맡은 업무는 '장애인소식지'를 제작하는 홍보기획이었다. 소식지를 통해 지역 장애인의 목소리를 대변하는 언론의 역할을 하며, 장애인의 인권과 복지정보, 일상생활에 도움이 되는 유익한 정보를 제공하고, 비장애인의 장애인식개선을 위한 다양한 정보를 담았다.

 소외되고 고통 받는 사람들의 편에 서서 함께 목소리를 내는 것에 최선을 다하리라 다짐했다. 덕분에 나는 많은 분들과 소통할 수 있었다. 지역 신문사 사회부에서 일했던 덕분이었다. 그 일을 통해 지역사회의 다양한 분들을 만나 뵈었다. 사회 초년생 당시에 어느 다문화 여성 활동가를 알게 되었을 그때 그가 외쳤던 선서문에 마음을 빼앗겼다. 나는 사회복지사로서 인간존엄, 사회 정의, 소외되고 고통 받는 사람들의 편에 서서 불의와 부정을 거부한다는 자부심이 있었는데 그 내용과 일치했기 때문이었다. 그 때문에 나는 사회복지학을 공부하고 싶었고, 장학조교를 하면서 학부생들과 사회복지현장을 연결하는 업무를 시작하게 되었다. 나 또한 사회복지 현장 실습을 하면서 노인, 장애인, 청소년 등 다양한 사회복지 영역에서 경험을 쌓았다.

하루는 영구임대단지 내의 종합복지관에서 봉사활동을 할 때였다. 복지관에 일상생활지원 도움을 요청한 어느 장애인 가정을 방문하게 되었다. "딩동! 딩동!" 초인종을 눌렀는데 인기척이 없기에 현관문을 살짝 당겨보았다. 스르륵 문이 열렸고 컴컴한 방 한 편에 누워계시는 여성분이 계셨다. 가까이에 가서 "무엇을 도와드릴까요?" 여쭈었는데 "화장실에 가고 싶다."고 하셨다. 처음에는 살짝 당황스러웠지만 어떻게 도움을 드리지? 내가 도움을 드릴 수 있을까? 다치시지는 않을까? 많은 생각이 들었다. 그래도 젊은 나였기에 힘을 쓸 때라면 힘깨나 쓸 줄 아는 씩씩한 나였다. 필요한 도움을 드린 후 다시 따뜻한 방바닥으로 그분을 눕혀드렸다.

경상도 사투리를 구수하게 내 뱉는 나에 대해 궁금하셨는지 "복지관 직원이야?" 라고 물으셔서 "사회복지 공부를 하고 있는 봉사자입니다."라고 말씀드렸다. 그 분은 자신을 돌보는 사촌 여동생이 직장을 다녀오는 동안 혼자 방안에 누워만 계신다고 하셨다. 목이 마르다 하셔서 누워계시는 왼쪽 얼굴 옆에 있는 두유에 빨대를 꽂고 드시기 편하시도록 고개를 조금 세워드렸다. 벌컥 벌컥 드시는 것으로 보아 혼자 계시던 시간의 허기를 달래시는 것 같았다.

그렇게 머물러 있기를 2시간 남짓했고 해가 일찍 저무는 12월이었던 터라 복지관의 퇴근시간이 얼마 남지 않아 급히 복지관으로 발걸음을 옮겼다. 복지관에 도착하니 봉사담당 사회복지사가 놀랐다는 표정을 보였다. 1시간이 지나도 오지 않아 무슨 일이 생겼나 걱정 하셨단다. 핸드폰을 두고 간 나의 실수로 연락이 닿지 않으니 걱정을 키웠다. 봉사담당 사회복지사가 "어떤 것을 도와드리고 왔나요?" 라고 묻기에 용변처리부터 음료 섭취, 함께 사는 분이 귀가하실 때까지 도움이 필요한 일을 도와드리다 보니 시간 가는 줄 몰랐다고 답했다.

사회복지 현장실습을 꼭 하고 싶었던 그 복지관에서 동계 사회복지 현장실습을 시작하게 되었다. 휠체어를 타신 그분을 다시 뵙게 되었는데 20대인 나를 아기라고 부르시며 사랑스럽고 예쁘다고 입버릇처럼 말씀해주셨다. 그 인연으로 나는 장애인복지에 더 큰 관심을 갖게 되고 교수님 추천으로 '수감생활을 하는 장애인 인권에 대한 연구'에 참여하게 되면서 장애와 인권을 더 깊이 알게 되었다. 그것이 내가 장애인의 편에 서서 그들과 지금까지 호흡하고 있는 이유이다.

장애인 단체에서 기획과 홍보 업무는 무척 다양하다. 지역 장애인 소식지나 인식개선, 리플릿 같은 홍보물을 제작하고 각종 언론에 우리 단체의 소식이 실리도록 기사를 제공하기도 하고 장애인 권익증진을 위해 부단히 뛰어야했다. "우리는 장애인과의 관계 속에서 일하는 거야. 단체에 편하게 발걸음 하실 수 있도록 그들과 관계가 좋을수록 일을 잘 할 수 있어" 내가 모셨던 장애인 단체장께서 강조하셨던 말씀이다. 물론 관계를 잘 맺으려면 당사자의 이야기에 귀 기울이고 그들과 함께 지역사회에 묻고 의논하고 부탁하며 다니라고 했다. 그렇게 사람들을 만나고 지역에 무엇이 있는지 확인하다보면 소식지 구독자들에게 도움이 되지 않을까? 내가 '장애인 인권'과 '장애인 인식개선'에 관심을 갖게 된 것도 그런 이유에서다.

지금은 현장 경험을 더해 장애분야 인권교육과 직장 내 장애인 인식개선에 대한 강의를 하고 있다. 때마다 교육생들이 비슷한 질문을 한다. 초·중·고 학생들, 비장애인들 할 것 없이 공통이다. "장애인은 어떻게 도와줘야 하나요?", "장애인을 만나면 어떻게 해야 할지 모르겠어요." 그런 질문을 받을 때마다 나는 "앞집, 옆집, 이웃을 만나면 어떻게 하세요?" 다시 여쭙는다. 대부분 "안녕하세요." 가볍게 인사를 건넨다고 한다. 그러면 "장애인을 장애인으로 보지 말고 이웃주민으로 봐 주세요" 라고 말한다. "안녕하세요."하거나 상황에 따라 "무엇을, 어떻게 도와드릴까요?" 하고 물어본다면 장애와 비장애를 떠나 이웃으로 살아갈 수 있다고 설명한다.

내가 그렇게 깨닫기까지는 장애인 단체장님의 가르침이 크다. 14년 전 어느 여름날이었다. 웨딩홀에서 장애인 관련 행사에 참여하고 사무실로 복귀하기 위해 단체장님의 휠체어 도우미를 하며 함께 걸었다. 지나가던 초등학생이 산재사고로 하지절단 장애가 있으신 단체장님의 모습을 보고 "아저씨 왜 다리가 없어요?"라며 놀란 눈으로 물었다. 그때 학생에게 "아저씨는 휠체어가 두 다리야, 아주 빠르게 갈 수 있어."라고 학생에게 차분히 설명해주셨다. 나는 그 학생의 행동이 조금 무례하다고 생각했었는데 학생이 떠난 후 나에게 "장애라는 현상은 변하지 않는다. 변할 수 있는 것은 그것을 바라보는 내 마음이다."고 말씀하셨다. 그분의 말씀처럼 나 역시 장애를 알기 전의 생각과 그동안 현장에서 직접 눈으로 보면서 갖게 된 생각은 달랐다.

지금은 장애인들로 하여금 지역사회에서 살아갈 수 있도록 그들과 자립에 대한 목소리를 함께 높이고 있다. 장애인이 장애인 시설에서 지내고 장애인 친구만 만나는 것이 아니라 이웃으로서 주민으로서 그렇게 살아가도록 관계를 잇는 것이 나의 역할이면서 동시에 우리 모두의 역할이다. 사람들이 모여 함께하는 것 자체가 우리 공동체 내에 있는 모든 이들의 의미 있는 삶을 실현

케 하는 것이다. 처음 장애인 단체에서 장애인복지를 맺었던 소중한 인연들과 계속 함께 할 수 있어 또 나의 인생의 좋은 친구가 되어주어 언제나 고맙다. 그 바탕이 있었기에 장애인복지관을 비롯한 현장에서 지역사회 자원개발을 위한 후원단체와 자원봉사자를 연계하고 장애인의 권익옹호를 위해 최선을 다하고 있다.

당신의 생각을 변화시키면
당신의 세상도 변할 것이다.
_노먼 빈센트 필

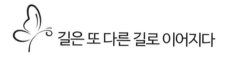
길은 또 다른 길로 이어지다

　장애인복지 현장에서 7년의 시간을 2회의 인권 강의에 담는다는 것은 만만치 않은 작업이었다. 강의 슬라이드 한 장을 만드는데 하루가 꼬박 걸리기도 했고 다시 공부해서 정리해야 하는 부분도 있었다. 내가 가진 것이 참 많다는 것을 알게 되는 순간도 있었다. 무엇보다 장애인 당사자의 인권을 전혀 모르는 분들이 강의 대상이라 알려드려야 할 것이 많기도 했다.

　장애인권 교육의 핵심은 소중한 나의 인권, 차이와 차별을 이해하는 것이다. 이는 장애와 비장애 구분 없이, 바로 '나'와 '너' 그리고 '우리' 모두가 인식해야할 중요한 부분이다. 나 역시도 첫 강의를 통해 인권 감수성을 돌아볼 수 있는 기회가 되었다. 나의 인권감수성 출발점도 자녀들의 권리와 인권을 고민해보는 것에서 시작되었다. 인권영화와 접목하여 강의를 기획하였다. 첫 강의를 준비하는 동안 강의안을 들고 다니며 중얼거리면서 복지관 프로그램실에서 리허설도 해 보았다. 준비하는 과정에서 나의 열정은 빛났다. 그런데 막상 강의를 시작하고 몇 분 안 되서 깨달은 게 있었다. 청중의 반응은 내가 상상하던 것과 너무 달랐고 또 나에게 즐거운 시간을 기대했던 터라 실망하는 기색이 역력했다. 적잖이 당황했지만 기대와 현실의 차이에서 나는 또 하나 배웠다. 참여자분들이 느꼈던 나의 첫 강의를 어땠을까? 강의를 끝내고 많은 생각이 올라왔다. 첫 강의를 해냈다는 뿌듯함도 있었고 동시에 부족한 점은 없었는지 아쉬움과 다음 강의에 대한 걱정도 있었다. 실제로 만족도조사와 인권 질문을 받을 때는 두 볼이 화끈 달아오를 정도로 긴장도 되었다.

　즐거운 강의가 아니라 실망감도 있었겠지만 그래로 많은 분들께서 인권에 대한 생각을 새롭게 하게 되었다. 인권을 좀 더 깊이 이해하게 되었다니 기뻤다. 무엇보다 내 역사적인 첫 강의에 함께 해주셔서 감사한 분들이다. 그래서 그분들을 잊을 수 없다. 솔직히 강의를 하지 않았다면 내가 이렇게까지 인권에 대해 많이 고민하고 공부했을까 싶다. 슬라이드 애니메이션에서부터 작은 멘트까지 슬라이드 노트를 꼼꼼히 적고 강의 시선과 움직임 등 첫 강의를 통해서 지난 시간들을 정리해보는 계기가 되어 참 좋았다.

길은 또 다른 길로 이어진다고 했던가? 사업체 근로자들을 대상으로 직장 내 장애인 인식개선교육이 의무화되었다. 처음 직장 내 장애인 인식개선교육 강의안을 준비하면서 우리지역 장애인 고용 업체를 찾아 다녔다. 국내최초 자회사형 장애인 표준사업장, 장애인 바리스타를 양성하는 사회적 혁신기업 등에 직접 인터뷰를 하면서 실제로 내가 궁금했던 것으로 구성하였기 때문에 장애인 고용에 대한 실질적인 것들을 많은 분들이 함께 알았으면 좋겠다고 생각했다.

직장 내 장애인 인식개선 강사자격 취득을 위한 강의 시연장소에서 실직적인 장애인 고용현장의 이야기를 잘 전달하고 싶었다. 섬세하게 강의 준비를 하였다고 생각했지만 막상 시연 순서가 다가오니 심장이 콩닥콩닥 떨렸다. 교육장 앞에 커피를 무상으로 마실 수 있는 무인 판매대가 있다는 것을 캐치하고 장애인 바리스타를 양성하는 H업체의 컵홀더를 챙겼다. 무인카페의 커피를 한잔 내려 H업체 컵홀더를 씌운 후 강의 시연에 들어갔다. 내 손에 들린 커피 두 잔을 시연 평가 위원들 앞에 내려놓고는 그들이 어리둥절한 미소를 보일 때쯤 오프닝을 했다. 정말 커피가 맛있는 곳이라 내가 그 곳에서 느꼈던 진한 커피 향기에 묻은 바리스타 고용현장 이야기를 전하며 좋은 결과를 안고 집으로 내려왔다. 그때를 떠올리니 사랑의 향이 가득했던 그곳, 장애인 바리스타와 함께 이룬 그곳에서 커피 한잔의 여유를 다시금 느끼고 싶다.

지금은 장애인 당사자분들도 내 강의안을 샘플로 교육을 한다. 내가 아는 것을 나누고 그를 통해서 나도 더 보완된 강의를 준비할 수 있어서 좋다. 배움을 나누는 것이 내가 더 성장하는 길이다. 나는 강의를 하면서 참여와 소통 포인트를 많이 구성한다. 주로 파워포인트를 활용하여 진행한다. 장애인 고용이라는 다소 무겁게 느껴질 수 있는 주제에 대해 지식으로만 전달하지 않는다. 강사인 나의 경험담과 일하며 경험한 것과 실제 겪은 일화 등을 시작으로 강의를 풀어간다. 사례를 통해 '장애인 고용, 내일을 함께 생각해보는 시간'으로서 참가자들 스스로 생각하고 실천할 시간을 열어주면 그들이 얻는 것이 더 많다는 생각에서다.

　나의 첫째 아이가 초등학교 4학년이다. 딸은 어릴 적부터 장애를 가진 나의 지인들과 함께 나들이 가고, 밥을 먹으면서 장애인과의 자연스러운 만남을 가졌다. 하루는 집에서 휠체어 장애인 친구와 차 한 잔 하고 있는데 집으로 놀러온 딸의 친구가 내 친구를 조금은 어색한 시선으로 바라보며 "아줌마, 아줌마는 왜 다리가 없어요? 저도 앉아 봐도 되요?"라고 하는 것이다. 갑자기 정적이 흘렀다. 아직 많은 상황을 접해보지 않은 아이의 입장에서는 낯선 환경일 것이다. 이렇게 우리는 수많은 사람들을 만나며 살아간다. 고용현장에서도 마찬가지다. 사람과 사람 간에 관계 맺기가 상당히 어렵다. 우리가 편견 없이 장애인을 어떻게 바라보느냐에 따라 장애인 동료와의 만남이 소중한 인연이 되기도 한다.

　2008년부터 직장 내 장애인 인식개선교육이 의무화되었지만 장애인 직업능력에 대한 편견은 여전히 존재한다. 직장이나 사회 안에서 곱지 않은 시선 때문에 마음의 불편을 느낀 경험이 있거나 잘못된 시선으로 타인을 불편하게 한 경험은 누구나 한 번쯤 있을 것이다. 타인으로부터 곱지 않은 시선을 받는다는 것은 누구에게나 힘들고 불쾌한 일이다. 장애인을 대하는 우리의 시선은 어떨까? 우리는 장애인은 비장애인에 비해 어딘가 불편한 사람일 뿐이다. 그 차이를 인정하되 차별하여서는 안 된다. 하지만 과연 우리는 장애인을 바른 시선으로 바라보고 있는가? 보는 이의 시선에 따라 다르고 시선에 담긴 생각에 따라 달라진다. 장애에 대한 차이를 인정하고 중립적인 시선으로 바라볼 때 우리 사회는 진정한 평등사회가 되는 것이다.

장애인분들과 행복 소통 프로그램을 진행하고 있을 때, 한 여성분이 말씀하셨다.

"선생님! 선생님 얼굴에 뭐가 묻었어요. 아름다움이 묻었네요~…." 그녀는 유머러스하게 나의 긴장감을 풀어줌과 동시에 분위기를 유쾌하게 만들었다. 그 표현력에 마음이 찡했다. 그들에게 장애는 전혀 문제가 되지 않았다. 우리가 생각하는 고용에 대한 인식이 '함께'라는 마음과 함께한다면 장애인 동료를 대할 때 '장애인'이라는 용어의 틀 안에서 이해하는 것이 아니라 그들이 가진 재능을 보는 관점의 계기가 되었으면 한다. 장애인 고용 내일을 상상하는 힘은 근로 현장에서 '다름'을 이유로 '낯섦'을 이유로 차별이 되지 않도록 하는 것이다. 함께 하는 마음이 있어 우리사회는 그들과 함께하는 고용을 한 걸음 더 따뜻하게 내딛을 수 있는 것 같다.

나의 인권강의가 직장 내 장애인 인식개선 강의로 이어진 것처럼 길은 또 다른 길로 이어기기 마련이다. 사업체의 성장을 위해서 사업체와 장애인과 비장애인 근로자가 함께 상생하는 현장이 많아지길 바란다. 그리하여 장애인의 고용 영역이 확대되고 누구나 안정적인 직업을 통해 자신의 풍요로운 삶이 영위될 수 있었으면 한다.

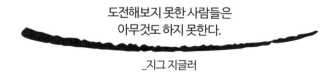

도전해보지 못한 사람들은
아무것도 하지 못한다.

_지그 지글러

II

우리의 일을 만들자

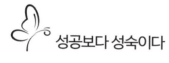

성공보다 성숙이다

대한민국 헌법에는 '모든 국민은 인간다운 생활을 할 권리를 가진다', '국가는 사회보장·사회복지의 증진에 노력할 의무를 진다', '국가는 여성과 노인, 청소년의 복지 향상을 위한 정책을 실시할 의무를 진다'고 명시하고 있다.

굳이 헌법 34조를 언급하는 것은 새삼스러운 일이 아닌 것은 복지는 국민의 '권리'이기 때문이다. 국가와 사회의 '시혜'가 아니다. 권리로서 복지를 바라보자. 사회복지사는 무슨 일을 할까? 국민을 위한 보다 나은 복지가 실현 될 수 있도록 국가와 사회의 의무를 일선에서 행하는 이들이다. 고강도의 노동에 비해 턱없이 낮은 보수에도 불구하고 사회복지사들은 헌신적으로 자신의 소임을 다하고 있다. 그 역할에 비해 사회복지사에 대한 경제적 처우와 사회적 처우가 많이 부족하다는 것이 안타깝다.

한 때는 사회복지사에 대한 인식이 제대로 정립되지 않아 힘들었던 시절도

있었다. 그래도 이제는 그런 인식도 많이 개선되었다. 이젠 사회복지사가
지역사회로부터 따뜻한 마음을 가진 전문가로 인정받기에 이르렀다. 그래서
사람 사는 곳이면 어디든 사회복지사가 있다.

일하는 사회복지사가 행복하면 우리 이웃들은 더 행복하다. 사회복지사는
어려운 이웃을 만나 그가 살아가는 삶의 자리까지 가고 그의 이웃을 만나
러 다양한 곳을 찾아간다. 또한 나눔을 주고받을 이웃을 열심히 찾아다니고
좋은 관계를 주선하기 위해 또 이곳저곳을 다닌다.

장애인복지관의 지역사회자원개발 영역에서 활동하는 동안 사업을 계획하고
후원단체를 연계하고 외부지원사업을 진행하며 장애인을 수혜자로 만들어 무
조건 많은 것을 제공해 주면 좋은 줄 알았다. 복지관에서 주는 것은 당연하고 그
것을 받는 것에 당사자는 늘 만족해 할 거라 믿었다. 장애인 당사자를 만나면 무
엇을 드릴까? 무엇을 도울까? 어떻게 즐겁게 할까? 그분이 웃으면 나도 좋았다.

그런데 현장에선 언제부턴가 창의성과 열정보다는 불평과 불만이 사회복지
사들의 마음에 담기게 되었다. 사람 사는 곳이다 보니 동료들 간에도 협력보
다는 서로를 불편해 하고 같이 앉아 있기조차 싫은 지경이 되기도 했다. 클라
이언트와의 관계에서도 예전의 진지함은 사라지고 피상적인 업무의 수행만이
있을 뿐이다. 물론 모든 사회복지현장과 그곳에 근무하는 모든 사회복지사들
이 다 그런 것은 아닐 것이다. 하지만 이런 지적에 대해서 일정한 정도 긍정하
는 분들이 그렇지 않다고 말하는 분들보다 훨씬 많을 것이다.

나 역시 그렇다. 20대 후반에 사회복지사로 일하기 시작하여 10여 년이 훌
쩍 지나기까지 참 많은 분들과 인연을 맺었고 그들과 함께 발걸음을 맞추었다.
그런 나에게도 직장 동료와의 관계에서 힘든 일이 많았다. 동료 사회복지사가
나와 같이 앉아 있기조차 싫어하는 상황을 자주 마주하였을 때 그 순간들은
참 힘겨웠다. 인간관계를 좋게 이끌고 어긋난 부분을 회복하는 일은 참 힘든

것 같다. 무엇보다 자존감이 바닥을 치는 일이 다반사일 수 있으니까.

그럴 때면 조금 무뎌질 필요가 있다. 우리 덤덤해져보자. 스스로가 스스로를 더 가장 잘 알고 있지 않은가? 다른 사람이 내리는 평가에 일일이 귀 기울이지 않는 것이 필요하다. 타인들끼리 주고받는 말들에 흔들리지 않는 것도 필요하다. 흔들렸다 해도 이내 굳건한 자존감이 있다면 중심은 바로 잡을 수 있을 것이다. 그래서 우리 사회복지사들은 '사회복지사 선서'처럼 가슴에 새긴 '처음 마음'을 빨리 회복해야 한다. 그 마음을 잃어버린다면 그 안에 '나'도 없고 장애인분들과 함께하는 '우리'도 없다. 사회복지사로서 실천하는 현장의 가치는 그런 것이다. 더 공평하게, 더 따뜻하게 함께 행복을 찾아주는 것, '사람다움'을 회복하도록 돕는 것이 우리가 바라는 사회복지가 아닐까?

전문가란 어떤 사람을 두고 하는 말일까? 자신의 분야에서 업무의 전 과정을 매끄럽게 이어가는 사람이다. 같은 일에 오랜 세월 종사한다고 해서 전문가가 되는 것도 아니다. 자신이 맡고 있는 일에 대해서 책임감을 갖고 스스로 찾아서 할 줄 아는 사람, 자신의 잘못을 스스로 찾아내어 고치고 부족함을 보완할 줄 아는 사람이다.

뉴노멀시대(new-normal)에는 통합적 전문가를 원한다. 자기 일만 알고 다른 일에 대해서는 무관심하면서 자기만 중요하고 기관이나 동료는 중요하게 생각하지 않는 사람은 더 이상 전문가가 아니다. 그만큼 '우리의 일'을 만들어 낼 줄 아는 것이 더 중요해졌다.

내가 더불어 살아가는 것의 중요성을 깨닫게 된 것은 언제였을까? 시 쓰기를 좋아하던 소녀에서 법학을 배우고 신문사 취재기자에서 장애인복지현장 사회복지사가 되기까지는 많은 변화가 있었다. 그런데 생각해보면 특별한 전환점이 있었다기보다 매 순간순간 나를 한 단계 더 사회에 유용한 사람으로 도약할 수 있게 해 주었다. 사회복지 현장에 입문한지 14년. 나는 여전히 작은 꿈을 꾼다. 중요한 것은 사회복지사로서 내가 이루고자 하는 '삶의 인권활동가'로서 지금 이 순간 여기에서 나에게 주어진 그 일을 성실하게 하는 것이다.

펌프로 우물 깊은 곳의 시원한 물을 끌어올리려면 한 바가지의 마중물을 먼저 부어줘야 하는 법이다. 그 한 바가지의 물이 없으면 아무리 열심히 펌프질을 해도 물이 나오지 않는다. 물 한 바가지를 붓고 펌프질을 하면 몇 배, 몇십 배의 맑고 시원한 물이 쏟아져 나온다. 지역사회에서 활동하는 우리 사회복지사의 역할이 바로 이 마중물과 같다. 사회복지사답게 처음 마음처럼 꿈과 희망, 열정이 용솟음치는 사람으로 다시 거듭나기를 바래본다.

요즘은 많은 사람들과 대화하고 싶다. 사회복지현장에서 근무하다보니 속내를 풀어놓고 싶은 사람이 그립다. 삶의 답답한 부분을 주변 사람들과 대화하면서 배우고, 깨닫고, 풀어간다. 다양한 사람을 만나면서 내 삶의 스펙트럼이 넓어지는 것 아닐까? 그만큼 창의적인 삶으로의 전환도 가능할 것이다. 나는 내 인생의 마지막 순간까지 후회하지 않고 살고 싶기에 나 자신에게 솔직하고 싶다. 어려운 표현일까? 나의 삶에서 나 자신이 평화를 누리며, 다른 사람을 따뜻하게 대하는 그런 삶을 추구하는 인권활동가이고 싶다. 내가 살아가는 사회에 관심을 가지고 정의로운 일에 함께하고자 한다. 즉 나의 욕심은 성공이 아니라 성숙이다.

> 당신의 삶은 기회가 아닌 변화에 의해서 더 나아질 수 있다.
> _짐론

Ⅲ

평범한 독서, 변화의 시작

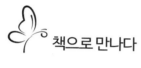

책으로 만나다

한가로운 주말 아침, 독서모임 '포항나비'를 통해 책 한권을 읽으며 이른 아침을 열었던 첫 순간이 잊혀지지 않는다. 황태옥 박사님을 비롯하여 함께 독서하는 사람들은 내 삶의 기준을 잡아주던 소중한 인연의 흔적들이다. 오늘도 포항나비와의 만남 뒤에 예쁜 커피 잔에 내가 직접 내린 커피를 담아 가족들과 브런치를 먹는 휴일 아침을 맞고 있다. 이런 순간이 내 삶의 풍요로움이다.

5년 전 나는 처음 포항나비와 인연을 맺었다. 직장 내 장애인 인식개선 강의를 준비할 때였다. 비장애인을 대상으로 무엇을 전달해야 할까? 어떻게 하면 쉽게 공감을 이끌어 낼 수 있을까? 강의 준비를 하면서도 적잖이 걱정되었던 때가 있었다. 나의 장애인식개선 첫 강의 시연을 위해 포항나비를 찾았다. 독서모임에 발을 들인 것도 이때부터다. 강의 시연을 위해 찾은 자리였지만 강의 시연 전 떨리는 마음이 독서토론 시간을 통해 나의 열정에 불을 지폈다. 독서모임에 참여하신 분들 앞에서 열정을 쏟아 강의 시연을 한 후 따뜻한

위로와 격려 또는 따끔하고 날카로운 충고도 들었던 시간이었다. 그 고마움과 소중함이 가득했기 때문에 그 이후로도 지속적으로 참여하게 되었다.

모임에 참석할 수 없을 땐 '이렇게 게을러서 빠지느니 다른 사람들을 위해서 참석하지 말자'라는 생각이 올라왔지만 그럴 때면 어김없이 그곳에 와 있을 다른 사람들이 그리워 다시 마음을 다잡을 수 있었다. 언제 한 번은 '무슨 독서모임이 왜 이렇게 오래갈까?'란 의문이 든 적이 있었다. 대답은 명료했다. 독서모임은 누구를 위해서가 아니라 자신을 위해서였기 때문이다. 사람이 많이 오건 적게 오건 그건 문제가 되지 않는다. 내게 주어진 소중한 시간을 내가 잘 활동하면 되기 때문이다. 그렇게 독서모임에 참여하면서 강의도 더 열심히 하게 되었다. 어느새 공동 저서로 책을 출간하는 결실까지 맺었다.

인간에게는 공유의 본능이 있다. 나는 독서모임으로 나누었던 그 울림을 포항나비 작가님들과 함께 집필하는 공간을 통해 공유하고 싶다. 무엇보다도 독서를 통해 인생의 벗을 만나게 해주었고 책을 통해 삶의 조각조각 훌륭한 스승들을 만나게 해주었음을 깨달았다. 읽고 싶은 책은 수 없이 많다. 가끔 동네 서점을 찾을 때면 아기자기한 책장에 놓인 책들이 서로 나를 보아달라는 듯 손짓한다. 나는 감사한 마음으로 이 책 저 책을 둘러보고 관심 있는 책을 펼쳐보며 새로움을 접한다. 표지를 젖히고 다음 페이지를 넘길 때 우리를 찾아오는 것이 무한히 개방되는 우리 마음의 세계다. 책의 남은 페이지가 줄어들수록 인생의 남은 페이지가 풍성해진다. 그래서 독서는 인생의 여정을 함께 떠나는 것이 아닐까?

독서모임을 통해 값진 책들과의 인연을 맺게 되었다. 이들은 나에게 기쁨과 새로움을 선사해주었다. 독서, 소중한 인연, 특별한 날개로 미래를 향해 더 높게 비상하길 꿈꾸는 나. 그런 점에서 나는 행복하다. 나이가 들고 실무경험이 쌓일수록 그리고 다른 사람보다 조금 더 나를 볼 수 있는 것 같다.

만난사람 모두에게서
무언가를 배울 수 있는 사람이
세상에서 제일 현명하다.
_탈무드

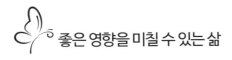

좋은 영향을 미칠 수 있는 삶

'笑顔有香(소안유향)'이라는 사자성어를 접해 본 적 있는가? 필자가 어렸을 때 어머니께서 들려주신 말씀이다. 웃는 얼굴에는 향기가 있으니 항상 밝은 마음으로 주위 사람을 대하고 나를 당당하게 만들라는 가르침이셨다.

물론 나도 웃으면 예쁘다는 이야기를 많이 들었지만 언제나 밝게 웃는 소녀는 아니었다. 첫 사회생활을 지역신문사 사회부에서 시작하면서 젊은 혈기에 취하여 우리 주변 곳곳을 취재하는 일이었다. 그러던 중 웃음치료사 자격증을 접하게 되었고 국내 1호 명강사이자 웃음치료사 '황태옥 박사'님께 웃음치료 강의를 듣게 되었다.

정말 많이 웃었다. 때론 호탕하게 웃었고 억지로라도 웃었다. 웃는 것도 멋들어질 수 있다고 느꼈다. 웃음은 인상을 좋게 만들 뿐 아니라 몸 건강과 마음 건강에도 좋은 영향을 미친다고 했다. 황 박사님과 인연을 맺은 지도 벌써 15년이 훌쩍 흘렀다.

그 인연의 흔적들이 꽤 많다. 사회복지사로서 역량 계발을 위해 스피치 과정도 접했다. 나는 현재 장애인복지 현장에서 7년째 장애분야의 인권강사다. 또한 직장 내 장애인인식개선 강사로 활동하고 있다. 황 박사님은 나의 풋풋한 20대를 아름답게 기억해주시는 고마운 분이다. 그러기에 내 인생의 멋진 멘토이기도 하다. 황 박사님은 "언제나 호탕하게 웃고 웃음에는 인색함이 없어야 한다."고 했다. 사회복지사도 마찬가지다. 어디서나 밝은 얼굴에 약간은 웃음을 머금은 얼굴로 일해야 한다. 아무데서나 해죽거리면 오해를 받겠지만 어디서나 환하게 웃는 얼굴은 상대방을 기분 좋게 한다. 많이 웃는 얼굴은 진정으로 밝은 얼굴이 되는 것이 아닐까? 밝게 웃는 얼굴에는 상대방의 마음마

저도 밝게 만드는 신기한 묘약이 들어 있다. 반면에 웃지 않은 사람들은 왠지 화가 난 사람처럼 보인다. 화가 난 것처럼 입을 굳게 다물고 있는 사람하고는 상대로 하기 싫은 것이 우리의 일반적인 감정 아닐까?

웃는 사람은 다른 사람이 편안하게 다가올 수 있게 하고 그 사람과 대화를 나누다 보면 저절로 나의 문제가 풀릴 것 같은 기대도 갖게 한다. 별 일도 아닌 것 때문에 얼굴을 찡그리기보다는 여유 있는 웃음으로 자신을 정비할 수 있어야 한다. 사회복지사가 웃어야 할 이유가 여기 있다. 웃지 않는 사회복지사에게 누가 자신의 마음을 시원하게 털어 놓을 수 있겠는가? 웃는 낯으로 클라이언트를 대할 때 그 효과가 배가 될 수 있다.

관계도 그렇다. 관계란 '편하게 생각하라'고 해서 편해지는 것이 아니다. 클라이언트의 말에 관심을 보일 때 자연스럽게 편해지는 것이다. 그것은 나를 알아주는 사람에게 마음을 여는 것이다. 우리의 삶은 사람과의 관계로 이루어져 있다. 사람이라는 단어에서 은밀하게 모음 'ㅏ'를 빼면 삶이 된다. 삶이라 읽어도 사람으로 읽어도 좋은 것은 사람의 준말이 삶이기 때문이다. 일이란 것도 그렇다. 시간이 지나면 어떻게든 끝나게 되어 있고 남는 것은 사람이다. 더 정확하게 말하면 사람과의 관계만 남는다.

이렇듯 세상을 살아가는 동안 우리는 많은 사람들과 관계를 맺으며 살아간다. 그러기에 좋은 사람을 만나고 스스로 좋은 사람이 되어 나의 삶과 우리의 삶에 좋은 영향력을 미치고 이를 함께 아름답게 만들어가는 일은 소중하다. 관계 안에서 나의 머릿속을 떠돌던 생각들을 나만의 언어로 정리해보자.

나는 관계에서 중요한 것은 서로를 믿어주는 것이라고 생각해.
나는 내가 어려운 일에 도전해서 성취했을 때 근사해보여.

나는 지금보다 성장하려면 남보다 잘해야 한다는 생각을 뛰어 넘을 필요가 있어.

따사로운 봄볕이 내리쬐는 어느 날 활짝 피어있는 붉은 철쭉꽃을 보았다. 어찌나 붉은지 바라보는 마음까지도 빨갛게 물들었다. 햇볕을 받아 빛나고 있는 모습이 무척 열정적이라 황 박사님의 모습이 저절로 떠올려졌다. 열정을 불태우며 가르침을 주시는 모습이 그 꽃 속에 가득하였다. 웃는 얼굴과 마음을 여는 삶 그리고 열정 그 이상의 무엇이 있었다. 항상 그 자리에서 열정의 본보기로 많은 사람들에게 영향을 주셨다. 언제 뵈어도 멋진, 사회복지 현장의 강사로서 스킬을 심어주셨던 스승님! 강의 콘텐츠마다 주제를 던져주며, 현장에서의 나의 경험과 사례를 교육생들도 많이 나눌 수 있도록 이끌어 주셔서 감사하다.

나는 새로운 일에 도전하고 경험하는 것을 좋아한다. 내가 가진 열정으로 나 역시 가슴 뛰는 나를 찾아 매 순간 설레고 있다. 가끔은 자신이 없어 숨어버리고 싶을 때도 있지만 중년이 된 지금 나 자신을 있는 그대로 바라보는 용기가 나를 더 열정적으로 비춰준다.

이 일이 전망이 얼마나 좋은가?
얼마나 많은 부와 명예를 가져다 줄 것인가?
하는 얕은 생각이 아닌, 내 인생을 걸어도 좋을 만큼
행복한 일인가에 답할 수 있는 것을
나는 꿈이라고 부르고 싶다.
－이원익의 《비상》 중에서－

이원익 작가의 《비상》처럼 나에게 누군가 그 꿈을 왜 이루고 싶어 하는지 물어오면 '돈을 많이 벌어서', '명예로워서'라는 대답 대신 '내가 그 일을 좋아해서'라고 말하고 싶다. 앞으로도 사회복지사로서, 가정에서 엄마로서 그리고 사회 속에서 성인으로서, 인권활동가, 장애인식개선 강사로서 좋아하는 일을 하면서 독자 분들과 함께 서로에게 좋은 영향을 미칠 수 있는 삶이 되었으면 한다.

악수는 주먹을 쥐고 할 수 없다.
_인디라 간디

세상 속에서 행복을 찾다

 어른이 되면, 할 수 있어??

어렸을 때 나는 하루 빨리 어른이 되고 싶었다. 아이였던 내 눈에 '어른'은 마법사와 같은 존재였다. 힘도 세고 멋진 말솜씨를 갖고 있으며 마음 먹은 대로 자신을 예쁘게 꾸밀 수 있었다. 무엇이든 살 수 있는 카드까지 가지고 있었다. 내 눈에 어른은 하고 싶은 것은 무슨 것이든 다 하는 존재였다. 그런 나에게 어른에겐 그런 힘이 저절로 생기는 줄 알았었다. 그래서 하루에도 열두 번씩 엄마에게 "나도 엄마처럼 어른이 되려면 한참 걸려?"라고 물었다. 빨리 어른이 되고 싶은 꼬마였다. 지금 내 옆에 있는 4살 꼬마 아이 모습도 그렇다.

"엄마, 나 언제 언니 돼? 언니 되면 할 수 있어?"

그리고 어른이 되고 싶은 한 사람이 있다. 장혜영의 《어른이 되면》의 혜정 씨다. 중증발달장애를 가진 혜정 씨는 13살부터 가족과 분리되어 시설에서 살았다. 혜정 씨가 시설에서 살고 있었다는 것은 단순히 거취 문제가 아니었다. 현존하는 사회제도와 부모의 의지와 주변사람들의 침묵 속에서 '합법적으로' 격리된 것이었다.

혜정 씨의 언니도 그들의 삶이 그 자체로 평등하지 않았다고 한다. 혜정 씨와 자신의 삶이 같은 가치를 가지고 있다고 진심으로 믿기 시작하자 삶의 목표와 매일을 살아가는 방식이 달라지기 시작했다.

시설에 오래 머문 혜정 씨는 '어른이 되면 할 수 있어'라는 말을 버릇처럼 달고 산다. 그녀가 하고 싶은 것들을 표현할 때 마다, 주변은 온통 '어른이 되면 할 수 있어(하지만 지금은 안 돼!)'라는 보호의 메시지를 주었을 것이고, 그럴 때마다 결국에는 옹달샘처럼 퐁퐁 솟아오르는 자아를 가만히 손바닥으로 누르며 물기 젖은 마음을 추슬렀을 것이다.

서른이 훌쩍 넘은 혜정 씨는 이미 '어른'이다. 어른이 되기에 더디기만한 작은 세상. 그래서 언니는 혜정 씨의 자립을 위해 세상에 나갈 수 있음을 결심하고 시설 밖으로 데리고 나와 함께 살아가기로 했다.

혜정 씨에게 시설을 나온다는 것은 어떤 의미일까? 선택을 위한 준비와 자립의지의 실행이다. 그리고 세상으로부터 모든 행위를 통해 평생을 학습하며 좌절과 배움을 겸하는 무한의 행위를 '어른' 또는 '자립'이라는 단어로 혜정 씨에게 대입하는 첫 번째 시도이다.

장애인차별금지법에 대해 들어본 적 있는가? 모든 장애인은 교육을 받을 의무가 있으며 완전한 사회참여와 평등권 실현을 통하여 인간으로서의 존엄과 가치를 구현함을 목적으로 2008년부터 시행된 법이다. 어느덧 14년이라는 시간이 흘렀지만 아직 우리 사회이 장애인이 처한 현실은 녹록치 않다. "탈시설 해야 한다', '탈시설은 하면 안 된다'는 식의 찬반 논리는 사실 우리 사회를 건강하게 변화시키고 장애인 당사자의 열악한 현실을 개선하는데 있어 큰 의미를 주지 못한다. 탈시설하여 지역사회의 일원으로서 함께 살아가는 것은 부정할 수 없는 기본권이다.

대부분의 발달장애인들은 생애 주기에 걸쳐 적절히 사회에 동화될 수 있는 충분한 경험과 훈련의 기회를 얻지 못했다. 자연스레 어울려 살아가는 것의 당연함은 물론 수많은 도전과 실패의 과정에서 세상 속의 자기 자리를 찾아가는 것이야 말로 '자립'의 참된 의미라고 생각한다. 자립이란 자기다움이 아닐까? 다양한 경험을 하고 필요한 복지 서비스를 찾아서 이용하는 것이요 다양한 사람들을 만나는 일상 속 나를 찾는 것이다.

이미 긴 돌봄의 시간을 거치며 사회로 나아갈 날을 기다리던 혜정 씨는 이제 탈시설로 조금 더 넓은 곳에서 다양한 경험을 하며 타인과 마주하게 될 것이다.

혜정 씨의 새로운 주변은 그녀를 겪으면서 사회에 노출된 장애인의 삶을 새롭게 해석할 것이며 공동의 변화와 호흡에 집중하도록 다수의 혜정 씨가 사회 곳곳에서 함께 해야 할 것이다. 그럴만한 힘이 이 사회에 있을 것이라고 믿는다.

혜정 씨는 스스로가 장애인이 아니라 '어른'으로 생각하고 사회 역시 그녀를 장애인이 아니라 '어른'으로 대접해야 한다. 그래야 혜정 씨는 진짜 어른이 된다.

모든 인간은 존엄하게 살아갈 권리가 있다. 그것은 우리 사회의 기본 원칙이다. 원칙은 현실이 아무리 어렵더라도 흔들리지 않는다. 혜정 씨 역시 삶의 기준을 자기 자신에게 두어야 하는 것이다. 우리가 어딘가로 나아가거나 혹은 멈추려할 때 그 이유는 자기 자신에게 있어야 한다. 우리 스스로가 누구인지 알아야 한다.

우리 모두는 누구나 장애의 위험을 안고 살아간다. 비장애인이 장애인이 되는 건 예측불가의 일이다. 따라서 세상의 모든 비장애인들은 모두 잠재적 장애인이다. 장애와 비장애라는 구분을 넘어 인간은 누구나 좌절 앞에 '살아내기' 위한 도움이 반드시 필요하다는 메시지를 꼭 전하고 싶다. 변화해야하는 것은 혜정 씨뿐만 아니라 이 세상을 함께 살아가는 우리 모두이기 때문이다.

장애인과 비장애인이 진정으로 어우러져 사는 사회가 되려면, 서로의 눈높이를 맞추고 더 자주 대면하고 함께하는 것임을 기억하자.
'세상의 수많은 혜정 씨를 응원한다!!!'

사람은
자기 삶의 주인으로
살아야합니다.
_《복지요결》중에서

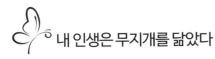

내 인생은 무지개를 닮았다

　무지개는 비가 내린 후에 뜬다. 이것은 우리가 살아가는 동안 다양한 상황이 발생하고 그 상황들은 각각의 색을 지닌다. 무지개도 보는 각도에 따라 색깔이 다른 것처럼 우리가 해야 할 일도 상황에 따라 변한다. 나는 주변 사람들로부터 그것을 많이 느낀다. 우리는 어떤 상황을 마주하고 직면할 때 그것이 내 삶의 중요한 전환점이었음을 깨닫는다. 또는 한참 지난 후에야 내 인생의 전환점이었다는 것을 깨달을 때가 있다. 어느 쪽이든 누구에게든 터닝 포인트가 될 것이다.

　내 삶에 터닝 포인트가 되었던 순간은 언제일까? 내 인생의 터닝 포인트는 인권활동가를 꿈꾸었던 때이다. 삶에 터닝 포인트가 완전히 새로운 일을 하는 경우도 있겠지만 자신이 하는 일의 지경을 넓히는 일일 수도 있다. 나는 장애인복지 일을 하다가 인권문제에 관심을 가지게 되었다. 더 많은 사람들에게 우리의 인권에 대해서 이야기 하고 관심을 갖도록 하는 활동을 하다 보니 삶의 영역이 넓어졌다.

　장애인복지현장에서 일하면서 장애인분들과 일상에서의 인권침해 예방, 자립, 여러 가지 상황들을 함께 만들어 가면서 내 인생에서도 그들의 인생에서도 인권이란 무엇인지를 깊이 생각하게 된다. 지극히 당연하지만 많은 이들이 당연한 것으로 여기지 않기에 인권의 소중함을 새삼 더 많이 느끼게 된다. 인권을 생활화하면서 또 인권을 접하면서 느꼈던 많은 것들을 이야기 해 드릴 수 있어서 나의 삶 뿐 만아니라 상대방의 삶에도 좋은 영향을 끼치고 있다. 그것이 내 인생의 기분 좋은 터닝 포인트이다. 그래서 내가 일상에서 가진 고민들, 우리가 나누었던 것들을 많은 분들과 공감하고 싶어서 내 나이 80에도 여전히 인권활동가로 활동하고 있다.

어릴 적 나는 어떤 아이였을까? 나는 방학이 끝나고 개학을 맞이하는 일이 싫었지만 소극적이었던 나의 자존감이 추켜세워진 날이기도 했다. 개학 첫날 친구들이 떠 난 후 항상 교실에 남았다. 초등학교 5학년 때 담임이셨던 은사님께서 말씀하시길 "글을 참 잘 썼구나? 다시 옮겨 적어보렴?" 종이를 받아들었을 때 나는 겸연쩍은 웃음이 나왔다. 글씨가 삐뚤빼뚤 기차가 달리는 듯한 풍경이었다. 그 뒤로 초등학교 졸업식 날 문예부분 대표로 단상에 올라보기도 했다. 중학생 때는 전국문예대회에서 장려상을 수상하여 전국구 문학캠프에도 참여할 만큼 글을 사랑하는 소녀였다. 고등학교 시절 문학반에서 친구들과 함께 문집을 만들며 글 쓰는 것에 열중하던 시절이 있었다. 이른 아침 하늘만 바라보고 있어도 시상이 주크박스처럼 떠올랐다. 그 시절 나의 꿈은 그렇게 애처롭게 바라보지 않아도 될 만큼 가까이에 있었다. 나는 작가를 꿈꿨다. 대학은 법학도지만 공대에서 프로그램 테스트하는 아르바이트로 했다. 영어도 잘 하지는 못했지만 학교에서 지원하는 어학연수도 다녀왔다. 그렇게 정말 다양한 경험을 하며 20대 초년을 보냈다.

문학에 대한 아쉬움이 있어서였을까? 부전공으로 국어국문학과 수업도 들으며 글과의 인연을 놓지 않았다. 중학교 때 당선된 문예대회에서 이제 갓 스물이 된 친구들과 문예캠프를 할 때는 문학을 사랑하는 사람들과의 만남과 그들의 열정을 보았는데 그건 정말이지 흥분되는 일이었다. 정말 좋았다. 글쓰기에 열정을 가진 다른 친구들이 부러웠다. 나 역시 하늘을 올려다보며 작가를 꿈꿨던 소녀였기에 그들과 쉽게 동화될 수 있었다. 40대 초반에 조금 먼 길을 돌아왔지만 마침내 꿈을 이뤘다. 장애인복지현장에서 내 삶의 이야기와 우리네 삶의 이야기를 담아 글을 써내려갔다. 산책, 수다, 가족을 위한 요리와 같은 일상의 행복을 누림과 동시에 내일의 꿈을 위해 우리 삶의 조각을 모아 수필을 쓰고 있다. 거기엔 우리 주변의 단편적인 이야기는 물론 일곱 빛깔 무지개 같은 이야기가 가미된다. 그것은 인권과 장애인복지 현장의 사람 냄새

나는 이야기들이다.

나는 앞으로 계속 사람 사는 이야기를 들려주고 싶다. 인권이라는 것이 어렵게 느껴지지 않도록 알려주고 싶다. 그저 일상생활에서 함께 어울리며 함께 지지하며 살아가고 있는 모든 것이 인권임을 알려주고 싶다.

사람은 있는 그대로를 인정할 때 비로소 행복해진다고 했다. 나 자신을 가장 멋지게 만드는 일의 시작은 나를 있는 그대로 봐 주는 일 아닐까? 그렇게 나를 인정하고 또 이해하고 포용하고 사랑하는 사람의 이야기를 쓰고 싶다. 그렇게 나이 들고 싶다. 딴 길로 가지 않고 내가 하는 일에 지경을 넓혀서 조금 더 큰일을 해보려고 노력할 것이다. 나는 내가 하고 싶었던 일, 잘 하는 일을 하는 사람이라는 것이 무척이나 다행스럽다.

내 나이 80을 넘으니 어느덧 나만의 인생노트가 빼곡히 채워졌다. 노트를 보니 과거에 대한 후회와 현재에 대한 불만족, 미래에 대한 불만에 사로잡혀 어느 시간에도 집중하지 못한 게 아니었다. 크고 작은 나의 인생주제에 하나씩 집중하다보니 내 인생이 더 풍요롭고 자유로워졌던 것 같다. 멋지고 참 대단한 일이다. 앞으로도 더 많은 사람들의 인권을 위해서 힘차게 달려가고 싶다.

삶을 의미 있게 꾸리기 위해 노력하는 사람이 있다.
그의 노력이 많으면 많을수록 삶의 의미는 깊고 넓어진다.
—헤르만 헤세의 《인생 공부》 중에서

《人生은》

_정지윤

인생은
길든 짧든 여정이다.
그 여정 안에서
비바람도 만나고, 꽃도 취하고,
산도 보고, 숲도 만나고, 나무도 만나고
인연을 만나고
추억도 만지고 미래도 초대한다.

지금
내 안에 있는 ing
이것이
내 生이다.

포항나비
전시우

대수롭진 않지만
한 번은 정리하고 싶었던 나의 삶,
글자가 늘어갈 수록 나와 내 주변 사람들이
더 선명하게 다가왔다.
그 동안 몰랐던 고마움을 갚을 생각에
가슴이 벅차오른다.
이런 자리를 마련해준
포항나비 선배님들께
무한한 감사를 드리며 다시 몰입해보자.

별이 되려다 별을 받은 나

당신을 볼 수만 있었다면

 당신을 보니 나를 볼 수 있었다

　퇴근 후 집에 오니 아이들 4명이 거실에서 게임을 보고 있었다. 시간은 저녁 9시. '어허~ 지금 이 시점에 TV를 봐도 되나? 한 녀석은 다음 달 수능이 다른 한 녀석은 다음 주에 기말고사일 건데? 더군다나 고3, 고2가?' 나는 즐겁게 보고 있는 아이들을 보며 기분이 좀 불쾌했지만 그냥 조용히 방으로 들어갔다. 맘이 찜찜했다. 그러나 그건 단지 내 생각일 뿐 아이들은 아이들 나름대로 이유가 있을 것이라 생각하니 조금씩 안정을 되찾기 시작했다. 그래서 옷을 갈아입고 방을 나와 소파에 앉아 아이들과 같이 경기를 보기 시작했다. 경기는 롤드컵이었다. LOL이 나온 지 언젠데 요즘도 아이들이 열광하는 걸 보면 참 잘 만들었다는 생각이 들었다. 경기는 우리나라 팀 간의 4강전, 현재 스코어는 5판 3선승제 중 1대 1. 그런데 아이들은 일방적으로 한 팀만 응원하고 있었다. 이유를 물어보니 실력은 좀 떨어지지만 오랜 전통을 가지고 있어 애정이 간다는 것이었다. 모르는 내가 봐도 경기는 치열하게 진행되고 있었고 어느 순간 아이들이 응원하던 팀의 한 명이 극적인 활약을 하며 3번째 경기를 멋지게 이기게 되었다.

"와~, 야~ 이거 미친 거 아니냐, 미쳤다." 순간 우리는 일제히 환호성을 터트렸다. 저녁 10시 층간 소음을 조심해야 하는 걸 아는지 모르는지 마치 2002 월드컵 4강 결승 골을 넣었을 때처럼 나도 모르게 짜릿한 승리감을 느꼈다. "이러다 잘하면 이기겠는데? 오늘 이기면 수능 못 쳐도 봐준다." 그때 흥분한 고3 외조카의 입에서 나온 한 마디, 나는 내 귀를 의심했고 그 짧은 시간 여러 생각이 떠올랐다. '뭐라고, 뭘 봐준다고? 다른 시험도 아닌 수능인데, 몇 년 동안 준비했고, 그 한 번의 시험으로 준비한 모든 노력의 결과가 평가되는데, 어떻게 이렇게 가볍게 말할 수 있을까?' 그래도 한편으론 이 시점에 TV를 본다는 것이 자기 스스로도 부자연스러운 것 같았고 그래서 찜찜함의 자기 위안 또는 변명을 무의식적으로 표현하는 것 같다는 느낌을 받았다. 안쓰러웠다. 그동안 조카가 어떤 환경에서 자라왔는지 봐 왔기 때문에 어른으로서 챙겨주지 못한 점이 미안하기도 했다. 하지만 흘러간 시간을 돌이킬 수 없는 법, 어떻게 해서라도 나머지 남은 시간을 헛되이 보내게 해선 안 될 것 같다는 책임감이 들었다. 무슨 말을 어떻게 해야 할까?

안타깝게도 요즘 사춘기 아이들에게 어른이 하는 말은 대부분 잔소리로 취급받는 것 같다. 잔소리 혹은 교훈, 꼰대 혹은 멘토. 지금 이 시대에 교훈을 주는 멘토로 아이들에게 인식되는 어른이 얼마나 될까? 나는 멘토일까, 꼰대일까? 혼란스럽고 어려운 질문이다. 그러나 나는 아이들을 잘 키워야 할 의무를 가진 부모이다. 내 생각이 전적으로 옳지는 않겠지만 그래서 더욱 기준을 잡기 어려운 경우도 많이 있지만 기준이 확실하다면 최소한 올바른 방향으로 이끌기 위해 노력해야 한다고 생각한다. 그것이 어른이 가진 소임이니까.

아이들은 여전히 TV 앞에 앉아있다. 다들 즐거운 표정이다. 가능성이 풍부한 청소년 시절의 해맑은 아이들. 나는 조카에게 어떤 말을 해야 할까? 잠시 생각을 정리하니 무슨 말을 해야 할지 떠올랐다. 하지만 조카에 대한 내 감정이 아직도 연민, 한심, 실망, 약간의 흥분 상태였다. 말에 감정이 실릴 가능성이 높았다. '그래 좀 더 맘을 정리하고 차분해지면 이야기를 해보자.' 그렇게 몇 분의 시간이 흘러갔다. 그러나 점차 다가온 내 이성은 오히려 나에게 질문을 던지고 있었다. "야~ 그러는 너는? 너는 고3 때 어땠는데? 너는 더 한심한 놈이었잖아." 적막의 시간이었다. 좀 전의 흥분했던 감정이 갑자기 싸늘해졌다. "내가 말할 자격이 있을까?"

중학교 2학년 도덕 시간이었다. "오늘은 너희들의 장래 희망에 대해 발표해보도록 하자. 자 김성훈?" 담임 선생님은 수업 대신 뜬금없이 각자의 꿈에 대해 발표를 시키셨다. "네? 아~ 저는…." 갑자기 시키는 바람에 처음 발표자로 지목된 첫째 줄에 앉아있던 성훈이는 순간 당황하는 기색을 보였다. 나처럼 꿈을 생각해 본 적이 없는 것이 분명했다. 각자 자기 차례가 되어 일어선 아이들은 꾸며진 급조된 꿈을 발표하기 시작했고 그 당시 유명한 회사의 직원에서부터 의사까지 누구나 알고 있는 직종과 직업들이 불려졌다. 그리고 우리 반 1등 범석이 차례, "저는 변리사가 되는 것이 꿈입니다." "뭐? 변리사? 그게 뭐야?" 아이들은 들어보지도 못한 변리사란 말에 역시라는 반응과 그 직업이 무엇인지 궁금해 했다. 아마 내 기억엔 선생님도 모르셨던 것 같다. 그 시절엔 변리사란 직업이 흔하지 않아서였을 것이다. 그렇게 발표순서는 점점 다가오고 있었고 줄어드는 대기 숫자만큼 긴장감은 더 커져갔다.
'나는 뭘 하고 싶을까?'
'의사? 변호사? 회사원? 아니, 난 평범한 건 싫어! 나도 변리사 같은 뭔가 튀는 걸 말하고 싶은데 특별히 떠오르는 꿈이 없네. 에이 그냥 아무거나 말하고 앉아야겠다.' 그렇게 맘을 먹고 있을 때쯤 다가온 내 차례에 나는 일어나야 했고 그 짧은 순간 알코올에 찌든 아버지와 고생하시는 어머니, 불쌍한 내 동생이 차례로 머리를 스쳐 지나갔다. 그와 함께 맘속 깊은 곳에서 알 수 없는 감정이 솟구쳐 올랐다. "제 꿈은요~~~ 제 주변의 모두를 행복하게 만들어주는 사람이 되는 것입니다." 자신 없는 조금은 주저한 발표. '이게 뭐야, 주변 사람을 행복하게 만들어 준다고?' 막연하지만 특이하기도 했던 발표에 참 뜬금없다는 생각이 들었다. 짧은 발표를 마치고 걸상에 앉았다. 살며시 주위 반응을 살폈다. 특별히 이상하게 여기는 친구는 없는 것 같았다. 그러나 아무리 생각해도 왜 그런 발표를 했는지 이해할 수가 없었다. 반 친구들 발표에 비해 너무나 추상적이었다. '도대체 어떻게 주변 사람들을 행복하게 만들겠단 말인가?' 그땐 그저 내세울 것 없는 황당한 꿈이었고 아무런 의미도 두지 않고 지나쳐 버린 일상과 다를 바 없는 수업 시간이었다. 그러나 그것은 인생을 가로지르는 운명의 물줄기를 나와 세상에 최초로 알려준 커다란 사건이었다. 그것이 바로 나의 사명이었다.

내 기억 속 한편에 자리한 나의 아버지는 참 선량하신 분이셨다. 평일 회사를 마치고 집에 오시면 말없이 신문이나 TV를 보셨고 주말엔 바둑판 앞에 앉아 바둑 잡지의 경기를 복기하시든가 동네 기원에서 바둑 두시는 것이 일상이셨다. 어느 날 짐을 많이 실은 리어카를 어떤 노인이 끌고 가자 언덕을 넘을 때까지 힘차게 밀어주시던 모습은 아직도 기억에 선하게 남아있다. 점잖은 풍채에 말없이 우리를 지켜봐 주신 인자하신 분, 그러면서도 유머가 있어 식사 도중 꺼낸 말씀에 가족 전체를 웃게 했던 그런 분이셨다. 하지만 그건 극히 일부 긍정의 모습이었다. 아버지는 냉탕과 온탕처럼 극과 극의 이미지를 갖고 계셨다. 알코올. 알코올은 선량한 아버지를 괴물로 변화시키는 지독한 존재였다. 한 달에 보름 정도 알코올에 마비되어 계셨고 우리 가족은 평온한 온탕보다 뼛속까지 시린 냉탕의 무서움에 떨어야 했다. 초등학교 6학년 수학여행을 마치고 돌아온 날 집 밖에서 술기운에 못 이겨 주무실 때까지 서성이던 기억, 퇴근 시간이 지나도록 귀가하지 않으면 '오늘부터 또 시작이겠구나'란 두려움에 떨게 했던 기억. 그 많은 시간 알코올에 발효된 잔소리는 내 본능에 스며들었고 성장기 나의 나쁜 성향과 가치관을 형성하는 데 결정적인 역할을 했다. 그렇다. 아버지는 내 인생 첫 번째 멘토이셨다. 지극히 부정적인. 만약 그때 아버지 때문에 가장 고생이 많으셨던 어머니의 헌신적인 모성애가 아니었다면 사춘기를 거치며 어떤 사람으로 변했을지 모를 정도로 힘든 가정환경이었다. 그 당시 어머니는 얼마나 힘든 삶을 살고 계셨을까.

저녁 늦은 시간 술에 취한 아버지는 이제 막 자려고 누웠던 나와 동생을 깨워 앞에 앉히셨다. '아~ 잠도 못 자고 몇 시간을 앉아 있어야겠구나.' 아버지의 얼굴은 벌써 술에 잠겨있었고 항상 그렇듯 진지한 얼굴로 나와 내 동생을 내려다보고 계셨다. "잘 들어봐라. 세상에 존재하는 모~든 것들엔 그 나름의 이유가 있단다. 예를 들어, 사자는 초식동물을 잡아먹으며 식물들 씨가 마르는 것을 막고 약한 놈을 솎아내지. 독수리는 남겨진 찌꺼기를 먹어치워 전염병이 돌지 않게 하고 이렇게 사자와 독수리처럼 세상에 존재하는 모든 것들은 자신이 맡은 역할이 있고 알게 모르게 그것을 하면서 살아가고 있단다. 다른 예로 선풍기를 봐도 여름을 시원하게 해줄 필요가 없었다면 인간이 만들었겠니?" 아버지는 정말 진지하셨다. 그러나 나는 이 이야기를 너무 많이 들어서 한 귀로 듣고 한 귀로 흘리는 수준을 지나 모든 말을 반사하고 있었다. 하품이 입 안 가득 담겼다. "여기서부터가 중요하니 잘 들어봐라. 그런 선풍기가 고장나서 여름을 시원하게 만들어주지 못하면 어떻게 되겠노? 수리하든가 수리가 안 되면 버리겠지? 그리고 그 선풍기를 시베리아에 갖고 가서 팔려고 하면 팔리겠나? 아니지? 제값을 못 받고 천덕꾸러기 취급당할 게 뻔하겠지?"

"이봐라! 사람이 만든 선풍기도 개발한 목적대로 성능을 발휘하지 못하면 버려지고, 그게 필요한 자리가 아니면 제 취급을 못 받는데 그것보다 더 복잡하고 정밀하게 만들어진 사람은? 적어도 선풍기, 사자보다 더 우수한 일을 해야겠지. 그리고 그 일을 그 일이 필요한 곳에서 할 때 그에 맞는 대접을 받고 살 수 있지 않겠니? 맞제?" 아버지는 질문을 던지고 반쯤 눈이 감긴 우리를 어이없다는 듯 내려다보셨다. 그때 우리는 재미없고 머리아픈 잔소리에 쏟아지는 졸음을 쫓아내려 안간힘을 쓰고 있었다. "이 봐라! 그러니 느그는 글러먹었다는 기다. 이게 얼마나 중요한 얘긴데 잠이 오나, 잠이 와? 내가 뭐라 하드노? 시우, 니부터 말해 보그라. 내가 선풍기에 대해 뭐라 하드노?" 역시나 어김없이 불호령이 떨어졌고 정신이 번쩍 든 우리는 아버지의 고함에 두려움을 느끼며 어쩔 줄 몰라 했었다.

그렇게 내 인생 첫 번째 멘토셨던 아버지는 고등학생이 된 이후부턴 멘토 역할을 할 수 없게 되셨다. 나는 다시는 술에 취한 아버지 앞에 앉지 않았기 때문이었다. 시간이 지나 고3이 된 나는 학력고사를 100일 남겨두고 독특한 결정을 내렸다. "시우야 화학 공부 안 하냐?" 반 1등 친구 병률이가 화학 시간에 집중 안 하는 나에게 걱정스러운 표정으로 물어봤다. "어, 암기과목은 그냥 대충하려구." 그 당시엔 그것이 가장 효율적인 대입 전략이었다. 왜냐하면 대학과 전공을 정할 때 기준이 되는 진단 고사를 아무 준비 없이 대충 치게 되었고 그 점수로 담임 선생님에 의해 반강제적으로 정해진 대학의 학과라서 더이상 한계를 넘겨가며 공부할 필요가 없다고 판단했었다. 그 정도 학과라면 지금 당장 쳐도 들어갈 수 있을 것 같았다. 암기과목 자체가 귀찮기도 했고 대충 절반만 맞고, 국, 영, 수에서 다 맞으면 된다고 판단했었다. "참 편하게 공부하네, 난 지금도 하루 4시간밖에 안 자는데, 그래도 100일 남았는데 좀 더 열심히 하지"라며 친구는 나무라듯 충고를 했지만 어차피 정해져 있는 대학에 학과다 보니 중요하게 받아들이지 않았다. 그렇게 나는 국·영·수 3과목에 집중하는 공부를 했다. 마지막 10일 남겨두고 짠 계획에서도 대입 시험 4일 전부터 암기과목을 복습하는 일정으로 진행하고 있었다. 일정은 무리 없이 진행되었다. 이대로만 가면 쉽게 합격할 것만 같았다. 그렇게 남들보다 편하게 학력고사를 준비하고 있던 중 시험 4일 전 혼수상태에 빠질 정도의 심한 독감에 걸리고 말았다. 너무 심한 독감이라 3일 내내 누워 있어야 했고 학력고사 전날 깨어난 나는 4일 전부터 복습하기로 한 암기과목을 하나도 보지 못한 체 시험을 쳐야만 했다. 결과는 당연히 불합격. 그러나 다행히 아무 생각 없이 적었던 2지망에 합격하며 재수는 면하게 되었다. 이 소식을 접한 아버지와 어머니께서는 아무 말씀도 없으셨고 나는 나의 게으르고 무책임한 고3 생활을 반성하기보다 시험 전 걸린 독감만을 원망하며 남은 겨울을 보냈다. 나는 왜? 고3 그 중요한 시기를 아무 생각없이 보내게 됐을까? 나에게 어떤 점이 부족해서 그렇게 밖에 하지 못했을까?

아마도 그 당시 아버지의 말씀을 잔소리로 여기지 않고 잘 들었더라면 내 인생은 많이 바뀌었을 것이다. 아버지 말씀대로라면 내가 꿈이라고 발표했던 '내 주변 사람을 행복하게 만들고 싶은 사람' 그것이 나의 존재 이유였고 그것을 이루기 위해 청소년 시절을 보냈더라면 저런 한심한 학생으로 생활하지는 않았을 것이다. 아무 말씀도 못 하고 옆에서 지켜만 봐야 했던 나의 고3 시절 아버지는 얼마나 답답하고 안타까우셨을까? 전혀 이해할 수 없었고, 오히려 밉기만 했던 아버지의 그때 그 마음을 지금은 충분히 이해하며 인정할 수 있을 것 같다. 술로 인해 차갑게 시렸던 어린 시절 고통은 아직도 희미하게 남아 있지만 그것 또한 아버지의 사랑이었을 것이다. 그리고 지금은 직접 뵙고 말씀 드릴 순 없지만 그때 충혈된 눈으로 물어보셨던 물음에 대해 성심성의껏 답해 드릴 수 있다.

"네 아버지 늦었지만, 이제는 저도 저의 존재의 의미를 찾았어요."

"그리고 그 의미를 지켜가기 위해 1분 1초도 허비하지 않고 살려고 노력하고 있어요."

"그때 아버지가 말씀하실 때 심정을 몰라보고 싫어하고 반항했던 철없던 저를 용서해 주세요. 그리고 너무 걱정하지 않으셔도 돼요. 아버지가 원하는 멋진 사람이 되기 위해 정말 최선을 다할게요."

'어쩜 그때 이 말을 들으셨다면 아버지를 얽매였던 술이란 괴물도 물러갈 수 있지 않았을까?' 그 시절 나의 첫 번째 멘토셨던 아버지의 마음을 이제는 간절히 느낀다. "아~ 아버지 죄송합니다."

어떤 사람도 같은 강물에 두 번 발을 담글 수 없다.
_헤라클레이토스

II

산과 물에 의미를 두지마라

'헐크'도 이겨내지 못한 '자신'을 이겨낼 방법

전격 Z작전, 6백만 불의 사나이, 맥가이버, 두 얼굴의 사나이 등은 80년대를 산 사람이라면 모를 리 없을 정도로 주말을 기다리게 만든 외국 드라마들이다. 매력 넘치는 외국 배우들과 국내에선 보기 힘든 다양한 소재와 주제를 바탕으로 매회 흥분을 남겼고 어린 시절 고마운 추억을 담아 주었다. 그중 특히 감마선에 노출된 후 화가 나면 괴물과 같은 초인으로 변하는 헐크가 주인공이던 두 얼굴의 사나이는 단연 으뜸이었다. 그 당시 헐크로 변하기 전 대사였던 "나를 제발 화나게 하지 마"는 인기 최고였고 큰 주먹으로 악당을 날려 보낼 때마다 우리 반 못된 친구를 날려 보내는 듯한 대리만족에 짜릿함을 느꼈다. '저 멀리 나가떨어지는 성철이를 생각하며 흐뭇했었지.' 그렇게 초록괴물 헐크는 우리를 날뛰게 만들 정도로 강력한 영웅이었지만 안타깝게도 우리와 닮은 점이 많은 약한 존재였다. 어쩌면 헐크는 자신을 통해 우리에게 더 큰 교훈을 주려 했을지도 모른다.

학교 앞 주점, 오늘은 즐거운 날이다. 졸업 후 오랜만에 만나게 되었고 나에겐 금의환향의 의미가 있었기 때문에 더욱 기분이 좋았다. "야! 진짜로 그렇게 돈을 많이 벌었나?" 친구 장석이가 의심스러운 투로 물어본다. 질투가 느껴지는 어투다. 아니~ 뭐 많이 번 건 아니고, 앞으로 많이 벌 수 있을 것 같다는 게 더 맞는 말이겠지. "겨우 100만 원인데 뭐." 나는 손가락으로 막걸리를 저으며 조금은 조심스럽게 말을 이어갔다. "사실 나도 시작한 지 한 달밖에 안 돼서 이렇다, 저렇다 말할 단계는 아니야. 좀 더 해봐야 알 것 같아." "그래도 100만 원을 1주일 만에 벌었다며? 원금 100만 원으로" 친구 대봉이가 대단하다는 듯 내 어깨를 툭 치며 말했다. "그래 그건 그래, 주식이란 게 자기만의 매매법만 갖고 있다면 꼭 음식 레시피처럼 평생 할 수 있는 거라. 그게 최고의 장점인 것 같더라." 그날 나는 대학 서클 사람들과 4차까지 신나게 마셨고 그 술값을 내가 번 돈으로 지불했다. 기분 좋은 날이었다.

내가 주식을 시작하게 된 건 한 권의 책 때문이지만 그 원동력은 불우한 어린 시절의 아픔이 큰 비중을 차지했다. 4학년 어느 날 서클 후배의 소개로 알게 된 책 《부자 아빠 가난한 아빠》. 이 책은 참 좋은 내용을 갖고 있었다. 사업과 투자에 대해 그리고 직장은 취직하는 것이 아니라 직접 만들 수 있다는 가능성을 보여준 책. 하지만 이 책은 나쁜 책이기도 했다. 책이 출간 된 후 우리나라 사람들에게 착한 아빠, 성실한 아빠, 훌륭한 아빠는 사라지고 부자 아니면 가난한 아빠만 남게 했기 때문이다. 그만큼 유명한 책이었고 나 또한 그 책 때문에 '내 아버지는 가난하고 무능한 아빠였구나. 나는 절대로 그렇게 평가돼선 안 돼. 난 무조건 잘사는 아빠가 될 거야'란 생각을 들게 했다.

술자리 이후 한 달이 지났다. 아침 8시, 어제는 무난했다. 운도 좀 따랐다. 하루 수익률 4%. "하루에 5%. 복리로 1년이면 도대체 얼마가 되는 거고?" 어제 내가 한 투자설명회를 듣고 깜짝 놀라던 대봉이의 얼굴이 잠깐 떠오른다.

난 주식을 통해 사업을 구상했고 같이 하고 싶은 친구에게 설명했었다. 놀란 눈으로 몇 가지 궁금한 걸 묻던 대봉이는 우선 책부터 사야겠다며 집으로 돌아갔고 나는 친한 친구와 같이 사무실에서 일하는 청사진에 흥분되었다. "오늘 목표 5%." 장 시작 전 초침은 빠르게 12시 방향으로 돌아갔고 마침내 9시, 미리 선정해 둔 관심 종목 5개 중 한 종목만 내가 원하는 가격대에서 출발하고 있었다. 전일 하한가에 시초가는 −8%였다. 거래량과 가격 변동을 보니 내가 원하는 방향대로 움직이는 것을 확인했다. 나는 정해놓은 패턴에 맞게 내려갈 때마다 매수 주문을 걸어 놓았다. 어제 거래량이 터졌고, 아침에 가격이 밀리는데도 거래가 많이 나오지 않고 있었다. 최대 −14%까지 매수 주문을 걸었다. 제일 좋은 그림은 그렇게 넣어둔 걸 다 먹고 상승하는 건데. 9시 30분이 지나가도록 상승의 기미가 보이지 않았다. '설마 올라가지 않고 되레 하한가 맞는 건 아니겠지. 손절매를 −14%에 걸어야 하나?' 10분의 시간이 더 흐르고 −13% 위치에서 공방을 벌이다 조금씩 상승 매물에 힘이 실리기 시작했다. 그리고 몇 분 후 시작된 상승 랠리, 매수에 실리는 거래량이 심상치 않았다. '이거 잘하면 오늘 일 나겠는데' 잠잠하던 내 심장의 심박 수는 매수에 실리는 거래량 만큼 커졌고, 전일 종가 대비 +5%에 도달한 이후 극도로 뛰기 시작했다. '기다려, 아니면 팔아', 오늘 목표는 5~7%, 그러나 미수거래로 인해 수익률은 원금의 무려 두 배에 가까웠다. 이전에도 한, 두 번 이런 비슷한 경험은 있었지만, 전과 다른 추세 흐름이었고 또 다른 압박감이 들게 했다. 적응하기 힘든 수익률이다. '조금만 더 가면 상한가!, 상한가까지 기다려 봐? 아니면 지금 팔아?'

3개월 전, 부자아빠라는 강요된 욕구는 취업이란 왜소한 길을 외면했고 상대적으로 진입장벽이 낮은 주식으로 나를 끌고 갔다. 도서관에서 주식 관련 책을 보기 시작했고 내 성향과 맞을 것 같은 매매법을 찾아냈다. '데이트레이딩', '단타' 그날 사서 그날 무조건 팔아야 하는 매매, 나름 열심히 연구했고

1주일 뒤 '이제 끝났다. 돈 버는 거 별거 아니겠는데?'란 자신감이 하늘을 찔렀다. 도서관을 나서며 그동안 모아두었던 용돈 100만 원으로 계좌개설을 했다. 나의 무기, 나의 매매법은 하한가 따라잡기였다. 남들은 고통과 괴로움, 손실이 발생하는 그 상황에 나는 기회를 봤고 파고들어 얻는 즐거움을 느꼈다. 누구나 할 수는 있으나 아무나 이길 수 없는 1% 승자만의 세계인 주식 시장에서 나는 1%의 선택받은 자만의 특권 의식을 느꼈다. TV에 나오는 주식 전문가라는 친구들이 쉬워 보였다. 나의 무기로 최소한 얻을 수 있는 하루 목표 수익률은 5%, 원금 100만 원으로 4개월이면 1억, 8개월이면 130억, 물론 하루도 빠짐없이 꾸준해야 가능한 수치지만 나는 젊었고 싱싱한 뇌를 갖고 있었기에 페라리는 이미 내 차였고 15층 빌딩 펜트하우스는 내 사무실이었다. 당시 대학 졸업반이었지만 취업할 이유가 없었다. 매일 아침 컴퓨터 앞에 앉아 있는 아들을 걱정하신 어머니가 맘에 좀 걸렸지만 충혈 된 눈으로 나를 보시던 아버지 눈치도 보였지만 나름 목표가 있었으므로 나는 당당할 수 있었다.

"형, 좀 뜬금없지만 나랑 헐크랑 비슷한 것 같지 않아요?" 그날 술자리 4차에 3명만 남은 자리에서 문득 헐크가 떠올랐다. 유일하게 4차까지 같이 있어준 친한 선배 진준이 형은 역시나 나를 진지하게 바라보고 있었다. "뭐? 네가 헐크랑 비슷하다고? 뭐가 비슷해 힘도 없고, 빼빼 마른 게?" 대봉이는 술을 많이 마신 것 같다. "봐라, 그 헐크가 무슨 박사잖아? 그 박사가 실험 도중 사고로 맞은 감마선 땜에 초능력을 갖게 되고, 이건 내 자랑 같긴 한데, 미안. 하지만 가만히 보면 나는 주식이란 감마선을 맞게 되었고 아무나 쉽게 가질 수 없는 돈을 누구보다 쉽게 벌 수 있는 힘을 갖게 되었으니 헐크랑 비슷한 거 아니가? 갑자기 맞은 감마선, 갑자기 생긴 초능력, 아닌가?" "무슨 주식이 감마선이고? 하기야 니 하는거 보면 돈 버는 게 그리 어렵지 않은 것 같다만, 마~ 술이나 따라라. 잔 비었다." 친구의 핀잔 아닌 핀잔이었다. "맞네. 니 돈버는 얘길 듣다보면 초인적 능력인 것 같긴 하다. 하지만 조심해라. 주식에서 따는 사람보다 잃는 사람이 더 많다는 건 그만큼 니가 모르는 함정이 많이 있다는 거니. 잘 나갈수록 조심하고 겸손해야 한다더라." 역시 진준이 형. 형의 저 말은 부러움과 질투의 말이 아니었다. 정말 나를 걱정해서 하는 말, 아니 마음이었다.

"겸손과 조심" 나는 그 중요한 단어를 술자리를 벗어남과 동시에 던져버렸다. 약간의 성공이 만들어 놓은 자만은 선배의 진심 어린 조언을 헛되게 취급했다. 그날 주가는 상한가를 목전에 두고 있었다. "오늘 상한가 가면 내일 3~5% 상승한 상태로 시작할 확률이 높으니 기다렸다 내일 시초가에 던지자. 그러면 총 수익률이 얼마가 되나?" 난 계산기를 두들겼고. 3%에 매도한다 쳐도 3배를 버는 거였다. "이거 한 방이면 월 목표를 훨씬 초월하겠는데." 나도 모르게 손에 땀이 배었고, 될지도 모른다는 희망을 갖고 기다렸다. 그러나 욕심 가득 찬 근본 없는 기대는 마치 사상누각과 같이 한순간에 무너져 내렸다. 오후 2시 20분, 장 마감 40분을 남기고 희망의 노래를 부르고 있던 찰나에 갑작스런 매도 물량이 출현했다. 그때 매도를 해야 했었다. 그러나 이미 나를 휘감고 있던 3배 수익률에 대한 욕심은 이성의 손을 묶어 놓고 황금 같은 20분을 그냥 보내고 말았다. 결과는 −15% 하한가였다. '이게 무슨 일일까?, 도대체 난 뭘 하고 있었나?' 가슴이 답답했다. 한참을 멍하니 앉아 있다 내 계좌 잔고를 확인했다. 데이트레이더는 그날 무조건 팔아야 했는데도 팔지 못했고 주식 손실은 −14%였다. 더군다나 팔지 못한 상태로 연이틀 하한가를 맞았고 반대매매를 의식해 어쩔 수 없이 전량 매도하고 말았다. 그때 남은 건 원금의 20%였다. 나에게 기회를 줬던 하한가가 나를 구렁텅이로 몰아넣고 만 것이었다.

그때부터 난 페이스를 잃어버렸다. 주식뿐만 아니라 내 인생의 페이스를 한꺼번에 잃었다. 페이스가 깨져버리면 아무리 뛰어난 육상 선수라도 다시 회복하기 힘들 듯 내 인생도 혼란 속에 잠겨버렸다. 오로지 그날의 빛나는 순간만이 회복 아닌 복수의 대상이었고 바로 내 손아귀에 잡히기 직전의 수익률만이 내 몫에 찬 수준이었다. 내 눈엔 그 외의 것은 아무런 의미를 찾을 수 없었다. 나는 절대 반딧불처럼 짧게 빛나다 사라질 순 없었다. 다시 뛰어들기 위해선 자금이 필요했고 난 쉽게 돈을 구할 수 있는 용역시장을 돌아다녔다. 못 뽑기 일을 끝내고 점심시간, 같은 수준의 실패한 사람들과 이런저런 얘기를 나누다 문득 그날 진준이 형과 헤어지기 전에 나눴던 대화가 떠올랐다.

"시우야! 니가 헐크 얘길 하니 말인데, 니 헐크의 최고 약점이 뭔지 아나?" "약점요? 음~ 글쎄요. 약점이라면 화가 날 때만 변신할 수 있다는 거? 마음먹을 때마다 될 수 없다는 거 그런 거 아닐까요?" "그래, 그것도 맞는 말이다. 변신을 자기 스스로 컨트롤할 수 없다는 거. 그런데 헐크의 가장 큰 약점은 그게 아니야." '그것보다 더 큰 약점이 있어, 그게 뭘까?' 난 선배의 답이 궁금해졌다. "헐크의 가장 큰 약점은 자기 자신을 이기지 못한다는 거야. 아무리 해도 화를 참을 수 없기 때문에 결국엔 괴물로 변하게 되는 거지. 드라마 보면 헐크도 화를 무던히도 참으려 애쓰지만 결국엔 굴복하고 말잖아. 대단한 영웅처럼 포장되어 있지만 자신의 감정조차도 컨트롤할 수 없는 보통 사람과 같은 약한 존재란 말이지." 맞는 말이었다. 그러나 화를 참는다는 건 어려운 일 아닌가. "형, 그건 어쩔 수 없는 거 아닐까요? 감정을 조절할 수 있는 건 성인이나 가능한 거 아닐까요?" "아니야!" 의외로 진준이 형은 단호했다. "그 속 깊이를 알고 꾸준히 노력하면 누구나 감정을 조절할 수 있어. 헐크도 너도, 나도 모두 다." "그럼 형은 감정 조절이 돼요?" 형이 피식 웃었다. "아니 나도 100% 되는 건 아니지만 하려고 노력하고 있지" "형 그럼 그 알아야 할 깊이가 뭔데요?" 나는 궁금했다. 나도 감정 조절이 필요하다고 느끼고 있었기 때문에. 하루에도 몇 %씩 급등락하는 장 속에서 평정심을 찾는 건 정말 어려운 일이었고 꼭 필요한 것이었다.

"너 예전 성철 스님이 말씀하신 '산은 산이요, 물은 물이다.'란 말 들어봤재." "네, 당시 유명했던 말이었잖아요. 그 뜻이 '너와 내가 다르지 않다.'라고 알고 있는데, 사실 무슨 말인지 모르겠지만." 선배는 여전히 신중했다. 그건 그런 뜻이 아니야. 그냥 말 그대로 "산은 산이니 순수하게 산으로 대하고 물은 물이니 순수하게 물로 대하라."는 말이지. 힘든 산, 더운 산, 추운 산, 공기가 좋은 산, 정상의 경치가 좋은 산, 차가운 물, 뜨거운 물, 수돗물 등, 각자의 생각, 판단에 따라 결정 내리지 말고 그냥 있는 그대로의 산과 물로 여기라는 거지. 그렇게 자기 생각만으로 사물을 판단하고 대하면 결코 산과 물이 가진 진정한 의미를 알 수 없게 되지." "형 그냥 자기 생각대로 판단하고 살면 되잖아요. 굳이 다 알려고 할 필요가 있을까요?" "보통 사람들은 다 그렇게 생각하지. 나는 나니까. 내가 소중하고 내 생각이 우선이니까. 그런데 일반적으로 인생 트러블은 자기가 가진 판단의 크기에 반비례하여 발생하지. 속 좁은 사람이 화를 더 많이 내듯이. 왜? 자기와 다르게 생각하는 것 자체가 화를 유발시키고, 상대를 용납 할 수 없게 만들거든. 그런데 받아드리는 범위가 넓은 사람은 다 받아줄 수 있으니 화날 일도 그만큼 줄어들겠지. 그런 사람이 바로 성인 또는 대인배겠지." "헐크를 괴롭혔던 악당도 어찌 보면 쓰레기를 처리하고 있는 하이에나를 사자가 봤을 때 느끼는 것과 비슷할 수 있어. 사자 입장에선 밥 먹는데 자꾸 와서 깡패처럼 찝쩍대니 화가 나겠지. 사자는 짜증나겠지만 따지고 보면 하이에나는 하이에나 나름의 역할을 하고 있단 말이지." '사자와 하이에나.' 그때 나는 술에 취해 말뜻을 이해할 수 없었다. "아! 네~, 모든 가치판단 기준은 상대적이란 거죠? 그 상대도 나름의 존재의 의미가 있다는? 어렵네요." 선배는 답답하다는 듯 눈을 똑바로 뜨고 나를 쳐다봤다. "그것도 중요하지만 내 말 뜻은 내가 보고 있는 것이 전부가 아니라는 거야. 내 판단은 그냥 우물 안의 개구리 같다는 거지. 그 판단이 맞다 우겨서도 안 되고. 그러니 너도 주식을 하다 보면 말도 안 되는 상황에 부닥쳐 감정 컨트롤하기 어려울 때가 올 거야. 그땐 그 상황에 휘둘리기보다 우선 객관적인 맘으로 내 좁은 시야로 인해 놓치고 있는 것이 무엇인지 돌이켜 봐야 해. 그러면 좀 더 맘이 편해지고 이성적 판단을 할 수 있을 거야. 상대를 탓하기보다 내 생각, 행동에 문제를 찾는 거지. 왜? 내가 모든 걸 알고 있는 신이 아니니까. 나의 고통의 시작은 다 안다고 자만하는 시점에 생기니까. 말이 길어졌다. 항상 조심하고, 오늘은 이만하고 집에 가자." 정말 고마운 형, 저녁 늦은 시간까지 있어 줬고, 나에게 새로운 생각을 할 수 있게 해줘 좋았다.

'그래, 주식시장은 누구에게나 공평하게 열려있어. 나도 처음엔 모든 사람이 괴로워하는 곳에서 기회를 잡았잖아. 결국 주식 시장도 주식 시장이지, 야비하고, 어렵고, 작전이 판치는 꼭 굴복시켜야 할 대상이 아닌 거였어. 그냥 지금이나 나중이나 똑같이 나를 대하고 있을 뿐 나의 편협한 시각과 좁은 지식에 의해 더 넓은 것을 보지 못하는 것이 문제였어. 문제는 전체를 보지 못하는 편협한 좁은 시야이지 주변 그 어떤 것도 아니었던 거야. 왜 그걸 그 당시엔 깨닫지 못했을까. 시우야 넌 부족한 게 참 많은 놈이었구나. 오늘은 유난히 하늘이 맑았다. 10월의 맑은 오후 하늘처럼 깨끗이 밝혀진 그날 선배의 말은 새로운 삶의 희망을 품게 하였고 헐크도 이겨내지 못했던 자신을 이겨낼 방법을 깨달음에 알 수 없는 승리감을 느끼게 하였다.

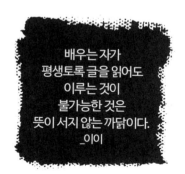

배우는 자가
평생토록 글을 읽어도
이루는 것이
불가능한 것은
뜻이 서지 않는 까닭이다.
_이이

험난한 여정 끝에 보게 된 별

불평불만을 버리고 바꾸기 시작한 삶의 방향

"야, 너 용역회사 거치지 말고 우리 쪽으로 바로 와서 일하는 게 어떻겠냐? 그러면 소개 수수료 안 떼여도 되고 일도 꾸준히 있고" 부산의 해경 정비창, 해양경찰 배의 전기를 수리하는 사장이 용역으로 일하러 온 내게 같이 일하자고 제안했다. 일하는 사람은 나까지 포함해 총 3명, 모두들 착하고 재밌는 사람들이라 흔쾌히 승낙했다. 무엇보다 전기 관련 일이 적성에 맞고 재밌기도 했었다.

대학 졸업과 동시에 주식이라는 신세계를 본 후 나의 사고와 가치관은 비정상적이었다. 일확천금을 바랐고 다른 일은 속에 차지 않았다. 대학 친구들은 하나둘 직장에 취직하고 있었지만, 전혀 개의치 않았다. 여전히 부산의 한적한 외곽에 사무실 차리고 개인투자자로서의 삶을 그리고 있었기 때문에 직장 생활, 푼돈 벌이에 전혀 관심이 없었다. 더욱이 부모님이나 지금은 아내인 여자 친구도 거기에 특별한 반대가 없었으므로 주관을 꾸준히 밀고 나갈 수 있었다.

어찌 됐든 나는 본격적으로 전기 노가다 길에 들어섰다. 몸은 힘들었지만 일은 재밌었다. 여러 현장을 다양하게 접할 수 있어 즐거웠지만 수입이 들어와 내 투자 자금이 쌓이는 것이 가장 좋은 점이었다. 나는 많은 현장을 다녔다. 중, 고등학교 체육관, 대단지 아파트, 한국전력 수변전실 신축 및 노후 배선 교체 공사, 영종도 화력발전소 등, 시간은 일하는 현장이 바뀜과 동시에 흘러 갔고 어느덧 2년이란 시간이 지나갔다. 그날은 부산 어느 변전실 현장에서 점심을 먹고 쉬고 있을 때였다. 공사를 관리하는 한국전력 직원인 소장과 출신 학교 얘기를 하다 우리 학교 선배라는 걸 알게 되었다. "너도 그 대학 나왔나 몇 학번인데?" "네 93학번입니다." "그래 난 91학번, 야 반갑다. 그런데 언제부터 이 일 하기 시작했노?" "한 2년 정도 되었어요." 순간 알 수 없는 몇 초의 정적이 흘렀다. 나의 2년 선배, 반갑다는 생각보다 문득 나 자신이 너무 초라해 보였다. 같은 학교를 졸업했는데도 누구는 소장으로, 누구는 거기서 먼지 마시며 땀 흘리며 일하고 있었으니, 이건 아니라는 생각이 들었다. 선배도 그런 생각을 하고 있다는 걸 느꼈다. '나도 정상적으로 졸업하고 직장에 취직했다면 이런 모습으로 만나고 있지는 않았을 텐데' 어쩌면 잘못된 길로 가고 있는 아이가 따끔한 충고를 받는 듯 한 그런 경험이었다. '이건 내가 바라는 삶이 아니야.' '적어도 이건 내 수준의 삶은 아니야.'

"그래, 일단 전기 자격증을 따보자." 그해 2월 사랑스러운 첫째 아이가 태어났고 아내는 학원 강의에 육아를 병행하는 힘든 시기를 보내고 있었다. 그러나 힘든 표정 한번 짓지 않고 꿋꿋이 생활을 이어가고 있었다. 감동이었다. '내가 너무 생각 없이 살았나?' 나는 아내에 비하면 정말 하찮아 보였다. 지금까지 이뤄놓은 게 뭐가 있나? 아무것도 없었다. 마침 전기 일거리가 3개월 정도 비었고 시험 일정을 보니 시험 준비 후 필기, 실기를 통해 전기기사를 딸 수 있었다. 주어진 기간은 4개월, 집사람은 적극 찬성했다. 그 어려운 상황에 돈벌이 없이 공부만 해야 하는 데도 찬성해준 집사람이 고마웠다.

참고로 전기기사 자격증은 공부하기가 매우 어려웠다. 공식 양이 상당했고 수학 능력이 떨어지면 풀이가 불가능했다. 거기에 암기해야 할 것도 많았다. 전기 관련 지식이라곤 학교에서 배운 시퀀스와 수변전실 공사를 하며 알게 된 몇몇 기기 이름이 다였던 나로선 매우 힘들었다. 전기 학원의 시험 대비 특강 3개월 코스는 말 그대로 1년간의 공부를 다 끝내고 복습하는 강의였으므로 처음 시작할 땐 무슨 말을 하는지도 모를 정도였다. 그래도 한번 해 보겠다고 마음먹었고, 돈벌이 대신하게 된 공부라 집에 끼치는 영향도 무시할 수 없었으므로 최선을 다 했었다. 그러나 너무 어려운 수준에 의지가 약해졌고 "여보, 전기기사 이 시험, 장난이 아니다. 모르는 내용도 너무 많고. 합격할 수 있을지 모르겠다." 나는 혹시 떨어질 수 있으니 너무 기대하지 말란 식의 밑밥을 뿌렸고 집사람은 그럴 때마다 나를 응원해 주었다. "당신 안 된다. 시댁, 처가에 자격증 공부한다고 다~ 자랑해 놨는데 떨어지면 어떻게 되는지 알지? 쪽 팔리고 소문 다 날 걸? 머리 나쁘다고" 집사람 덕분에 늦은 나이에 공부하는 내가 양쪽 집안에 소문이 다 났고 신기하고 대견하게 보였는지 응원도 많이 받았다.

공부는 처음 시작할 때보다 가면 갈수록 쉬워졌고 필기시험 전날 같이 다니던 전기공학과 후배의 말 한마디에 자신감을 얻었다. "형, 이거 공부하면 할수록 어렵지 않아요?" "아니, 난 하면 할수록 쉬워지던데?" '그래, 너는 제대로 공부하고 있구나. 시우야 고생 많았다.' 다음 날 필기시험에 평균 86점 이상을 받아 여유 있게 합격했고 한 달 후 실기시험도 한 문제만 틀리고 다 맞춰 필기, 실기를 연달아 합격하게 되었다. 난생처음 느껴본 노력에 대한 성취감이었다. 대학 합격했을 때도 느껴보지 못한 기분이었다. 자격증을 손에 들던 날 우리 집과 처가에서 돌아가며 파티를 했고 복귀한 현장에서도 나의 자격증 취득은 이슈였다. "시우야 사실 난 네가 못 딸 거라 생각했다. 4개월 만에 자격증을 따는 건 거의 불가능이거든, 전기기사가 쉬운 게 아니라서. 자격증계의 고시란다이가, 하여튼 대단하다, 축하한다." 아무런 전공지식도 없는 친구가 4개월 만에 땄다고 하니 신기한 반응들을 보였다.

어렵게 순수한 노력을 통해 거머쥔 전기기사 자격증은 내 인생의 터닝포인트가 되었다. "홍주 아빠, 좀 있으면 둘째도 태어나는데, 돈은 좀 적더라도 집 근처에 직장을 구해 보는 게 어때? 나도 혼자 아이 두 명 키우는 건 벅찰 것 같기도 하구" 집사람이 무심결에 꺼낸 말, 취직은 별로 하기 싫었지만 어쩔 수 없었다. 혼자서 학원이며 어린이집, 처가를 오가며 키우는 것이 눈에 선했고 두 명은 한 명과 다를 테니까. 지금 일은 한 번 외지로 나가면 기본 일주일은 집에 들어올 수 없었기 때문에 더욱 더 힘들어질 것 같았다. 그래서 직장을 알아보기 시작했고 전기자격증 관련 일을 찾아봤다. 전기안전관리자, 직장은 많이 있었고 일단 들어 가야겠다는 생각에 어느 백화점 시설용역 업체에 취직했다. 안정적인 직장 생활이 시작되었다. 왜 대부분의 사람이 직장을 다니는지 알 것 같았다. 직장은 외지로 돌아다니지 않아도 된다. 추운 날 아침 일찍 나가지 않아도 되고 일이 갑자기 끊기는 것에 대한 두려움도 갖지 않아도 된다. 그리고 특히 더 맘에 드는 건 노가다에 비해 할 일이 많지 않다는 것이었다. 그러나 그것만으로 만족할 수 없었다. 내 맘속엔 아직도 주식을 통한 대박의 꿈을 놓지 않았기 때문이다. 그래서 직장을 다니는 중간에도 더 연구했고, 더 실험했다. "여보, 엄마, 5년만 기다려줘. 5년 후엔 내가 집도, 차도 다 바꿔줄게. 그리고 지금 다니고 있는 학원도 안 다니게 해 줄게"라고 시간 날 때마다 어떤 확신이 들 때마다 말했고 완전히 믿지는 않지만 집사람도 "진짜 5년만 기다리면 되지?" 라고 은근히 기대하는 듯 했다.

그렇게 4년이란 시간 지나갔다. 내가 약속한 5년 중 남은 기간은 1년. 그 와중에 나는 첫 직장에서부터 지금 다니고 있는 직장까지 4곳을 옮기게 되었다. 병원에서의 안전관리자, 조선소에서의 총무팀, 그리고 지금의 하역회사에서의 관리직까지. 직장을 거쳐 가며 업무영역도 다양해지고 있었다. 그러던 어느 날 나는 깨닫게 되었다. '나는 절대 주식으로 대박을 칠 수 없겠구나. 주식은 그리 녹록한 게 아니다. 나는 주식과 맞는 체질도 아닌 것 같다.' 내 실력과 대박의 꿈이 불가능하다는 것을 인정하고만 그때 나의 꿈은 더 이상 존재하지 않았고 인생 10년간의 세월이 패배자로 낙점되고 말았다. 그리고 이제는 아들들에게 부자 아빠로서의 모습은 사라지고 내 아버지처럼 가난한 아빠로 밖엔 보이지 않겠다는 생각에 좌절했다.

직장은 안정적이었고 내 직급은 높아갔지만 만족스럽지 않았다. 그리고 어느 순간부터인지 알 수 없지만 나 또한 여느 직장인과 마찬가지로 불평불만이 커지고 있었다. 사사로운 업무에서부터 내 가족 그리고 내 인생 전반에 걸쳐 입 밖으로 표현하진 않았지만 불평불안은 시간이 가면 갈수록 줄어들지 않고 늘어만 갔다. 어쩌면 그 당시 나는 내 인생에 대한 불만을 무의식적으로 품고 있었을지 모른다. 그렇게 아무런 희망도 없이 불평불만의 시간을 보내고 있던 어느 날 내 인생에 경종을 울리는 사건이 터지고 말았다.

나는 그 당시 하역작업에 사용되는 장비를 정비하는 조직의 관리자로 근무하고 있었다. 2012년 12월 31일. 2013년 새해를 맞이하기 바로 전날 새해의 안녕을 기원하며 즐거운 아침을 보내고 있던 그때 장비 타이어를 교체하던 정비사 두 명이 사고로 인해 사망하게 되었다. 가족같이 지냈던 두 분의 사망사고는 그간 꾸역꾸역 살아오며 지탱하고 있던 의지를 허물어뜨렸고 더 이상 버틸 수 없는 나락으로 몰아넣었다. 책임지고 있던 근로자의 사망사고이므로 법적인 책임 또한 면할 수 없었다. 심리적으로 가장 힘들었던 시기였다. 나는 종교를 믿지 않는다. 나는 나를 믿는다. 나는 누구에게든 의지하지 않고 나 혼자 힘으로 충분히 살아갈 수 있다고 믿기 때문이다. 하지만 그 시기엔 정말 누구에게든 기대고 싶었다. 그렇지 않으면 못 살 것 같은 느낌이 들었기 때문이다.

그렇게 사고를 수습해가는 몇 개월 동안 주변 동료들이 나에게 힘이 되었고 특히 퇴임 후 오신 두 분의 도움을 많이 받게 되었다. "전 과장 너무 걱정하지 마세요. 내가 좀 힘들더라도 환경을 조금씩 바꿔나가면 좋아질 겁니다." 황 기사님, 용접 전공으로 그해 3월 스카웃 돼 오시자마자 주변 환경정리에 힘을 쓰셨고, 도색, 구축물 제작 등을 통해 사고 후 현장의 우중충한 분위기를 많이 개선하셨다. 어느 날 멍하니 앉아있는 내가 걱정되셨는지 황 기사님께서 일하다 말고 나에게 왔다. "너무 힘들면 언제든 얘기하세요. 내가 힘이 될 수 있으니." "네 알겠습니다." 그 당시엔 그냥 허투루 듣고 넘겼었다. 그러나 시간이 가도 나아지지 않는 심적 고통은 나를 더욱더 괴롭혔다. '이대로는 안 되겠다. 특별한 해결책을 찾지 않으면 진짜 죽겠는데?' 몇 날 며칠을 고민하다 황 기사님을 찾아갔다. "황 기사님, 전에 말씀하셨던 거 있잖습니까? 어떻게 하면 될까요?" 인자하신 미소, 그분은 웃으셨고 석가탄신일에 어느 절에 오라고 말씀하셨다.

그렇게 찾아간 절, 연등이 입구에서부터 달려있었고 여느 절과 다를 바 없는 그런 절이었다. 저쪽 멀리 정장을 입고 여기저기 다니시는 황 기사님이 보였다. 나를 보고 손을 흔드신다. 인자하신 미로를 품고. 그리고 나를 주지 스님에게 인사 시켜 주셨다. 흰 수염 몇 가닥이 턱 밑에 아슬아슬 붙어있는 눈빛이 부리부리하여 어찌 보면 달마 도사처럼 보이는 주지 스님은 무서운 눈으로 나를 노려보고 있었다. 그렇게 약 1분여 동안 아무 말씀도 없으셨다. "자네는 이 세상 누구도 자네를 도와주지 않는다네." "네?" 그 말뜻을 이해할 수 없었다. 순간 내 인생을 돌아보니 '맞는 것 같기도 하다. 지금까지 나는 외로운 사람이었어.' "그리고 지금 자네가 힘든 건 자네가 방향을 잘못 잡고 있기 때문이야." "방향을 바꿔" 스님은 황 기사님에게 무슨 말을 들은 것일까? 내가 힘들다는 걸 어떻게 알고 있을까?' 아무것도 묻지 않고 생년월일만을 말했을 뿐인데.' 그러나 그런 의심도 한순간, 지금까지 힘들게 참아왔던 내 속의 응어리가 나도 모르게 튀어나오고 있었다. "네 스님, 저 요즘 너무 힘듭니다. 어떻게 하면 제가 살 수 있습니까?" 스님은 눈을 지그시 감았다. 잠시 후 "당분간은 어쩔 수 없지. 견딜 수밖에. 자넨 지금 잘못한 것에 대한 벌은 받는 중이니, 그 대신 앞으로 잘 살면 지금과 같은 힘든 일은 새옹지마가 될 것이야. 그리고 어떤 것에 든 불평불만 하면 안 돼. 그 불평불만이 지금 자네를 힘들게 한 것이니." 알 수 없는 말이었다. '불평불만을 하지 마라? 불평불만 땜에 두 사람이 죽었다? 이 세상을 사는 사람 중에 나만큼 불평불만 안 하는 사람이 어디 있겠나?' 더 묻고 싶었지만, 스님을 찾는 사람이 줄을 서 있어 일어날 수밖에 없었다. "다음에 시간 날 때 다시 와." 스님은 그 말이 끝남과 동시에 방을 나가고 있었다. "스님이 뭐라 하시던가요?" 내가 나오기만을 기다리고 계시던 황 기사님이 궁금한 듯 물어봤지만 난 어떤 말도 시원하게 할 수 없었다. "글쎄요, 한 번 더 와야 할 것 같습니다."

그 다음날 내 머릿속에서 맴도는 말 '나는 누구의 도움도 받을 수 없는 사람이다.' '방향을 바꿔라.', '불평불만 하지 마라.'등은 도저히 무슨 뜻인지 알 수 없었다. 좀 속 시원히 말해주지. 무서운 위압감에 더 물어보지 못한 내 잘못도 있었지만, 아직 풀리지 않은 문제를 나는 빨리 해결하고 싶었다. 그래서 그 주 토요일에 다시 절을 찾았다. 석가탄신일 때의 많은 사람이 빠져나가고 나니 훨씬 한적한 느낌이 들었다. 스님은 나를 기다리기라도 한 듯 내가 도착하자마자 나를 들어오라 불렀고 나는 다시 무서운 스님 앞에 앉았다. 이번엔 화려한 법복을 벗고 편안한 옷을 입고 계셨다. "자넨 자네에게 맞는 옷을 입었어야 했는데 아깝지만 지금은 많이 늦은 것 같군. 그 대신 앞으로 잘 살고 싶으면 절대 불평불만 해서는 안 돼." 다시 나온 불평불만, 나는 일주일 내 갖고 있던 불평불만에 대한 의문을 물었다. "불평불만과 저의 어려움과 무슨 관계가 있습니까? 제 밑에 있던 사람이 두 명이나 죽었습니다." 나를 지긋한 눈으로 쳐다보시는 스님 처음으로 느끼는 따뜻한 눈빛이다. "사람의 삶은 숙제라네, 각자의 사람에겐 그에 맞는 숙제가 주어지지. 자네는 자네에게 준 숙제를 회피했고 불평만 했으니 어느 부모가 가만두고 보겠나. 벌을 줘야지. 잘못하고 있는 행동을 바로잡으려면 최종엔 벌을 줄 수밖에..." "훌륭한 농부는 가뭄이나 홍수를 탓 하지 않는 법이야." "가서 지금까지 어떻게 살아왔고 뭘 안 했는지 그래서 무슨 벌을 받고 있는지 곰곰이 생각해 보게"

   나는 나의 인생을 전반기와 후반기로 나눈다. 나의 전반기는 회사에서 난 사고로 스님을 만나기 전의 삶, 후반기는 스님을 만난 이후의 삶이다. 전반기가 생각 없이 인생을 허비했다면 후반기는 허비한 시간을 메우고 나를 찾아 살고자 노력하는 삶이라 생각한다. 당시 나를 죽음으로까지 몰고 가려 했던 사고는 내 인생을 새롭게 살게 하고자 했던 나를 가장 아끼는 사랑의 매였다. 만약 그 매의 진심을 모르고 변함없이 그냥 그렇게 살았다면 지금 어떤 사람이 되었을까? 적어도 지금처럼 책을 쓰고 있는 사람이 되어있지는 못했을 것이다.

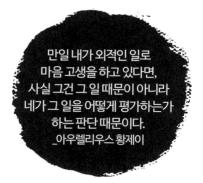

만일 내가 외적인 일로
마음 고생을 하고 있다면,
사실 그건 그 일 때문이 아니라
네가 그 일을 어떻게 평가하는가
하는 판단 때문이다.
_아우렐리우스 황제이

사람, 자연의 순리에 눈을 뜨다

 목마른 영혼에 물을 주다

"아버지 이 책 재밌어요. 한 번 읽어보세요."

독서 중 큰아들이 들어와 책 한권을 건네주었다. 제목은 '연금술사', 양장본으로 된 베이지색의 얇고 작은 사이즈였다. 이미 읽으려는 책들이 많아 뜸을 들이다 한 해를 보내고 늦봄이 지나서야 첫 페이지를 넘기기 시작했다. 재미있었다. 이틀 만에 쉬지 않고 읽게 되었고 다 읽고 난 후 과연 아들이 어떤 점에서 이 책이 재밌다며 추천했는지 이유가 궁금해졌다. '이 책의 숨은 뜻을 알고 재밌다고 한 걸까? 겉으로 보이는 것과 문장의 속을 들여다보면 또 다른 세계를 말하고 있는데 저 아이가 벌써 그런 의미를 알고 있단 말인가?...'

"이 세상에는 위대한 진실이 하나 있어. 무언가를 온 마음을 다해 원한다면 반드시 그렇게 된다는 거야. 무언가를 바라는 마음은 곧 우주의 마음으로부터 비롯되었기 때문이지. 그리고 그것을 실현하는 게 이 땅에서 자네가 맡은 임무라네. 어쨌든 자아의 신화를 이루어내는 것이야말로 이 세상 모든 사람에게 부과된 유일한 의무지."

'그래 맞아, 맞는 말이야.'

"와~ 이 책 대단한데, 이 작가는 어떻게 이런 사실을 알게 되었을까? 굉장한데!"

나는 46살의 평범한 직장인이다. 아침 8시면 출근해 저녁 6시면 퇴근하는 일반인과 다를 바 없는 평범한 가정을 가진 직장인. 하지만 난 그 사건 이후로 절 대신 직장에서 불경 대신 일상생활에서 깨달음을 얻고 수행하는 수행자의 자세로 생활하고 있다. 수행하면 거창하게 열반이나 불생불멸의 영원을 생각하겠지만 나의 수행은 지금까지 살아오며 갖게 된 나쁜 버릇과 습관을 찾아 고쳐 나가는 하나의 정화 행위이다. 착한 줄만 알았던, 성실하고 부지런해서 남들보다 좋은 성격을 지녔다고 생각했던 것이 나만의 착각임을 깨닫기 시작한 시점부터 내가 얼마나 인생을 한심하게 살아왔는지 알게 되었고 생각 없이 살아온 시간이 아까운 만큼 앞으로 내가 해야 할 일에 대한 절실함과 의무감이 더 크게 다가왔다. 헤아려보면 수없이 많은 모순을 갖고 있다는 것을 알게 되었고 '이젠 더는 없겠지'라는 생각이 들 때마다 그것이 자만임을 증명하듯 새로운 모순으로 인해 고통을 겪는 일이 지금도 계속 반복되고 있다. '자만하지 말고 겸손해야지.' 그렇게 나를 닦아내는 생활을 계속 이어오며 지금에 와서야 비로소 나는 자아의 신화가 내 곁으로 다가와 있음을 알게 되었다. 다행스럽게도..

40대를 바라보던 시기의 내 정신은 마치 가뭄에 말라버린 논두렁처럼 황폐해 있었다. 내 정신은 영양실조 상태였고 회사에서 발생한 일련의 사고는 심각성을 모른 체 꾸역꾸역 버텨온 나를 결국 쓰러뜨리고 말았다. 마치 회를 거듭하며 맞아온 잽의 충격에 강펀치 한 방으로 녹다운 되듯 회복 불능 상태가 되고 말았다. 내 잘난 맛에 살던 혈기는 온데간데없이 사라지고, 구원이 필요함을 절실히 깨닫게 된 시점, 나에겐 변화가 필요했다. 그때 만난 고마운 분, 행운처럼 다가온 인연, 황 기사님과 할아버지―나는 두 번째 만남 이후로 스님을 할아버지라 부르기 시작했다 나는 체력이 고갈된 환자가 미음을 천천히 떠먹듯 마음의 음식을 먹기 시작했고 38년 동안 채우지는 않고 빼먹기만 했던 정신의 창고를 조금씩 채워 나갔다.

금요일 시원한 바람이 불기 시작한 9월 말 저녁 나는 회사를 마치고 차를 몰아 할아버지가 계시는 곳으로 달려갔다. 저녁은 휴게소에서 간단히 해결했다. 첫 만남 이후 벌써 4개월째, 짧은 2시간이지만 매주 금요일 저녁은 만남을 기다리는 아침부터 마음을 평안하게 해주는 힐링의 시간이었다. 들어는 봤으나 이해하지 못하던 것, 아니면 의외의 논리를 갖고 있지만 삶을 바로 살게 해주는 진리의 말씀은 혼돈으로 가득했던 정신을 정리해주고 내 삶에 희망이 있음을 알려주었다.

"나나 자네나 모두 자연의 일부라네 그리고 사람이 만든 것 예를 들어 자동차, 아파트, 배, 비행기 등도 다 자연이지. 개미가 만든 개미집이 자연인 것처럼." 항상 그랬듯이 커피를 사이에 두고 마주 앉은 나는 그날따라 유난히 턱 밑에 난 기다란 흰 수염이 애매하다고 느껴졌다. "그뿐만 아니라 아파트를 만들 때 사용되는 공학적 이론, 건축 방법들도 다 자연인 것이지. 즉 이 세상 어떤 것도 자연 아닌 게 없지. 바다도 땅도 산도 지구도 그리고 전 우주도 다 말일세. 이 자연은 수많은 원리에 의해 규칙적으로 운행되고 있고 인간의 삶도 그 규칙적 운행의 원리에 의해 흘러가고 있지." "할아버지" 내 어린 시절 얼굴 한 번 보지 못했던 할아버지, 할아버지라고 말할 때마다 정감 가고 나를 보살펴주는 애틋함이 맘속으로 스며드는 느낌이 든다. "그럼 사람이 사는 것도 자연의 어떤 규칙에 의해 작용하고 있다는 말씀입니까?" '나는 오늘 오고 싶어 차를 몰고 여기까지 왔고 그 순간 오기 싫었다면 안 왔을 것인데. 그런 것이 인간의 자유의지라 생각이 드는데 이 모든 것들이 자연의 의도에 의해 정해져서 움직인다는 것인지, 이 수많은 사람이 마치 로봇처럼 짜인 각본에 의해 움직인다는 게 말이 안 된다'는 생각이 들었다. "그렇지, 지금은 이해할 수 없겠지만 이 세상엔 우연에 의해 발생하는 건 아무것도 없다네, 모든 것이 다~ 이유가 있어 만들어지고 행해지고 있는 거지. 자네가 내 앞에 오게 된 것도 나에게 이런 말을 듣게 되는 것도 지금 그 회사에 입사하게 된 것도 주변에 알게 된 모든 사람도 이유가 있기 때문에 존재하는 것이야." "간단하게 봐서 사람이 만든 물건들이 전 세계에 복잡하게 퍼져 있지만 어느 것 하나 아무 이유 없이 만들어 놓은 게 있는가? 그런 게 있다면 한번 말해보게." 잠시 생각해 보았다. 그러나 아무리 생각해도 사람이 만든 것 중 쓸데없이 만들어진 건 없었다. 다들 어떤 필요에 의해 만들어진 것들이었다. "네, 그러고 보니 다 필요해서 만들었네요." "인과관계, 원인과 결과, 그것이 바로 자연의 원리이네. 즉 사람이 만든 물건이 모두 이유를 갖고 만들어졌듯 사람도 이유 없이 만들어지지 않았고 행성도, 달도, 바람도, 그리고 아파트도 다 마찬가지지." 듣고 나면 맞는 말이었지만 그렇다고 인정하긴 좀 어려운 진리였다.

"그렇기 때문에 사람은 그 어떤 환경에서도 불평불만 해선 안 되네, 남 탓해서도 안 되고. 왜? 그런 상황이 벌어진 이면엔 그렇게 해야 하는 이유가 분명 있기 때문이지. 자네가 알지 못하는 이유. 전에도 예를 들었듯 부모가 버릇없는 아이에게 어떻게 하던가? 처음엔 좋은 말로 타이르지. 그래도 버릇이 고쳐지지 않으면 점점 강도를 높여 용돈을 안 준다든지, 언성을 높이고, 매를 들고 심지어는 내쫓기도 하지. 아이 입장에서 보면 벌주는 부모가 밉고 싫겠지. 그런데 그걸 불평하고 고치려 하지 않으면 상황은 좋아지지 않고 더 나빠진다네. 인생을 봐도 그래, 처음엔 나에게 충고하는 사람이 생겨. 그래도 고치지 않으면 욕하는 사람들이 생기고 그 강도는 점점 더 높아지지. 그런 과정에서 사람들과 싸우기도 하고 스트레스를 받기도 하지, 그래도 자신의 잘못을 돌아보지 않고 환경에 불평만 하면 급기야는 사고나 질병을 통해 몸도 다치고 폐인이 되기도 하는거야."

"좀 극단적으로 보이겠지만 이게 인생이고 자연의 원리인 거야. 다들 그런 과정에 살고 있지. 개개인이 그 원리를 모를 뿐이지만?"

"할아버지, 그럼, 사람이 어떻게 살아야 부모님이 원하는 삶을 살 듯 잘 살 수 있는 겁니까?" "자기 자신에게 주어진 삶을 살기 위해 노력해야 한다네. 각자가 태어난 이유, 그 태어난 이유를 찾아 살 때, 자연은 그자가 하려고 하는 쪽에 도움을 주기 시작하지."

"할아버지 그러면 저는 어떤 걸 하며 살아야 합니까?"

"자네는 이 세상 누구의 도움도 받을 수 없는 사람이네. 자네 맘속 깊이 원하는 것이 무언지를 잘 헤아려보게. 그 안에서 답을 찾을 수 있을 것이네."

　이 말씀은 인생 후반기를 살아가는 원동력이 되었다. '그래, 나에겐 나에게 맞는 태어난 이유가 분명히 있다. 우선, 그 이유가 무엇인지를 찾는 데 노력하자. 그리고 찾았다면 그걸 이루기 위해 노력하자.' 한 번 맘을 먹고 나니, 일상을 헛되이 보낼 수가 없게 되었다. 그리고 나에게 벌어지는 모든 일에 그럴만한 이유가 있다는 생각이 들자 그전까지 들었던 불평과 못마땅한 점들의 원인이 나에게 있을 것이란 생각에 밖에서 원인을 찾기보다 내 안에서 찾으려는 자세로 조금씩 바뀌기 시작했다. 그리고 그를 통해 좀 더 나를 성숙시키는 계기가 되었다.

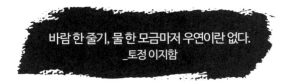

바람 한 줄기, 물 한 모금마저 우연이란 없다.
_토정 이지함

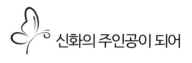

신화의 주인공이 되어

평범한 회사원으로 수행자와 같은 생활을 본격적으로 시작하게 된건 근무지를 포항으로 옮기면서부터였다. 머리만 안 깎았을 뿐 속세를 떠나 산속의 절에 들어간 것과 마찬가지였다. 전혀 새로운 사람과 새로운 환경에서 나만의 생활이 이뤄졌고 내 안의 나를 더 깊숙이 성찰할 수 있는 시간이 주어졌다. 그 이후 나는 나와의 싸움을 끊임없이 하게 되었다.

'절대 화내지 말자, 화는 내 잘못에 의해 나는 것이다. 그 이유를 모를 뿐이니, 알 때까지 있는 그대로 받아드리자.'

'절대 겸손하자. 이 세상에서 내가 알고 있는 것은 작은 점일 것이니, 잘난 맛에 그 모든 것을 평가하고 판단 내리지 말자. 내가 보기에 형편없이 보이는 사람의 행동도 그 안엔 나름의 의미가 있으니 존중하자.'

'욕심 부리지 말자, 물질적인 것은 기본이고 타인이 내 생각대로 움직이지 않는 것에 대한 욕심도 부리지 말자.'

'고집을 버리자. 내가 고집하는 생각은 전 우주의 진리에 비하면 아주 하찮은 것이니 고집은 스스로 좁은 장벽을 치는 것이다.'

'모든 사람을 아끼고 사랑하자, 나도 자연의 일부이듯 내 주변 사람도 다 자연의 일부이니 어찌 사랑하지 않을 수 있나, 타가 곧 나이고 나의 형제이다.'

말은 쉽지만 온 맘으로 행동으로 실천하기엔 어려운 숙제였다. 그러나 이 어려운 수행의 길에 자연은 나에게 동반 인연을 소개해 주었다.

포항나비는 포항에 와 생활한 지 6개월 정도 지난 어느 날 예전에 손을 놓았지만 내 DNA 속에 숨겨져 있던 독서 본능을 깨우고 싶어 검색하다 알게 된 독서 모임이었다. 포항에 다른 몇 개의 독서 모임이 있었지만 단연 눈에 띄었고 당장 전화해 참석하게 되었다. 처음엔 생소했지만 몇 번 모임에 참여하며 그곳에 오기를 잘했다는 생각이 들었다. 특히 그 모임의 주최자이신 황태옥 박사님의 각 회원에게 보이는 열정과 관심은 감동적이었으며 수동적인 나를 적극적으로 변하게 해주셨다.

"전시우 선배님은 어떤 사람이 되고 싶으세요?"

황태옥 박사님께서 하신 3P 바인더 교육에서 각 교육생에게 하신 질문들, 각자 자신의 계획에 대해 적는 시간이었고 개인별 발표를 진행하던 중 박사님께서 물어보셨다.

"저는 다른 사람들을 이롭게 행복하게 만들어주는 사람이 되고 싶습니다."

발표할 그 시점에 그것은 나의 화두였다. '나는 어떤 사람인가? 나는 무엇을 하며 살아야 하는 사람인가?' 막연했다. 그러나 일부 감은 느끼고 있었기 때문에 갖고 있던 생각을 발표했었다. 짧은 시간의 생각과 발표였지만 그 발표는 나에게 일종의 확신을 하게 하는 의미를 주었다. '그래, 지금은 무엇인지 손에 잡히진 않지만 일단 내 능력을 주어진 환경에서 열심히 키우자. 그러면 그 능력 중에 어떤 것이든 발휘가 되어 타인을 도울 수 있는 무언가를 할 날이 분명히 올 것이다.' 이렇게 포항 나비를 통해 만난 분들의 도움과 여러 양질의 독서를 통해 그동안 찾지 못하고 헤매던 나의 존재 이유와 내가 해야 할 일을 발견해 나가기 시작했다.

그리고 나의 영원한 인생의 동반자인 사랑하는 아내, 그녀는 나에게 진정 아끼고 사랑하는 마음이 무언지를 몸으로 실천해 보여주었다. 장남으로 크며 내가 우선이고 나만을 생각하며 살던 독선적인 사람에게 절대 가질 수 없는 배려심과 타를 위하는 마음을 심어준 내가 가장 사랑하는 사람. 항상 변함없는 마음으로 나와 가족에 헌신하는 그녀는 내 인생 가장 소중한 선물이다.

'그래 연금술사에도 그런 말이 나와' 사람이 무언가를 온 마음을 다해 원하는 바람은 곧 자연의 흐름이고 그것이 곧 사람에게 부과된 의무이다. 그것을 자아의 신화라 하니 그것을 이루기 위해 성심성의껏 노력한다면 자연의 흐름대로 이루어질 것이다. '이 글은 할아버지가 하셨던 자연의 법칙과 일맥상통하는 말이었어. 그렇다면 이건 진짜 맞는 말일 수 있어. 한 사람이 말하는 건 아닐 수 있지만 다른 시대에 다른 지역의 사람이 같은 말을 한다는 건 어쩜 통하고 있는 진리일 수 있으니.'

때론 간간이 후회할 때도 있다. 어린 시절 주변 사람 충고를 듣고 그때 나의 존재 이유, 내가 해야 할 일을 찾아서 하기 시작했다면, 그래서 내 본연의 길을 걸어갔더라면 지금 더 많은 사람을 이롭게 하는 데 시간을 쓰고 있지 않을까. 잘못 놓인 인생의 궤도 때문에 헛되이 지나간 시간이 너무 길지만 그나마 지금이라도 정상 궤도로 돌릴 수 있게 도움을 준 여러분들에 감사의 맘을 느낀다. 나만의 자아의 신화, 비록 지금도 찾아가는 여정에 있지만 나는 절대 외롭지 않고 서두르지 않는다. 든든한 동반자가 내 앞과 주변에 있고 지금 나는 내 인생의 정 궤도에 진입해 열심히 살고 있으니. 언제일지는 모르나 어느 시간 안에 나는 내 자아의 신화의 주인공이 되어 있을 것이다.

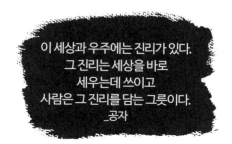

이 세상과 우주에는 진리가 있다.
그 진리는 세상을 바로
세우는데 쓰이고
사람은 그 진리를 담는 그릇이다.
_공자

다시, 몰입
나로부터 비롯되는 셀프 레볼루션

초판 1쇄 발행 | 2022년 3월 17일

지은이   황태옥 김현희 임영자 주정은 이경희 이남림 기은혜 정지윤 전시우
펴낸이   안호헌
디자인   윌리스

펴낸곳   도서출판 흔들의자
         출판등록   2011. 10. 14(제311-2011-52호)
         주소   서울 강서구 가로공원로84길 77
         전화   (02)387-2175
         팩스   (02)387-2176
         이메일   rcpbooks@daum.net(원고 투고)
         블로그   http://blog.naver.com/rcpbooks

ISBN 979-11-86787-44-1 13190
ⓒ 황태옥 김현희 임영자 주정은 이경희 이남림 기은혜 정지윤 전시우

* 이 책은 저작권법에 따라 보호받는 저작물이므로 무단 전재 및 무단 복제를 금지합니다.
  따라서 이 책 내용의 전부 또는 일부 내용을 재사용 하시려면 사용하시기 전에 저작권자의 서면 동의를 받아야합니다.

* 책값은 뒤표지에 있습니다.
* 파본이나 잘못된 책은 구입하신 곳에서 교환해 드립니다.